Heinrich Meusel

Pseudo-Callisthenes

Heinrich Meusel

Pseudo-Callisthenes

ISBN/EAN: 9783744657112

Hergestellt in Europa, USA, Kanada, Australien, Japan

Cover: Foto ©ninafisch / pixelio.de

Weitere Bücher finden Sie auf **www.hansebooks.com**

PSEUDO-CALLISTHENES.

NACH DER LEIDENER HANDSCHRIFT

HERAUSGEGEBEN

VON

HEINRICH MEUSEL.

———— ——

Besonderer Abdruck aus dem fünften Supplementband der Jahrbücher
für classische Philologie.

LEIPZIG,

DRUCK UND VERLAG VON B. G. TEUBNER.

1871.

Die Seitenzahlen sind die des fünften Supplementbandes der Jahrbücher
für classische Philologie.

PSEUDO-CALLISTHENES.

NACH DER LEIDENER HANDSCHRIFT HERAUSGEGEBEN

VON

HEINRICH MEUSEL.

Die meisten bearbeitungen der Alexandersage, deren es bis zum ende des mittelalters eine unzählige menge gab, weisen auf die Alexandrinische aufzeichnung, welche mit dem namen des Pseudo-Callisthenes bezeichnet zu werden pflegt, als auf ihre hauptsächlichste grundlage zurück. der griechische text des Pseudo-Callisthenes ist in einer leidlichen anzahl von handschriften erhalten (zwölf sind als sicher vorhanden nachweisbar), die aber nicht, wie sonst gewöhnlich handschriften desselben werkes, denselben text mit einzelnen varianten bieten, sondern ähnlich den hss. des Nibelungenliedes verschiedene recensionen darstellen und wesentlich von einander abweichen. erst drei (Pariser) hss. sind genauer bekannt und zwar durch die (bis jetzt einzige) ausgabe von Karl Müller: 'Pseudo-Callisthenes primum edidit Carolus Müller. accedit itinerarium Alexandri. Paris 1846' (als anhang zu Dübners ausgabe des Arrian. Paris Firmin Didot). diese drei hss. (A B C) geben uns im allgemeinen ein bild der drei verschiedenen recensionen. A steht der ursprünglichen Alexandrinischen fassung am nächsten, B bietet 'eine etwas jüngere griechische fassung, welche aus jener ältern groszenteils durch eine mit bewuster absicht ausgeführte revision hervorgieng', und C ist eine erweiterung und verunstaltung von B. genaueres darüber in Müllers ausgabe s. VIII—X und XV ff. und besonders in 'Pseudo-Callisthenes. forschungen zur kritik und geschichte der ältesten aufzeichnung der Alexandersage von Julius Zacher' (Halle 1867) s. 7—14.

Die meisten der vorhandenen hss. gehören nach allem was darüber bekannt ist der recension B' an; aber 'kaum werden sich zwei finden, welche in allem detail übereinstimmen; auch sind stücke welche der einen recension angehören in hss. einer andern recension gedrungen' und so wird jede hs. mancherlei bieten, was für die gestaltung des textes auch der andern recensionen von wichtigkeit ist. eine der bessern hss. nun, deren text im folgenden nach einer sorgfältigen abschrift des herrn professor Zacher vollständig abgedruckt ist, ist die Leidener. diese hs., cod. Vulcanii nr. 93, aus dem 15n jh., ist eine papierhandschrift in octav, die seite zu 26 durchgehenden zeilen, und scheint in Sicilien geschrieben zu sein. sie enthält 1) den Stephanites des Simeon Sethus (fol. 1—112ᵇ); 2) das leben Aesops (fol. 113ᵃ—152ᵇ); 3) die fabeln Aesops (fol. 153ᵃ—182ᵇ); 4) Pseudo-Callisthenes (fol. 183ᵃ—276ᵇ); 5) einen chronologischen abriss von Adam bis auf Michael I., den sohn des Theophilus, und verschiedene sentenzen (fol. 276ᵇ—277ᵃ); 6) eine prosaische analyse der Homerischen gedichte (fol. 278ᵃ ff.). einiges wenige aus der hs. ist, aber nicht ganz

genau, schon früher bekannt gemacht, besonders von Berger de Xivrey
und benutzt von Müller (s. Müller s. VII und Zacher s. 15).

Im allgemeinen stimmt der text der hs. zu der recension B′, ist
aber besser, als der text der hs. B (cod. Par. 1685). nur der anfang
(cap. 1 bis zu den ersten zeilen von cap. 10) stimmt mit dem von hs.
A (cod. Par. 1711) gebotenen; doch auch später ist L (die Leidener
hs.) oft zur wiederherstellung des textes der recension A′ von wesent-
lichem nutzen. was nun den im folgenden gebotenen text anlangt, so
will derselbe nur ein von offenbaren schreibfehlern gereinig-
ter abdruck der hs. sein. es muste daher gar manches auffällige in
form, construction usw. stehen bleiben. besonders durfte nicht geändert
werden, wenn L mit B und C übereinstimmte.

Fehler (schreibfehler) finden sich in der hs. in ziemlicher menge,
aber der gröste teil davon ist entstanden durch verwechselung der im
neugriechischen gleich oder sehr ähnlich klingenden laute: ει, η, ι, οι, υ,
durch vertauschung von ο und ω u. ä. es liegt die vermutung nahe,
dasz dem schreiber der hs. oder dem schreiber seiner vorlage der text
dictiert worden ist. was unter dem texte ohne weitere bemerkung steht,
ist lesart der hs. das ι subscriptum ist in der hs. bald gesetzt, bald nicht,
bisweilen auch wo es nicht hingehört, z. b. fol. 251ᵃ ταρασσέτῳ. die
accente stehen fast immer auf der richtigen silbe, aber eine verwechse-
lung von acut und circumflex ist sehr häufig (τούτο und τοῦτῳ). auch
in der betonung der enklitiken ist die hs. ziemlich genau, nur findet sich
wol stets ἐστίν und φησίν orthotoniert, aber regelmäszig οὐκ ἔστιν.
auch die interpunction ist im ganzen nicht schlecht, aber nach der früher
gebräuchlichen weise fast hinter jedem dritten oder vierten worte eine
interpunction. als interpunctionszeichen ist in der regel das kolon
verwandt, bisweilen das fragezeichen. auf einzelnen blättern findet sich
auch ein dem komma gleiches zeichen, aber gewöhnlich da wo eine inter-
punction in keiner weise gerechtfertigt ist. das fehlen eines ι subscriptum,
die abweichende betonung eines wortes in der hs., sowie die dort ge-
gebene interpunction sind im drucke nur dann angedeutet, wenn es auf
die gestaltung des textes irgend von einflusz sein konnte. grosze anfangs-
buchstaben finden sich nicht, wie es in einigen Oxforder hss. zu sein
scheint, bei eigennamen; wol aber sind in der hs. ziemlich häufig absätze
durch grosze anfangsbuchstaben bezeichnet, oft an stellen, wo wirklich
ein neuer abschnitt beginnt, nicht selten aber auch mitten im satze, ja
gegen ende drei bis vier mal sogar mitten im worte. überhaupt finden
sich gegen ende viel mehr fehler, besonders verwechselung von dativ und
accusativ, formen wie ἤλθαμεν, εὕραμεν u. a.

Es ist sehr schwer oder vielmehr unmöglich hier bestimmt zu sagen,
was absicht des schreibers, was schreibfehler ist.

Was die im texte des druckes angewandten zeichen betrifft, so be-
deuten runde klammern ( ), dasz das durch dieselben eingeschlossene
nicht in der hs. steht, sondern nach den anderen codices ergänzt ist.
im anfange sind die ergänzungen nach dem armenischen gemacht, wel-
ches ja der hs. A, zu welcher unsere Leidener in den ersten capiteln

stimmt, am nächsten steht. genauere auskunft über den inhalt der arme-
nischen übersetzung und wörtliche übertragung vieler stellen sind mir
durch die güte des hrn. professor Gildemeister in Bonn zugekommen,
welcher mir über manche stellen genaue auskunft erteilt und mir auf das
bereitwilligste die erlaubnis gegeben hat zur benutzung dessen, was er
hrn. professor Zacher über die armenische übersetzung mitgeteilt hat.
ich kann nicht unterlassen, ihm hier für seine güte meinen wärmsten
dank auszusprechen.

Alles was durch eckige klammern eingeschlossen ist, steht in der
hs., stört aber den zusammenhang und ist daher auszuscheiden. an man-
chen stellen, wo diese klammern angewandt sind, könnte ebenso gut eine
lücke angenommen werden oder sonst eine andere heilung des verdorbe-
nen versucht werden. lücken sind durch . . . . . . angedeutet. liesz sich
eine verdorbene stelle nicht auf einfache weise heilen, so ist das verdor-
bene (genau nach der schreibung der hs.) durch † . . . . . . † eingeschlossen
worden.

Die capiteleinteilung ist nach der Müllerschen ausgabe gemacht.

So viel über den im folgenden gebotenen text.

CAP. 1.

Οἱ σοφώτατοι Αἰγύπτιοι, θεῶν ἀπόγονοι, γῆς μέτρα καταλαβόμενοι, θαλάccης κύματα καθημερωcάμενοι [1]), οὐρανοῦ ἀcτροθεcίαν ψηφιcάμενοι, παραδεδώκαcι *) † τὴν οἰκουμένην ἐπὶ cτρατείας· ἀρχὴ λόγου ῥύcεως μαγικῆς δυνάμεως· † φαcὶ γὰρ τὸν Νεκταναβὼ [2]) τὸν τελευταῖον τῆς Αἰγύπτου βαcιλέα, μεθ᾽ ὃν ἡ Αἴγυπτος ἐξέπεcε τῆς τοιαύτης τιμῆς, τῇ μαγικῇ δυνάμει πάντων περιγενέcθαι. τὰ γὰρ κοcμικὰ cτοιχεῖα λόγῳ πάντα αὐτῷ ὑπετάccετο. εἰ γὰρ αἰφνιδίως πολέμου νέφος ἐπεληλύθει, οὐκ ἔcκυλε [3]) cτρατόπεδον οὐδὲ ὅπλων πομπεύματα οὔτε cιδήρου μηχανήματα, ἀλλ᾽ εἰcήρχετο εἰc τὰ βαcίλεια καὶ ἐλάμβανε χαλκῆν λεκάνην καὶ ἐμπλήcας αὐτὴν ὕδατος ὀμβρίου ἔπλαττεν ἐκ κηροῦ πλοῖα μικρὰ καὶ ἀνθρωπάρια καὶ ἐνέβαλλεν αὐτὰ εἰc τὴν λεκάνην καὶ ἔλεγεν ἀοιδὴν κρατῶν ἐβενίνην [4]) ῥάβδον· καὶ ἐπεκαλεῖτο τοὺς ἀγγέλους
fol. 183 b καὶ θεὸν Λιβύης Ἄμμωνα. καὶ οὕτως τοιαύτη λεκανομαντείᾳ τὰ ἐν τῇ λεκάνῃ πλοῖα (ἐβάπτιζε καὶ αὐτῶν βαπτιζομένων τὰ ἐν τῇ θαλάccῃ πλοῖα) τῶν ἐπερχομένων [5]) πολεμίων [6]) (ἀπώλοντο· καὶ οὕτως) ἀπολλυμένων ἀνθρωπίων περιεγένετο· τὸ δὲ αὐτὸ καὶ (κατὰ) τῶν διὰ γῆς ἐπερχομένων.

CAP. 2.

Οὕτως οὖν διὰ τῆς πολυπειρίας τοῦ ἀνδρός, τοῦ βαcιλέως, διαμένοντος μετὰ ἱκανὸν χρόνον ἐκ τῶν [1]) παρὰ Ῥωμαίοιc ἐξπλωρατώρων [2]), παρὰ δὲ τοῖc Ἕλληcι καταcκόπων, παρών ποτέ τις παρὰ τῷ βαcιλεῖ οὕτως εἶπε· μέγιcτε Νεκταναβὼ [3]), παραπεμψάμενος (πάντα) τὸ ἐν εἰρήνῃ εἶναι τοῦτο ἐπίcκεψαι. ἐπίκειται γάρ cοι νέφος οὐκ ὀλίγον μυρίων ἐχθρῶν· εἰcὶ γὰρ Cκύθαι [4]) † κένcι-

---

1. 1) κατήμερωcάμενοι.   *) der armenische text, wörtlich ins griechische zurückübersetzt, ergibt: παραδεδώκαcι τῇ οἰκουμένῃ (möglich auch τῆς οἰκουμένης) δύναμιν (ἀλκὴν?) καὶ τὴν τάξιν καὶ τὸ εὕρημα (μυcτήριον?) τῶν λόγων καὶ τὴν τέχνην τῶν ἔργων. Φαcὶ κτλ.   2) Ⅴεκταβὼ   3) ἔcκυλε   4) ἐβεννίνην (mit νν auch im armenischen)   5) ὑπερχομένων   6) πολέμων.   **2.** 1) ἐν τοῖc   2) ἐκφρουρατόρων   3) νεκταβὼ   4) cκύθεc

ρες· καύκωνες· ἴβηροι· στόδιοι· κυκλωσάνιοι· καὶ λαπάτες· καὶ
σπόροι· καὶ ἀργεῖοι καὶ Ζάλβοι· καὶ χαλδαῖοι· καὶ μετωπόψορες·
καὶ ἀγριοφάγοι· καὶ εὐωνυμῖται· † καὶ ὅσα εἰσὶν ἔθνη ἀπὸ τῆς
ἀνατολῆς μεγάλα, ἀναρίθμητα, ἀνδρῶν στρατὸν ἔχοντα μύριον
σπευδόντων τὴν σὴν Αἴγυπτον καταλαβέσθαι. ὑπεισελθέτω σοι τὸ
Ὁμηρικὸν δίστιχον (sic)· οὐ χρὴ παννύχιον εὕδειν βουληφόρον
ἄνδρα, ᾧ λαοί τ᾽ ἐπιτετράφαται⁵) καὶ τόσσα μέμηλεν. οὕτως εἰ-
πόντος τοῦ στρατάρχου μειδιῶν⁶) ὁ Νεκτεναβὼς (sic) εἶπε· σὺ fol. 181ᵃ
μὲν καλῶς καὶ ἐπαγρύπνως ἦν βεβούλευσαι (πεπίστευσαι?) φρου-
ρὰν φυλάσσεις⁷), δειλῶς δὲ καὶ οὐ στρατιωτικῶς⁵) ἐφθέγξω· οὐ
γὰρ δύναμις⁹) ἐν ὄχλῳ φαίνεται, ἀλλ᾽ ἐν προθυμίᾳ·¹⁰) καὶ γὰρ εἷς
[λόγος πολλοὺς ἐλαύνει· χειρὶ τῇ ἀγαθῇ πολυπληθεία, καλύψων·
καὶ γὰρ εἷς] κύων πολλὰς ἐλάφους ἐχειρώσατο καὶ λύκος εἷς ἀγέ-
λην ποιμνίων ὤλεσεν. ὥστε σὺ πορεύου ἅμα τοῖς ὑποταγεῖσι¹¹)
στρατιώταις καὶ τὴν σεαυτοῦ παράταξιν¹²) φύλαττε. λόγῳ γὰρ
ἐγὼ τὴν τῶν βαρβάρων ἀνάριθμον πολυπληθίαν¹³) πελάγους¹⁴)
κύμασιν ὑποκαλύπτω. οὕτως εἰπὼν ἀπέπεμψεν αὐτόν.

CAP. 3.

Οὗτος (αὐτὸς?) δὲ εἰς τὰ βασίλεια ἀναστρέψας ἐκέλευσε πάν-
τας ἐκ μέσου γενέσθαι. μόνος δὲ τὴν λεκάνην θεὶς ἔπλησεν ὕδα-
τος· βαλὼν δὲ ἐπάνω τὰ κήρινα πλοῖα, ἀράμενος κατὰ χεῖρα τὴν
ῥάβδον, τῷ δυναμικῷ λόγῳ ἐχρήσατο· ἀτενίσας¹) δὲ εἰς τὴν λεκά-
νην εἶδε²) τοὺς τῶν Αἰγυπτίων θεοὺς τὰ τῶν πολεμίων βαρβάρων
πλοῖα διακυβερνῶντας. ³) διὸ καὶ στοχασθεὶς τὸ τῶν Αἰγυπτίων
βασίλειον ὑπὸ τῶν μακάρων ἤδη προδοσίαν ἔχειν Εὐρηχάμενος τὴν
κεφαλὴν καὶ τὸν πώγωνα⁴) πρὸς⁵) τὸ ἀλλομορφῆσαι, ἐγκολπωσά-
μενος χρυσὸν ὅσον ἠδύνατο βαστάξαι, ἔφυγε τὴν Αἴγυπτον διὰ
τοῦ Πηλουσίου. πολλὰ δὲ περιμαστεύσας⁶) ἔθνη εἰς Πέλλην τῆς fol 181ᵇ
Μακεδονίας παρεγένετο. (καὶ) ὀθόνην ἀμφιασάμενος οἷα προφή-
της Αἰγύπτιος ἀστρολόγος ἐκάθισε δημοσίᾳ τὸν προσερχόμενον
σκέπτεσθαι. καὶ ταῦτα μὲν οὕτως.

Ἐν δὲ τῇ Αἰγύπτῳ ἀφανοῦς γενομένου τοῦ Νεκταναβὼ⁷)
ἠξίωσαν οἱ Αἰγύπτιοι τὸν προπάτορα τῶν θεῶν Ἥφαιστον, τί ἄρα
ὁ τῆς Αἰγύπτου βασιλεὺς ἐγένετο. ὁ δὲ ἔπεμψεν αὐτοὺς⁸) διὰ
χρησμῳδίας⁹) πρὸς τὸν ἀόρατον τοῦ Σινωπίου, ὅστις ἐχρησμῴδη-
σεν αὐτοῖς· οὗτος¹⁰) Αἴγυπτον ἐκφυγὼν κρατερὸς ἄλκιμος πρέ-
σβυς βασιλεὺς δυνάστης ἥξει μετὰ χρόνον νέος¹¹), τὸ γηραλέον¹²)
ἀποβαλὼν τύπων εἶδος¹³), κόσμον κυκλεύσας, ἐπὶ τὸ Αἰγύπτιον¹⁴)
πεδίον, ἐχθρῶν ὑποταγὴν¹⁵) ἐλθὼν διδοὺς¹⁶) ἡμῖν. οὕτω δοθέντος

5) ἐπιτετραφάτε   6) μηδιῶν   7) φυλάσσης   8) στρατηωτικῶς
9) δύναμεις   10) ἀλλα προθυμία   11) ὑποταγεί σοι   12) παρᾶταξην
13) πολυ πληθείαν   14) πελάγου   8. 1) ἀτενίσ᾽θ   2) ἴδε   3) δὲ
κυβερνόντας·   4) των πόγωᵛα   5) πρό   6) περί μαστεύσας   7)
λⱽννεκτανᾶβὼς   8) αὐτοις   9) δι᾽ ἀχρησμωδίας   10) αὐτοῖς· οὕτως
11) νέων   12) γηραλαῖον   13) οὖδος   14) αἰγύπτον   15) ὑπὸ ταγὴν
16) δίδως

τοῦ χρηςμοῦ τούτου μὴ νοήςαντες τὴν λύςιν εἰς τὴν τοῦ ἀνδριάντος τοῦ Νεκταναβὼ [17]) βάςιν γράφουςιν εἰς μνήμην ποταποῦ ἐκβηςομένου τοῦ χρηςμοῦ τούτου.

CAP. 4.

fol. 185ᵃ 'Εν τῇ Μακεδονίᾳ οὖν φανερὸς γίνεται πᾶςιν [1]) ὁ Νεκταναβὼς ἐπὶ τοςοῦτον, ὥςτε καὶ τὴν 'Ολυμπιάδα θελῆςαι ςκέψαςθαι (sic) ὑπ' αὐτοῦ. μετεκαλέςατο οὖν αὐτὸν ἀποδήμου [2]) τοῦ Φιλίππου τυγχάνοντος πρὸς πόλεμον. ὃς παραγενόμενος εἰς τὰ βαςίλεια, ἰδὼν αὐτῆς τὴν εὐμορφίαν τῆς ςελήνης διαφορωτέραν [3]), ἄνθρωπος [4]) κατωφερὴς [5]) εἰς τὰς γυναῖκας, ἀπὸ τῆς ἐρωτικῆς ἐπιθυμίας τὸν νοῦν ἀκονήςας, προτείνας τὴν χεῖρα ἡςπάςατο· χαίροις Μακεδόνων βαςίλεια [6]), μὴ καταξιώςας αὐτὴν δέςποιναν εἰπεῖν, τὸν βαςιλικὸν ἔχων λογιςμόν. 'Ολυμπιὰς εἶπεν· χαίροις, ἀγαθώτατε [7]) μαθηματικέ, καὶ παραβὰς καθέζου. ὡς δὲ ἐκάθιςεν [8]), 'Ολυμπιὰς εἶπεν· ἦ [9]) τυγχάνεις Αἰγύπτιος ἀληθινός [10]); Νεκταναβὼς εἶπεν· ὡς οἱ δοκιμάςαντες λέγουςι. 'Ολυμπιὰς εἶπεν· ποίᾳ ςκέψει χρώμενος τὸ ἀληθὲς ἀπαγγέλλεις [11]); Νεκταναβὼς εἶπε· καλῶς ἀπεφήνω, ὦ βαςίλιςςα· πολυςχιδὴς [12]) γάρ ἐςτι τῆς ςκέψεως ἡ κρίςις· εἰςὶ γὰρ ὀνειροκρίται [13]), ςημειολύται, ὀρνεοςκόποι, μάντεις [14]), ἀμμουμάντεις (sic), γενεθλιαλόγοι [15]), ἀποθέται (sic), ἀςτρολόγοι.

fol. 185ᵇ ἐγὼ οὖν πάντων τούτων ἐφαπτόμενος, κατ' ἐξοχὴν προφήτης ὢν Αἰγύπτιος, καὶ μάγος εἰμὶ καὶ ἀςτρολόγος. καὶ ταῦτα λέγων δριμύτατον αὐτῇ ἐνέβλεψεν [15ᵃ]), ἥτις ςημειωςαμένη τὸ βλέμμα εἶπε· τί λογιζόμενος οὖν, ὦ προφῆτα [16]) κατ' ἐξοχήν, τί περιέργως με οὕτως περιέβλεψας; Νεκταναβὼς εἶπεν· ὑπομνηςθεὶς [17]) χρηςμοῦ, βαςίλιςςα· [18]) ἤκουςα γὰρ ὑπὸ τῶν ἰδίων θεῶν ποτέ, ὅτι βαςιλίδα ςε δεῖ ςκέψαςθαι, καὶ ἅπερ ἔλεγον [18ᵃ]) ἀληθῆ εὑρέθη εἶναι. [19]) ἅμα δὲ τῷ ταῦτα εἰπεῖν [20]) προςενεγκάμενος πίνακα πολυτίμητον [21]) βαςιλικόν, ὃν ἑρμηνεῦςαί τίς ποτε οὐ δύναται, ἐξ ἐλέφαντος καὶ ἐβενίνου [22]) καὶ χρυςίου καὶ ἀργύρου, τριχάρακτον ζώναις, ἐπὶ μὲν τοῦ πρώτου κύκλου δεκανοὺς ἔχοντα τοὺς τριάκοντα ἕξ, ἐπὶ δὲ τοῦ δευτέρου ζώδια (τὰ) δεκαδύο, ἐπὶ δὲ [23]) τοῦ μέςου ἥλιον καὶ ςελήνην, ἔθηκεν ἐπὶ δίφρου· εἶτα γλωςςόκομον ἐλεφάντινον ἀνοίξας [24]) ὡςαύτως μικρὸν ἐκκενώςας τοὺς ἑπτὰ ἀςτέρας, καὶ τὸν ὡροςκόπον ἐξ ὀκτὼ λιθοτεχνῶν (sic) μετάλλων ἔθηκε, τὸν τηλικοῦτον οὐρανὸν ἐν ὀλίγῳ κύκλῳ περιφωτίςας [25]) προςθεὶς τὸν

fol. 186ᵃ ἥλιον (κρυςτάλλινον), τὴν δὲ ςελήνην ἀδαμαντίνην, τὸν ''Αρεα αἱματίτου [26]), τὸν 'Ερμέα [26]) (sic) ςμαράγδου, τὸν Δία αἰθερίτου (sic), τὴν 'Αφροδίτην ςαπφείρου [27]), τὸν Κρόνον ὀφίτου, τὸν ὡροςκόπον

---

17) νεκταναβὼς 4. 1) πᾶςην   2) ὑποδήμου   3) διαφοροτέραν
4) ἀνὸς   5) κατοφερὴς   6) μακεδόνος βαςιλείου   7) ἀγαθότατε   8)
ἐκάθηςεν   9) εἰ   10) ἀληθικός   11) ἀπαγγέλεις   12) πολυςχεδὴς
13) ὀνειροκρίτε   14) μάντις   15) γενεολόγοι   15ᵃ) ἔβλεψεν   16) προφήται
17) ὑπομνηςθῆς   18) βαςιλικοῦ·   18ᵃ) λέγων   19) εὑρεθηναι   20)
εἰπῆν   21) πολυτίμιτον   22) ἐβεννίνου   23) ἐπὶ μὲν   24) ἀθροίςας·   25) περιφωτάςας   26) αἱματί· τουτὸν ἑρμέα   27) ςαπφίρου

λυγδίτου. καί φηcιν· εἰπέ μοι, λέξον μοι, βαcιλίc, ἐνιαυτόν, μῆνα¹⁷), ἡμέραν καὶ τὴν ὥραν τῆc ἑαυτῆc γενέcεωc. ²⁸) τῆc δὲ εἰρηκυίαc Νεκταναβὼc ψηφίζει τὴν αὐτῆc³⁰) καὶ τὴν ἑαυτοῦ γένε-cιν ³¹), εἰ cυναcτρεῖ εὖ νοῆcαι²⁸). ἰδὼν δὲ εὖ κειμένην τὴν ἀcτρο-νομίαν φηcί· τί θέλειc ἀκοῦcαι, βαcιλίc; Ὀλυμπιὰc εἶπε· τὰ περὶ τὸν Φίλιππον μαθεῖν θέλω· φημίζεται γάρ μοι μετὰ τὸν πόλεμον ἀποβαλεῖν με καὶ γαμεῖν ἄλλην. Νεκταναβὼ εἶπεν· (οὐ) ψευδὴc ἡ φήμη γέγονε, βαcίλιccα † νῦν χρόνοc μετάμελοc γὰρ ὄντοc· τοῦτο γεννήcεται· πλὴν δύναμαί cοι ὡc αἰγύπτιοc· προφήτηc μάγοc· εἰc πολλὸν βοηθὸc γενέcθαι ὅταν μου πρὸc τὸ τοιοῦτον χρεία γέννηται· τὸ γὰρ νῦν ἥμαρτεc cὺ κατὰ τὴν τεθεικέc μοι cαυτῆc γένεcιν. † θεῷ γὰρ ἐπιγείῳ cυνελθεῖν cε δεῖ καὶ ἐξ αὐτοῦ cύλλημμα³³) ἔχειν³⁴) καὶ παιδοποιηθῆναι³⁵) cοι ἔκδικον γενόμενον τέκνον. τῶν ὑπὸ Φιλίππου γενομένων ἁμαρτημάτων. ἡ δὲ εἶπε· ποῖοc θεόc ἐcτι, ὃν λέγειc μοι cυνευνήcεcθαι³⁶); Νεκταναβὼc εἶπε· [ποῖοc] ἐcτὶν οὗτοc ὁ τῆc Λιβύηc κεραὸc πλουτηφόροc Ἄμμων. ἡ δὲ εἶπε· ποῖόc ἐcτιν οὗτοc; [τὴν ἡλικίαν νέοc· μεcή-λιξ· τὸν δὲ χαρὰ ποῖόc ἐcτίν·] ὁ δὲ εἶπε· τὴν μὲν ἡλικίαν μεcῆλιξ, πολιὸc τὴν χαίτην, κέρατα κριοῦ ἐπὶ τῶν κροτάφων ἔχων. ὥcτε ἑτοίμαcον cαυτὴν ὡc γυνὴ καὶ βαcίλιccα πρὸc τοὺc γάμουc· καὶ θεωρήcειc ὄνειρον³⁷),· καὶ θεόν cοι cυγγινόμενον.³⁸) Ὀλυμπιὰc εἶπεν· πότε; Νεκταναβὼc εἶπεν· οὐ μακράν, cήμερον· διὸ καὶ προτρέπομαί cε καθὼc βαcιλίδα γυναῖκα ἤδη περὶ ἑαυτὴν γενέcθαι· περιπλακήcεται γάρ cοι ταύτῃ τῇ νυκτὶ³⁹) δι᾽ ὀνείρων. Ὀλυμπιὰc εἶπε· τοῦτο ἐὰν ἴδω, οὐχ ὡc προφήτην ἢ μάγον, ἀλλ᾽ ὡc θεόν cε προcκυνήcω. ⁴⁰)

fol. 186ᵇ

CAP. 5.

Οὕτωc εἰπὼν ὁ Νεκταναβὼc ἐξέρχεται ἐκ τῶν βαcιλείων. ¹) ἀναμονὴν δὲ μηδεμίαν²) ποιηcάμενοc ἐπὶ τὴν ἔρημον δραμὼν τίλλει βοτάναc πρὸc ὀνειροπόμπιον ἁρμοζούcαc³) τὸν Ὀλυμπιά-δοc ὕπνον, (καὶ) ὄνειρον γεννᾷ ἧc ἤθελε πράξεωc, ὥcτε ἀληθῶc κατ᾽ ὄναρ ἰδεῖν τὴν Ὀλυμπιάδα περιπλακέντα τὸν Ἄμμωνα καὶ cυνερχόμενον αὐτῇ. ἀνιcτάμενοc λέγει·⁴) γύναι, κατὰ γαcτρὸc ἔχειc υἱὸν ἔκδικον γενόμενον.⁵)

fol. 187ᵃ

CAP. 6.

Ἀναcτᾶcα οὖν ἡ Ὀλυμπιὰc τῶν ὕπνων καὶ τὸ cύμφωνον τῶν λόγων θαυμάcαcα μετεπέμψατο τὸν μαθηματικὸν καταμόναc καί φηcιν· ἴδε ὃν εἶπάc μοι θεόν, καὶ cυνειcῆλθέ μοι καθὼc μάκαρ

28) μῆναν   29) γεννήcεωc   30) ἑαυτῆc   31) γέννεcιν   32) εὐνοῆcαι·   33) cύλλημα   34) ἔχην   35) παιδοποιηθεῖναί   36) cὺν εὐνοῆcθαι   37) ὄννειρον   38) cυγγινόμενον   39) νυκτῇ   40) προcκηνήcω·   5. 1) βαcιλίων   2) μηδὲ μίαν   3) ἁμοζούcαc   4) cὺν ἐρχόμενον αὐτῇ ἀνιcταμένη λέγειν (cυνερχ. αὐτῇ ἀνιcταμένη λέγειν?)   5) γενόμενον·

ἤδη ¹) ἡδέως· ὥστε με ²) καὶ βούλεσθαι γρηγορούςαν ³) αὐτῷ καθ᾽
ἡμέραν ⁴) κοινωνεῖν· εὐ οὖν μὴ ἀμελήςῃς καὶ τοῦτο. [πῶς δέ ςε
τοῦτο λανθάνει θαυμάζω.] Νεκταναβὼς εἶπεν· [οὐδένα με λαν-
θάνει·] ἐπειδὴ [δὲ] ὁμολογεῖς γρηγοροῦςα ⁵) αὐτῷ θέλειν ςυνέρ-
χεσθαι, δεῖ τινα γενέσθαι πρὸς τοῦτο σκέψιν· ἄλλο γὰρ ὄνειρος
καὶ ἄλλο αὐτοψία. λογίζομαι οὖν χωρημάτιον ⁵) ὑπὸ σοῦ λαβεῖν
πλησίον τοῦ κοιτῶνός σου, ὅπως ἐρχομένου τοῦ θεοῦ πρὸς σὲ
φόβῳ τινὶ μὴ σχεθῆναί ⁶) σε, ὑπουργοῦντός μου ταῖς ἐμαυτοῦ ἐπα-
οιδαῖς. ὁ γὰρ θεὸς οὗτος ἐρχόμενος πρὸς σὲ γίνεται πρῶτον δρά-
κων ⁷) ἐπὶ γῆς ἕρπων (συριγμὸν πέμπων), εἶτα μεταβάλλεται (εἰς)
κεραὸν Ἄμμωνα, εἶτα εἰς Ἀλκείδην ⁸) Ἡρακλέα, εἶτα εἰς θυρσόκο-
fol. 187ᵇ μον ⁹) Διόνυσον, εἶτα συνελθὼν ἀνθρωποειδὴς θεὸς ἐμφανίζεται,
τοὺς ἐμοὺς τύπους ἔχων. Ὀλυμπιὰς εἶπε· καὶ καλῶς εἶπες, προ-
φῆτα· λάβε τὸν κοιτῶνα. ἐπὰν δὲ τοῦτο ἴδω γρηγοροῦσα ¹⁰), μάθω
δὲ τὴν τοῦ ¹¹) θεοῦ σπορὰν καθεστηκυῖαν ἐμαυτῇ ¹²), τιμήσω σε κα-
θὼς βασιλίς. ¹³) σχήσομαι δὲ σὲ καὶ πατέρα τοῦ παιδὸς τυγχάνοντα.
Νεκταναβὼς εἶπε· προεῖπόν σοι τὸν τοῦ δράκοντος συριγμόν· μὴ
πτυρῇς τὸ κῆτος, μᾶλλον δὲ προσηνὴς ¹⁴) αὐτῷ καὶ ἄδειλος ἴσθι. ¹⁵)

CAP. 7.

..... Γενομένων οὖν πάντων τῶν προειρημένων οὐκ ἐδειλίασεν
ἡ βασίλισσα, ἀλλ᾽ εὐθαρσῶς ¹) ἤνεγκεν τὰς τοῦ θεοῦ ²) μεταμορφώ-
σεις ἀπὸ τοῦ δράκοντος θαυμάζουσα. ὁ δὲ πάλιν ἀνιστάμενος ἀπ᾽
αὐτῆς, τύψας αὐτῆς τῇ χειρὶ τὴν ³) κοιλίαν, εἰπών· σπέρματα ἀνί-
κητα καὶ ἀνυπότακτα διαμείνατε, ἐξέρχεται πρὸς τὴν ἰδίαν ὑπο-
μονήν. γίνεται οὖν τὸ τοιοῦτον συνηθὲς λοιπόν, ἡδέως αὐτῆς,
ὡς ὑπὸ δράκοντος, Ἄμμωνος, Ἡρακλέους, Διονύσου πανθέου
(sic) περιλαμβανονένης.

Ὡς δὲ ἡ γαστὴρ ᾠγκοῦτο ⁴), βλέψασα τὸν Νεκταναβὼ δειλῶς
ἡ Ὀλυμπιὰς εἶπε· προφῆτα, τί μέλλω ποιεῖν, ἐὰν παραγενόμενος
fol. 188ᵃ Φίλιππος ἔγκυόν με εὕρῃ; Νεκταναβὼς εἶπε· μηδὲν πτοηθῇς,
βασιλίς· ἐν τούτῳ βοηθὸς ἔσται ὁ τρίμορφος θεὸς Ἄμμων ὄνειρον
αὐτῷ δεῖξαι, ὥστε ἀνέγκλητόν ⁵) σε ὑπ᾽ αὐτοῦ εἶναι. οὕτως μὲν
οὖν Ὀλυμπιὰς ἐπλανᾶτο ἀνθρωπίνῳ θεῷ μοιχευομένη, πλὴν Αἰ-
γυπτίῳ βασιλεῖ.

CAP. 8.

Καὶ δὴ λαβὼν ἱέρακα πελάγιον ὁ Νεκταναβὼς μαγεύσας ὀνει-
ρόπομπον ποιεῖ τῷ Φιλίππῳ. εἶδεν ¹) γὰρ δι᾽ ὀνείρων θεὸν ²) εὑ-

---

6. 1) ἔδη   2) μαι   3) γρηγορῶσαν   4) καθῆραν   5) χορη-
μάτιον   6) σχεθῆναί   7) δράκον   8) ἀλκιδὴν   9) θυρσόκοᵘ   10)
γρηγορῶσα·   11) τίνος (τινὸς?)   12) ἐμαυτὴν   13) βασιλεῖς   14)
πρὸς σηῆς   15) ἄδειλος ἴσθι γενομένων. οὐκ ἐδειλίασεν (οὖν παν τῶν
τῶν προηρημένων οὐκ ἐδειλίασεν) ἡ cett. das eingeklammerte von spä-
terer hand corrigiert.   7. 1) ἀλεύθαρςῶς   2) τῶν θεῶν   3) τὴν
κοιλ. εἰπών· ἐξέρχ. πρ. τ. ἰ. ὑπομονὴν γίνεται· ὃν τὸ τοιοῦτον εἰπών·
σπέρμ. ἀνίκητα· καὶ ἀνυπ. διαμείνατε·   4) ὀγκοῦτο·   5) ἀνεκλητόν
8. 1) ἴδεν   2) θεῶν

μορφον, πολιόν, κεραόν, ἔνθα τρόπον Ἄμμωνος, cυτκοινωνὸν³) τῆc Ὀλυμπιάδοc (scrib. cυτκοιμιώμενον τῇ Ὀλυμπιάδι?)· ἀνιcτάμενοc δὲ ἀπ᾽ αὐτῆc λέτει αὐτῇ⁴)· κατὰ ταcτρὸc ἔχειc ἐξ ἐμοῦ παῖδα καὶ coῦ καὶ τοῦ πατρὸc Φιλίππου τενόμενον³) ἔκδικον. ὑπενόηcε δὲ τὴν φύcιν αὐτῆc Νειλώᾳ⁵) βίβλῳ καταρράπτειν αὐτὸν καὶ cφρατίζειν δακτυλίῳ χρυcῷ ἐν λίθῳ τλυφὴν ἔχοντι κεφαλὴν λέοντοc⁷), ἡλίου κράτοc καὶ δοράτιον. ἔδοξε δὲ ἱέρακα ταῖc πτέρυξι⁹) [δοκημάζειν καὶ] διυπνίζειν αὐτόν. ταῦτα ἰδὼν πρωίαc ἀνιcτάμενοc μετεπέμψατο ὀνειροπόλον καὶ διητεῖται τὸν χρηcμόν. ὁ δέ φηcι· Φίλιππε, καθὼc ἐθεάcω⁸) ἔτκυοc τέτονεν Ὀλυμπιάc¹⁰), πλὴν ὑπὸ θεοῦ. fol. 18b ᴸ τὸ τὰρ cφρατίζειν τινά¹¹) τὴν φύcιν αὐτῆc πίcτεωc τέμει· οὐδεὶc τὰρ κενὸν ἀττεῖον cφρατίζει, ἀλλὰ μεcτόν. ἐπεὶ¹²) (δὲ) βίβλῳ καταρραφεῖcα¹³) ἦν ἡ φύcιc, Αἰτυπτία ἐcτὶν ἡ cπορά· οὐδαμοῦ τὰρ βίβλοc τεννᾶται εἰ μὴ ἐν Αἰτύπτῳ μόνον. πλὴν οὐ ταπεινή, μᾶλλον δὲ λαμπρὰ ἡ τύχη καὶ ἔνδοξοc καὶ ἐπίcημοc διὰ τὸν χρύcεον δακτύλιον. (τί τὰρ χρυcοῦ ἐνδοξότερον,) δι᾽ οὗ καὶ θεοὶ προcκυνοῦνται¹⁴); ὁ δὲ ἥλιοc ὁ τῆc τλυφῆc καὶ ἡ κεφαλὴ λέοντοc (καὶ τὸ δοράτιον λότον ἔχει (?) τοιοῦτον·) ὁ τὰρ τεννώμενοc¹⁵) ἕωc ἀνατολῆc¹⁶) φθάcει¹⁷) πάνταc, πολεμίων δορυαλώτουc τὰc πόλειc ποιούμενοc. τὸ δὲ τὸν θεὸν κριοκέφαλον πολιὸν εἶναι, ὁ τῆc Λιβύηc¹⁸) Ἄμμων θεὸc ὁ τούτου cπορεύc. οὕτωc κρίναντοc τοῦ ὀνειροπόλου cυμπαθὴc¹⁹) ἤκουcεν Φίλιπποc τὸ ὅλωc cυνειληφέναι²⁰) τὴν Ὀλυμπιάδα, κἂν εἴη ἐκ θεοῦ.

Cap. 9.

Νικήcαc οὖν τὸν πόλεμον εἰc Μακεδονίαν ἐποιεῖτο τὴν ἐπάνοδον. (ὡc δὲ ἦλθεν εἰc τὰ βαcίλεια,) ἐνύποπτοc ἡ Ὀλυμπιὰc ἡcπάcατο αὐτόν. ὁ δὲ ἀποβλέψαc αὐτὴν τεταρατμένην, ὁ Φίλιπποc εἶπε· τίνι παρεδόθηc Ὀλυμπιάc; ..... ¹) ὅτι ἁμαρτήcαcα οὐχ ²) ἥμαρτεc· θεὸc τάρ cε εἰc τοῦτο [οὐκ] ἐβιάcατο, ἵνα ἐκ θεοῦ τεν- fol. 18ᵛ νήcαcα²) παῖδα Φιλίππου πατρὸc ἀνατορεύcηc αὐτόν. πάντα τὰρ τὰ περὶ coῦ δι᾽ ὀνείρων ἐθεαcάμην· διὸ ἀνέτκλητοc εἶ· πάντα τὰρ δυνάμενοι βαcιλεῖc πρὸc τοὺc θεοὺc οὐδὲν δυνάμεθα. οὕτωc εἰπόντοc εὔθυμον τὴν Ὀλυμπιάδα ἀποκατέcτηcεν. ⁴)

Cap. 10.

Ἐν¹) δὲ μιᾷ τῶν ἡμερῶν ἐν τοῖc βαcιλείοιc²) κρύφα διάτων³) ὁ Νεκταναβὼc ἤκουcε Φιλίππου λέτοντοc τῇ Ὀλυμπιάδι· ἐπλάνηcάc⁴) με, τύναι· οὐχ ὑπὸ θεοῦ cύλλημμα⁵) ἔχειc, ἀλλ᾽ ὑπὸ ἀνθρωπίνηc φύcεωc. εὐωχουμένου δὲ αὐτοῦ κατηφὴc⁶) ἦν διὰ τὸ

3) cυτκονωνόν   4) αὐτῆc   5) τεννόμενον   6) ἐνίλωά   7) ἔχοντοc   8) πτέριξι   9) ἐθέαccω   10) ὀλιμπιάc   11) τῇ κατὰ   12) ἐπὶ   13) καταραφεῖcα   14) πρόcκινοῦνται   15) τλυφῆc· κεφαλῆc λέοντοc· ὁ τὰρ τ. cett.   16) κεφαλῆc   17) φθάcη   18) λύμνηc   19) cυμπαθεὶc   20) cυνειληφαῖναι   9. 1) im mscr. keine liicke.   2) οὐκ   3) τεννήcειc   4) ἀπεκατέcτηcεν·   10. 1) Ἔτι   2) βαcιλίοιc   3) κρύφαδι ἄτιων   4) ἐπλάνεcάc   5) cύλλημα   6) κατειφὴc·

ἔγκυον⁷) εἶναι τὴν Ὀλυμπιάδα. ὁ δὲ Νεκταναβὼς˙) ἀλλάξας ἑαυτὸν διὰ τῆς μαγείας (εἰς) δράκοντα μείζονα ἦλθε διὰ μέσου τοῦ τρικλίνου⁸) καὶ ἐςύρει (sic) φοβερόν, ὥςτε τὰ θεμέλια ςεις θῆναι τοῦ παλατίου. οἱ δὲ ςυνεςθίοντες τῷ βαςιλεῖ θεωρήςαντες τὸν δράκοντα ἐπήδηςαν φόβῳ ςυνεχόμενοι, ἡ δὲ Ὀλυμπιὰς ἐπιγνοῦςα τὸν ἴδιον νυμφίον προέτεινε τὴν δεξιὰν αὐτῆς χεῖρα. καὶ ἐξεγεί-
[Col.] 189ᵇ ρας ἑαυτὸν ὁ δράκων ἐπέθηκε¹⁰) τὸ γένειον (εἰς τὴν χεῖρα) καὶ ἐκύκλωςε πάντως.¹¹) καὶ ἦλθεν ἐπὶ τὰ γόνατα Ὀλυμπιάδος, καὶ προβαλὼν τὴν δίχηλον¹²) αὐτοῦ γλῶςςαν¹ κατεφίληςεν¹³) αὐτήν, τεκμήριον ςτοργῆς ὁ δράκων πρὸς τοὺς θεωροῦντας ποιούμενος. καὶ τοῦ μὲν Φιλίππου ἅμα μεμφομένου, ἅμα δὲ καὶ θαυμάζοντος καὶ ἀκορέςτως προςέχοντος, [καὶ ταῦτα πράξας Νεκταναβὼ πρὸς ἔνδειξιν ἀφανὴς ἐγένετο,] μεταβάλλει¹⁴) ἑαυτὸν ὁ δράκων εἰς ἀετόν, καὶ τὸ ποῦ ἐχώρηςε περιττὸν τὸ λέγειν. ὁ δὲ Φίλιππος ἐκ τοῦ φόβου νοήςας εἶπεν˙ γύναι, τεκμήριον τοῦ περὶ ςὲ ἀγῶνος ἐθεαςάμην τὸν θεόν ςοι βοηθοῦντα ἐν τῷ κινδύνῳ˙ τίς δὲ θεός, νῦν οὐκ οἶδα. ἔδειξε γὰρ ἐμοὶ¹⁵) θεοῦ Ἄμμωνος μορφὴν καὶ Ἀπόλλωνος καὶ Ἀςκληπιοῦ. ἡ δὲ Ὀλυμπιὰς (εἶπεν αὐτῷ˙ καθώς μοι ἐδήλωςεν αὐτός, ὅτε μοι ςυνῆλθεν, ἁπάςης Λιβύης θεὸς Ἄμμων ἐςτίν. ὁ δὲ Φίλιππος) ἰδὼν ταῦτα ἐμακάριζεν ἑαυτόν, θεοῦ ςπορὰν μέλλοντα καλεῖν¹⁶) τὸ τικτόμενον ὑπὸ τῆς ἰδίας γυναικός.

CAP. 11.

Μετὰ δὲ ἡμέρας τινὰς καθεζομένου τοῦ Φιλίππου ἔν τινι τῶν βαςιλικῶν τόπων ςυμφύτῳ, ὀρνέων¹) διαφόρων πλήθη ἐνέμοντο
[Col.] 190ᵃ ἐπὶ τῷ τόπῳ. καὶ αἰφνιδίως²) ὄρνις ἁλλομένη εἰς τὸν κόλπον Φιλίππου τοῦ βαςιλέως ἔτεκεν ὠόν˙ καὶ ἀποκυλιςθὲν ἀπὸ τοῦ κόλπου αὐτοῦ πεςὸν³) εἰς τὴν γῆν ἀπερράγη, ἀφ' οὗ ἐξεπήδηςε μικρὸν δρακόντιον, ὅπερ κυκλεῦςαν τὰ⁴) ἔξωθεν⁵) τοῦ ὠοῦ πάλιν ἐζήτει εἰςελθεῖν ὅθεν ἐξῆλθε˙ καὶ βαλὼν ἔςωθεν τὴν κεφαλὴν ἐτελεύτηςεν. ταραχθεὶς δὲ ὁ βαςιλεὺς Φίλιππος μετεςτείλατό τινα⁶) ςημειολύτην καὶ ὑφηγήςατο αὐτῷ τὸ γενόμενον. ὁ δὲ ςημειολύτης εἶπεν αὐτῷ ἐμπνευςθεὶς ἐκ θεοῦ˙ βαςιλεῦ, ἔςται⁷) ςοι υἱός, ὃς περιελεύςεται ὅλον τὸν κόςμον, πάντας τῇ ἰδίᾳ δυνάμει ὑποτάςςων˙ ὑποςτρέφων δὲ εἰς τὰ ἴδια βαςίλεια ὀλιγοχρόνιος τελευτήςει. ὁ γὰρ δράκων βαςιλικὸν ζῷόν ἐςτιν˙ τὸ δὲ ὠὸν παραπλήςιον τῷ κόςμῳ, ὅθεν ὁ δράκων ἐξῆλθε. κυκλεύςας οὖν τὸν κόςμον καὶ βουλόμενος ὅθεν ἐξῆλθεν εἰςελθεῖν οὐκ ἔφθαςεν ἀλλ' ἐτελεύτηςεν. ὁ μὲν οὖν ςημειολύτης ἐπιλύςας τὸ ςημεῖον καὶ δοματιςθεὶς˙) παρὰ τοῦ βαςιλέως Φιλίππου ἐξῆλθεν.

---

7) ἐγγῦον   8) ννεκταναβὼς   9) τρικλείνου   10) ἐπέθυκε   11) πάντας   12) δίχειλον   13) κατεφίλιςεν   14) μεταβάλει   15) ἐμὶ   16) καλεῖςθαι   11. 1) τόπων· ςυμφύτω ὀρνέων·   2) αἰφνήδιως   3) πεςῶν   4) κυκλεύςαντα·   5) ἔξοθεν   6) μετεςτήλατο τίνα   7) ἔςτε   8) δωματιςθεὶς

$\left(\text{Cap. 12.}\right)$

Καὶ τελεсθέντος ¹) τοῦ χρόνου τοῦ τεκεῖν τὴν Ὀλυμπιάδα, fol. 190ᵇ
καθίсαса²) ἐπὶ τὸν κυοφόρον δίφρον ὠδίνει. παρεстὼс δὲ Νεκτα-
ναβὼ καταμετρήсας τοὺс οὐρανίους δρόμους ἐψυχαγώγει αὐτὴν
τοῦ μὴ сπεῦσαι ἐπὶ τῷ τοκετῷ, καὶ сυγκλονήсας τὰ κοсμικὰ στοι-
χεῖα, τῇ μαγικῇ δυνάμει χρώμενος, ἐμάνθανε τὰ ἐνεστῶτα καὶ
λέγει αὐτῇ· γύναι, ἔπεχε сεαυτὴν καὶ νίκηсον τὰ ἐνεστῶτα τῇ
φύсει. ἐὰν γὰρ νῦν ἀποκυήсῃς, ὑπόδουλον αἰχμάλωτον ἢ μέγα
τέρας γεννήсεις. πάλιν οὖν τῆς γυναικὸс ὑπὸ τῶν ὠδίνων ὀχλου-
μένης καὶ μηκέτι κατασχεῖν δυναμένης πλείсτων τῶν ³) πόνων, ὁ
Νεκταναβὼс ἔφη· καρτέρηсον⁴) ὀλίγον, γύναι· ἐὰν γὰρ νῦν ἀπο-
κυήсεις, γάλλος⁵) ἔσται ἀπρόκοπος ὁ γεννώμενος.⁶) τινὰ δὲ καὶ
παρηγορίαν⁷) καὶ χρηστοὺς λόγους ⁸) ὁ Νεκταναβὼ (παρεῖχε καὶ)
τὰς χεῖρας τοῖς φυсικοῖς πόροις ἐδίδαсκεν ἐπέχειν τὴν Ὀλυμ-
πιάδα· αὐτὸс δὲ τῇ ἰδίᾳ μαγείᾳ χρώμενος κατεῖχε τῆς γυναικὸс
τὸν τοκετόν. πάλιν οὖν κατανοήсας τοὺς οὐρανίους δρόμους τῶν
κοсμικῶν στοιχείων ἐπέγνω τὸν сύμπαντα κόсμον μεсουρανοῦντα
καὶ λαμπηδόνα τινὰ ἀπὸ οὐρανοῦ ἐθεάсατο ὡς τοῦ ἡλίου μεсου- fol. 191ᵃ
ρανοῦντος, καὶ ἔφη πρὸς τὴν Ὀλυμπιάδα· δίδου νῦν τὴν πρὸς
γέννηсιν⁹) φωνήν. καὶ αὐτὸс δὲ ἐπένευσεν αὐτῆς τὸν τοκετὸν καὶ
εἶπεν αὐτῇ· βασιλέα ἄρτι τέξεις κοсμοκράτορα. ἡ δὲ Ὀλυμπιὰс
μεῖζον ¹⁰) βοὸς μυκηсαμένη ἀπεκύησε παῖδα ἄρρενα сὺν ἀγαθῇ
τύχῃ. τοῦ δὲ παιδὸс πεсόντος εἰς τὴν γῆν ἐγένοντο βροντῶν
κτύποι ἀλλεπάλληλοι καὶ ἀстραπῶν φωτιсμοί¹¹), ὥστε τὸν сύμ-
παντα κόсμον κινεῖсθαι.

Cap. 13.

Πρωίας δὲ γενομένης ¹) ἰδὼν Φίλιππος τὸ τεχθὲν παιδίον
ὑπὸ Ὀλυμπιάδος ἔφη· ἐβουλόμην²) μὲν αὐτὸ³) μὴ ἀναθρέψαι,
διὰ τὸ γέννημα ἐμὸν μὴ⁴) εἶναι, ἀλλ᾽ ἐπειδὴ ὁρῶ τὴν μὲν сποράν
θεοῦ οὖσαν, τὸν δὲ τοκετὸν ἐπίсημον κοсμικόν, τρεφέсθω⁵) εἰς
μνήμην τοῦ τελευτήсαντός μου παιδός, γενομένου⁶) μοι⁷) ἐκ (τῆς)
προτέρας γυναικός· καλείсθω) δὲ Ἀλέξανδρος. καὶ οὕτως εἰπόν-
τος τοῦ Φιλίππου πᾶсαν ἐπιμέλειαν⁹) ἐλάμβανε τὸ παιδίον· сτε-
φανηφορία ¹⁰) δὲ καθ᾽ ὅλης τῆς Μακεδονίας ἐγένετο καὶ τῆς Πέλ-
λης καὶ τῆς Θράκης καὶ ταῖς ἑτέραις χώραις. ¹¹) ἵν᾽ οὖν μὴ ἐπὶ
πολὺ ¹²) βραδύνω τὸν λόγον περὶ τῆς ἀνατροφῆς Ἀλεξάνδρου, fol. 191ᵇ
ἀπεγαλακτίсθη, καὶ ἀναβιβάζεται τῇ ἡλικίᾳ. ἀνδρωθέντος δὲ
Ἀλεξάνδρου τὸν χαρακτῆρα οὐχ ὅμοιον εἶχε Φιλίππῳ¹³), ἀλλ᾽ οὐδὲ
Ὀλυμπιάδι τῇ μητρὶ οὐδὲ τῷ сπείραντι· ἀλλ᾽ ἰδίῳ τύπῳ κεκοсμη-

----

12. 1) τελευθέντος (τελευτηθέντος?)   2) καθήсаса   3) τῶν πλή-
сτων   4) καρτέριсον   5) γάλλον   6) γεννόμενος   7) παριγορίαις
8) χρηстοῖς λόγοις·   9) προсγέννηсιν   10) μείζων   11) φοτιсμοί·
13. 1) γενυμένης   2) ἐβολόμην   3) αὐτῶ   4) μοι   5) θρε-
φέсθω   6) γενναμένου   7) μου   8) καλεῖсθο   9) ἐπιμέλιαν   10)
сτεφανηφόρος   11) χόραις·   12) πολῆ   13) φιλίππου

μένος μορφὴν μὲν εἶχεν ἀνθρώπου, τὴν δὲ χαίτην ¹¹) λέοντος, τοὺς
δὲ ὀφθαλμοὺς ἑτερογλαύκους· τὸν μὲν δεξιὸν κατωφερῆ ¹⁵) (καὶ
μέλανα) ἔχων, τὸν δὲ εὐώνυμον ¹⁶) γλαυκόν· ὀξεῖς δὲ τοὺς ὀδόντας
ὡς πασσαλίσκους, ὡς δράκοντος, ὁρμὴν δὲ ἐνέφηνε ¹⁷) λέοντος.
• [ὀξύς· πρόδηλος δὲ ἦν·] κατὰ χρόνους δὲ αὐξήσας εἰς τὰ μαθήματα
ἐμελέτα. ἐγένετο δὲ αὐτοῦ τροφὸς Λεκάνη, ἡ Μέλαντος ἀδελφή,
παιδαγωγὸς δὲ καὶ ἀνατροφεὺς Λεωνίδης ¹⁸), διδάσκαλος γραμμά-
των Πολυνείκης ¹⁹), μουσικῆς δὲ Λεύκιππος Λήμνιος ²⁰), γεωμε-
τρίας ²¹) δὲ Μέλεμνος Πελοποννήσιος, ῥητορικῶν δὲ λόγων Ἀνα-
ξιμένης ²²) Ἀριστοκλέους ὁ Λαμψακηνός ²³), φιλοσοφίας δὲ Ἀριστο-
τέλης Νικομάχου ²⁴), Σταγειρίτης. ²⁵) Ἀλέξανδρος δὲ πᾶσαν παιδείαν
καὶ ἀστρονομίαν μελετήσας καὶ ἀπολυόμενος ἐκ τῶν μαθημάτων
• fol. 192ᵃ τοὺς συμμαθητὰς αὐτοῦ ἐδίδασκε κατὰ μέρος καὶ εἰς πόλεμον αὐ-
• τοὺς ἤθροιζε, καὶ μόνος συνῆπτε τὴν μάχην· ὁπότε δὲ ἑωράκει
μέρος ἡττώμενον ὑπὸ τοῦ ἑτέρου, εἰς τὸ ἡττώμενον ²⁶) μέρος με-
τέβαινε καὶ ἐβοήθει ²⁷) καὶ πάλιν ἐνίκα, ὡς φανερὸν ἦν, ὅτι αὐτὸς
ἦν ἡ νίκη. οὕτως μὲν ὁ Ἀλέξανδρος ἀνετρέφετο. καὶ μετὰ τῶν
στρατευμάτων ἐπὶ τὸ καμπικὸν ἔτρεχε μελέτημα, καὶ τοῖς ἵπποις
ἐναλλόμενος ²⁸) ἵππευεν. ἐν μιᾷ οὖν τῶν ἡμερῶν κομίζουσιν οἱ
• τοῦ Φιλίππου ἱπποφορβοὶ ²⁹) ἐκ τῶν ἱπποφορβίων αὐτοῦ πῶλον
ὑπερμεγεθέστατον καὶ παρέστησαν αὐτὸν τῷ βασιλεῖ Φιλίππῳ ³⁰)
λέγοντες· δέσποτα βασιλεῦ, τοῦτον τὸν ἵππον ἐν τοῖς βασιλικοῖς
ἱπποφορβίοις εὕρομεν γεννηθέντα, κάλλει διαφέροντα τοῦ Πηγά-
cou · ³¹) ὃν κομίζομέν σοι, δέσποτα. θεασάμενος δὲ αὐτοῦ τὸ μέγε-
θος καὶ τὸ κάλλος Φίλιππος ὁ βασιλεὺς ἐθαύμασεν. βίᾳ δὲ φρου-
ρούμενος ὑπὸ πάντων κατείχετο. οἱ δὲ ἱπποφορβοὶ ²⁹) εἶπον·
δέσποτα βασιλεῦ, ἀνθρωποφάγος ³²) ἐστίν. ὁ δὲ βασιλεὺς Φίλιππος
fol. 192ᵇ εἶπεν· ἀληθῶς ³³) ἐν τούτῳ πληροῦται τὸ ἐν τοῖς Ἕλλησι παροί-
μιον ³¹), ὅτι ἐγγὺς ἀγαθοῦ πέφυκε ³⁵) κακόν. ἀλλ' ἐπειδὴ ἔφατε ³⁶)
• αὐτὸν ἐνηνοχέναι, λήψομαι αὐτόν. καὶ ἐκέλευσε τοῖς προπόλοις ³⁷)
αὐτοῦ ποιῆσαι σιδηροῦν κάγκελον ³⁸) καὶ τοῦτον ἐγκλεῖσαι ἀχα-
λίνωτον ³⁹), καὶ τοὺς μὴ ὄντας ὑπηκόους τῆς ἐμῆς βασιλείας, ἀλλ'
ὑποπίπτοντας [ἢ] τῷ νόμῳ ἀπειθοῦντας ἢ ἐπὶ λῃστείᾳ ληφθέντας
αὐτῷ παραβάλλετε. ⁴⁰) καὶ ἐγένετο καθὼς ἐκέλευσεν ὁ βασιλεύς.

Cap. 14.

Ὁ δὲ Ἀλέξανδρος προέκοπτε τῇ ἡλικίᾳ, καὶ γενόμενος ἐτῶν
ιβʹ μετὰ τοῦ πατρὸς εἰς τὰς τάξεις τῶν στρατευμάτων παρεγένετο,

---

14) χέτην   15) κατωφερεῖ   16) ἐβώνυμον   17) ἐνέφανε   18)
κλεονίδης   19) πολυνίκης   20) λιμναῖος   21) γεομετρίας   22)
ἀξιμένης   23) λαψηκινός·   24) νικομάχους   25) τατιτητς (von jün-
gerer hand am rande σταγειρίτης)   26) τω ἡττόμενον   27) ἐβοήθη
28) ενηλόμενος   29) ἱπποφόροι   30) φιλείππω·   31) πιγάσου   32)
ἀνθροποφάγος   33) ἀληθὸς   34) προοίμιον·   35) πέφηκε   36)
ἐφητε   37) πρωπώλοις   38) είδερον κάγγελον·   39) ἀχαλίνωτον·
40) παραβάλεται

καὶ καθώπλιζεν¹) ἑαυτόν, καὶ cυνώρμα²) τοῖc cτρατεύμαcιν καὶ
τοῖc ἵπποιc ἐφήλλετο³), ὥcτε ὁρῶντα⁴) τὸν Φίλιππον εἰπεῖν·
τέκνον Ἀλέξανδρε, [cτυγῶ⁵) δέ cου τὸν χαρακτῆρα⁶) ὅμοιόν μοι
(μὴ) τυγχάνοντα·] φιλῶ cου τοὺc τρόπουc καὶ τὸ γενναῖον, οὐ⁷)
τὸν χαρακτῆρα, ὅτι οὐχ ὅμοιόc μοι τυγχάνει. λυπηρὰ δὲ ταῦτα
πάντα τῇ Ὀλυμπιάδι ἐτύγχανον. καλεῖ οὖν τὸν Νεκταναβὼν πρὸc
ἑαυτὴν ἡ Ὀλυμπιάc, καὶ λέγει αὐτῷ· cκέψαι⁸) τί βούλεται περὶ fol. 193·
ἐμοῦ Φίλιπποc. θεὶc δὲ τὸν πίνακα⁹) καὶ τοὺc ἀcτέραc cκέπτεται
περὶ αὐτῆc παρακαθημένου αὐτοῖc τοῦ Ἀλεξάνδρου. καὶ εἶπε
πρὸc αὐτὸν Ἀλέξανδροc· πάτερ, οὐ τοίνυν οὓc λέγειc ὧδε¹⁰) ἀcτέ-··
ραc ἐν τῷ οὐρανῷ φαίνονται. καὶ μάλα, ἔφη, τέκνον. καὶ λέγει
αὐτῷ Ἀλέξανδροc· οὐ δύναμαι¹¹) αὐτοὺc εἰδέναι·²) (ἰδεῖν?); ὁ
δὲ¹³) εἶπε· ναὶ τέκνον, δύναcαι ἑcπέραc γινομένηc. καὶ τῇ ἑcπέρᾳ
παραλαβὼν Νεκταναβὼ τὸν Ἀλέξανδρον, φέρει αὐτὸν ἔξω τῆc
πόλεωc εἰc ἔρημον τόπον, καὶ ἀναβλέπων εἰc τὸν οὐρανὸν ἐδεί-
κνυεν¹⁴) τῷ Ἀλεξάνδρῳ τοὺc οὐρανίουc ἀcτέραc. ὁ δὲ Ἀλέξαν-
δροc κατέχων αὐτοῦ τὴν χεῖρα φέρει αὐτὸν εἰc [τὸν] βόθυνον καὶ·
ἀπολλύει¹⁵) αὐτόν. καταπεcὼν δὲ Νεκταναβὼ λαμβάνει φοβερῶc·
κατὰ τῶν ἰνίων αὐτοῦ, καὶ εἶπεν· οἴμοι τέκνον Ἀλέξανδρε, τί·
cοι ἔδοξε τοῦτο ποιῆcαι¹⁶); ὁ δὲ Ἀλέξανδροc εἶπεν· ἑαυτῶν μέμ-
φου μαθηματικέ. ὁ δὲ ἔφη· διὰ τί, τέκνον; ὁ δὲ Ἀλέξανδρόc
φηcιν· ὅτι τὰ ἐπὶ γῆc μὴ ἐπιcτάμενοc τὰ ἐν οὐρανῷ ἐκζητεῖc.¹⁷)
καὶ λέγει αὐτῷ ὁ Νεκταναβώ· τέκνον, φοβερῶc εἴληφα τὸ πρᾶγμα·
ἀλλ᾽ οὐκ ἔcτιν οὐδένα θνητῶν κατανικῆcαι τὴν εἱμαρμένην. ¹⁸) ὁ·
δὲ Ἀλέξανδροc εἶπε· διὰ τί; λέγει αὐτῷ¹⁹) Νεκτανεβώ· ὅτι ἐμοι-
ρολόγηcα ἑαυτόν, ὅτι ὑπὸ τοῦ ἰδίου τέκνου ἀναιρεθῆναί²⁰) με δεῖ, fol. 193b··
καὶ οὐκ ἐξέφυγον τὴν μοῖραν, ἀλλ᾽²¹) ὑπὸ cοῦ ἀνῃρέθην. ὁ δὲ
Ἀλέξανδροc ἔφη· ἐγὼ οὖν υἱόc cού εἰμι; τότε διηγήcατο αὐτῷ ὁ
Νεκτανεβὼ τὴν ἐν²²) Αἰγύπτῳ βαcιλείαν αὐτοῦ, καὶ τὴν ἀπ᾽ Αἰγύ-
πτου φυγήν, τὴν εἰc Πέλλην αὐτοῦ ἐπιδημίαν²³), καὶ τὴν πρὸc
Ὀλυμπιάδα²⁴) εἴcοδον αὐτοῦ, καὶ τὴν cκέψιν αὐτῆc, καὶ τὸ πῶc
εἰcῆλθεν πρὸc αὐτήν, ὡc θεὸc Ἄμμων, καὶ τὸ πῶc cυνεμίγη
αὐτῇ.²⁵) λέγων δὲ ταῦτα ἐξέπνευcεν τὸ πνεῦμα αὐτοῦ. ὁ δὲ
Ἀλέξανδροc ἀκούcαc ταῦτα παρ᾽ αὐτοῦ καὶ πειcθεὶc ὑπ᾽ αὐτοῦ
τὸν ἴδιον πατέρα τελευτήcαντα, κατενύγη καὶ φοβηθεὶc οὐκ εἴαcεν·
αὐτὸν ἐν τῷ βόθρῳ, μή πωc θηριόβρωτοc²⁶) γένηται·²⁷) νὺξ γὰρ
ἦν καὶ ἔρημοc ὁ τόποc. καὶ cτοργὴν λαβὼν πρὸc τὸν cπείραντα
διεζώcατο²⁸) καὶ ἐπιτίθεται αὐτὸν ἐπὶ τῶν ὤμων αὐτοῦ γενναίωc
καὶ ἀπάγει πρὸc Ὀλυμπιάδα τὴν μητέρα αὐτοῦ. καὶ θεαcαμένη ἡ fol. 191·
Ὀλυμπιὰc εἶπε πρὸc Ἀλέξανδρον· τί τοῦτο, τέκνον; ὁ δὲ εἶπε·

---

14. 1) καθόπληζεν   2) cυνόρμα   3) ἐφήλετο   4) ὁρόντα   5)
cταγῶ(?)   6) χαρακτίρα   7) ὁ   8) cκέψε   9) πήνακα   10) ὅδε
11) δύναμε   12) ἰδέναι·   13) ὅδε   14) ἐδείκνυcεν   15) ἀπόλύει
16) ποιῆcαc;   17) ἐκζητῆc·   18) ἡμαρμένην·   19) αὐτῶν   20)
ἀνερεθῆναι   21) ἀλ᾽   22) ἐ   23) ἐπιδιμίαν   24) ὀλυμπιάδαν   25)
αὐτὴν·   26) θυριόβροτοc   27) γένητε·   28) δυεζώcατο

47*

[νέος αἰνείας] τυμβεύςων **) βαστάζω. καὶ διηγήςατο αὐτῇ πάντα
λεπτομερῶς, ἃ ἤκουςε παρὰ τοῦ Νεκτανεβώ. ἡ δὲ θαυμάσασα
κατέγνω ἑαυτῆς ὡς πλανηθεῖςα ὑπ᾽ αὐτοῦ μαγικαῖς κακοτεχνίαις
ἐμοιχεύθη. ςτοργὴν δὲ λαβοῦσα ἔθαψεν **) αὐτὸν πρεπόντως *¹)
ὡς πατέρα ᾿Αλεξάνδρου. καὶ τάφον ποιηςαμένη ἐκεῖ αὐτὸν ἔθετο.

Θαῦμα τῆς προνοίας ἐςτὶ δόκιμον, τὸν (μὲν) Νεκτανεβώ Αἰ-
γύπτιον τυγχάνοντα εἰς τὴν Μακεδονίαν ῾Ελλαδικῇ **) ταφῇ κηδευ-
θῆναι, (τὸν δὲ ᾿Αλέξανδρον Μακεδόνα τυγχάνοντα εἰς Αἰγυπτιακὴν
ταφὴν κηδευθῆναι.)

CAP. 15.

᾿Επανελθὼν δὲ Φίλιππος ἀπὸ τῆς ἀποδημίας¹) ἀπῆλθεν εἰς
Δελφοὺς χρηςμοδοτηθῆναι, τίς ἄρα²) μετ᾽ αὐτὸν βαςιλεύςει. ἡ δὲ
ἐν Δελφοῖς Πυθία³) γευςαμένη τοῦ Καςταλίου νάματος ⁴), διὰ
χθονίου χρηςμοῦ οὕτως εἶπεν· Φίλιππε, ἐκεῖνος ὅλης τῆς⁵) οἰκου-
μένης βαςιλεύςει, καὶ δόρατι πάντας ὑποτάξει, ὅςτις τὸν Βουκέ-
φαλον ἵππον ἁλλόμενος διὰ μέςης τῆς Πέλλης⁶) διοδεύςει. ἐκλήθη
δὲ Βουκέφαλος, ἐπειδὴ ἐν τῷ μηρῷ εἶχεν ἐκ καύματος βοὸς [φαί-
νοντα] κεφαλήν.⁷) ὁ δὲ Φίλιππος ἀκούςας τὸν χρηςμὸν προς-
εδόκα νέον ῾Ηρακλῆν.⁸)

CAP. 16.

᾿Αλέξανδρος δὲ ᾿Αριστοτέλει¹) τῷ καθηγητῇ οὐ μόνος²) ἐχρή-
ςατο. καὶ ἱκανῶν ὄντων ἄλλων παίδων τῷ ᾿Αριστοτέλει εἰς μάθη-
ςιν παιδείας, ὄντων δὲ ὑπ᾽ αὐτῷ βαςιλέων υἱῶν³), εἶπεν ἐν μιᾷ
(τῶν ἡμερῶν) πρὸς ἕνα αὐτῶν⁴) ᾿Αριστοτέλης· ἐὰν κληρονομήςῃς⁵)
τοῦ πατρός ςου τὸ βαςίλειον, τί μοι χαρίζῃ τῷ καθηγητῇ ςου; ὁ
δὲ εἶπεν· ἔςῃ⁶) παρ᾽ ἐμοὶ⁷) ςυνδίαιτος μονοκράτωρ⁸), καὶ ἔνδοξόν
ςε παρὰ πάντας ποιήςω. ἑτέρου δὲ ἐπύθετο· εἰ δὲ ςὺ τέκνον πα-
ραλάβῃς τὸ βαςίλειον τοῦ πατρός ςου, πῶς μοι χρήςῃ⁹) τῷ καθη-
γητῇ ςου; ὁ δὲ εἶπεν· διοικητήν ςε ποιήςω, καὶ τῶν ὑπ᾽ ἐμοῦ
κρινομένων πάντων ςύμβουλον ¹⁰) καταςτήςω. εἶπε δὲ καὶ πρὸς
᾿Αλέξανδρον· εἰ δὲ ςὺ τέκνον ᾿Αλέξανδρε παραλάβῃς τὸ βαςίλειον
τοῦ πατρός ςου Φιλίππου, πῶς μοι¹¹) χρήςει τῷ καθηγητῇ ςου;
ὁ δὲ ᾿Αλέξανδρος εἶπεν· περὶ μελλόντων πραγμάτων ἄρτι μοι
(μὴ?) πυνθάνῃ· τῆς αὔριον ἐνέχυρον μὴ ἔχων, τότε δώςω ςοί τοῦ
καιροῦ¹²) καὶ τῆς ὥρας ἐλευςομένης. καὶ λέγει αὐτῷ ὁ ᾿Αριστοτέ-
λης· χαίροις ᾿Αλέξανδρε κοςμοκράτωρ (κοςμοκράτορ?), ςὺ γὰρ

29) τυμνεύςων (τὸν ᾿Αγχίςην?)   30) ἔθαψαν   31) πρεπόντος   32)
ἑλαδικῇ   15. 1) ἀποδιμίας. diese ἀποδημία nur in A angedeutet
(cap. 14 note 4 Müll.)   2) ὥρα   3) παθεῖα   4) νάμματος   5) ὁ
ληςτῆς   6) πέλης   7) κεφαλῆς· (ἐγκαύματα βοὸς φαίνοντα κεφαλήν
oder κεφαλάς?)   8) ἡρακλήν.   16. 1) ἀριςτοτέλης   2) μόνος οὐκ
3) υἱοὺς·   4) αὐτὸν   5) κληρονομίςῃς   6) ἔςω   7) ἐμοῦ   8) μηνο-
κράτωρ·   9) μη χρήςῃ   10) ςύμβουλόν (add. ςε?)   11) μη   12) κεροῦ·

μέγιστος βασιλεὺς ἔcῃ. ὑπὸ πάντων δὲ Ἀλέξανδρος ἐφιλεῖτο ὡς
φρενήρης καὶ πολεμιστής, ὑπὸ δὲ Φιλίππου ἐν ἀμφιβολίᾳ (ἦν). •
ἔχαιρε γὰρ ὁρῶν τοιοῦτον ἀρειμάνιον [13]) πνεῦμα τοῦ παιδός, ἐλυ- •
πεῖτο δὲ μὴ [14]) ὅμοιον αὐτὸν ὁρῶν τῷ ἑαυτοῦ χαρακτῆρι.

CAP. 17.

Ἐγένετο δὲ Ἀλέξανδρος ἐτῶν ιε´, καὶ ἐν μιᾷ τῶν ἡμερῶν
ἔτυχε διέρχεcθαι αὐτὸν ἐν τῷ τόπῳ, ἔνθα ἦν ὁ Βουκέφαλος ἵππος
ἐγκεκλῃcμένος, καὶ ἤκουσε χρεμετιcμοῦ [1]) φοβεροῦ. καὶ ἐπιcτρα- •
φεὶς πρὸς τοὺς προπόλους [2]) εἶπεν· τίς οὗτος ὁ χρεμετιcμός [3]) του
ἵππου; ἀποκριθεὶς δὲ ὁ Πτολεμαῖος ὁ cτρατάρχης εἶπεν· δέcποτα, •
οὗτός ἐcτιν ὁ Βουκέφαλος ἵππος, ὃν ὁ πατήρ σου ἐνέκλειcε διὰ τὸ
ἀνθρωποφάγον αὐτὸν εἶναι. ἀκούcας δὲ ὁ ἵππος τῆς Ἀλεξάνδρου
λαλιᾶς ἐχρεμέτιcεν [4]) ἐκ δευτέρου, οὐχ ὡς πάντοτε φοβερόν, ἀλλὰ •
μελιχρὸν καὶ λιγυρόν, ὡς ὑπὸ θεοῦ ὑποταccόμενος.|ὡς οὖν ἤγγιcε •
τῷ καγκέλλῳ [5]) Ἀλέξανδρος, εὐθέως ὁ ἵππος προέτεινε τοὺς ἐμ-
προcθίους πόδας τῷ Ἀλεξάνδρῳ, καὶ τὴν γλῶτταν αὐτοῦ προcχὼν
[ἐν] αὐτῷ, ὑποφαίνων τὸν ἴδιον δεcπότην. ὁ δὲ Ἀλέξανδρος fol. 195ᵇ
θεαcάμενος [6]) τὴν θαυμαcτὴν τοῦ ἵππου πρόcοψιν, καὶ λείψανα
πολλῶν [7]) ἀνθρώπων βιαιοθανάτων [8]) ὑποκείμενα cὐτῷ, παραγκω- •
νιcάμενος τοὺς φύλακας τοῦ ἵππου|ἤνοιξε τὸ´κάγκελλον [9]), καὶ
δραξάμενος τοῦ τένοντος [10]) αὐτοῦ|ὑπετάγη αὐτῷ,´καὶ ἥλατο ἀχα-
λίνωτον, καὶ διῆγε διὰ μέcης τῆς πόλεως Πέλλης. δραμὼν δέ τις
τῶν ἱπποφορβῶν ἀπήγγειλεν τῷ βασιλεῖ Φιλίππῳ ἔξω ὄντι τῆς
πόλεως Πέλλης. ὁ δὲ Φίλιππος ὑπομνηcθεὶς τοῦ χρηcμοῦ εὐθέως
ὑπήντηcε τῷ Ἀλεξάνδρῳ καὶ ἠcπάcατο αὐτὸν εἰπών· χαίροις
Ἀλέξανδρε κοcμοκράτωρ. καὶ ἀπὸ τότε ἱλαρὸς ἦν Φίλιππος ἐπὶ
τοῦ τέκνου ἐλπίδι.

CAP. 18.

Μιᾷ οὖν τῶν ἡμερῶν εὗρεν εὐκαιροῦντα [1]) τὸν πατέρα αὐτοῦ •
Ἀλέξανδρος καὶ καταφιλήcας αὐτὸν εἶπεν· πάτερ, δέομαί σου ἐπι-
τρέψαι [2]) μοι εἰς Πίcας [3]) πλεῦcαι ἐπὶ τὸν ἀγῶνα τῶν [4]) Ὀλυμπίων,
ἐπειδὴ ἀγωνίcαcθαι βούλομαι. ὁ δὲ Φίλιππος εἶπε πρὸς αὐτόν· •
καὶ ποῖον ἄcκημα ἀcκήcας τοῦτο ἐπιθυμεῖς; ὁ δὲ Ἀλέξανδρος
εἶπεν· ἁρμελατῆcαι (sic) βούλομαι. ὁ δέ φηcιν· τέκνον, ἐγὼ νῦν fol. 196ᵃ
προνοήcομαί cοι [5]) ἵππους ἐκ τῶν ἐμῶν ἱπποcταcίων [6]) ἐπιτηδείους·
καὶ οὗτοι μὲν ἐπιμεληθήcονται, cὺ δὲ τέκνον γύμναζε cεαυτὸν
ἐπιμελέcτερον, ὁ γὰρ ἀγὼν ἔνδοξός ἐcτιν. ὁ δὲ Ἀλέξανδρος εἶπεν·
πάτερ, cὺ ἐπίτρεψόν μοι ἀπελθεῖν ἐν τῷ ἀγῶνι· ἔχω γὰρ ἵππους
ἐκ νέας ἡλικίας, οὓς ἐγὼ ἐμαυτῷ ἀνέθρεψα. καταφιλήcας δὲ αὐτὸν

---

13) ἀριμάνιον   14) μοι   **17.** 1) χραιμετιcμοῦ   2) πρωπώλους
3) χραιμετιcμός   4) ἐχραιμέτιcεν   5) καγγέλλῳ   6) θεαccάμενος
7) πολῶν   8) βιοθανάτων·   9) κάγγελλον·   10) cτένοντος   **18.**
1) εὐκεροῦντα   2) ἐπιτρέψε   3) πίccας   4) τῶν ἀγωνάτων   5)
cου   6) ἱπποcταλέντων (?)

[τὸν Ἀλέξανδρον] Φίλιππος καὶ θαυμάσας αὐτοῦ τὴν προθυμίαν φησὶν πρὸς αὐτόν· τέκνον, (εἰ) τοῦτο βούλει, βάδιζε ὑγιαίνων.[7]) ἀπελθὼν δὲ ἐπὶ τὸν λιμένα ἐκέλευσεν ναῦν `) καινὴν κατασκευα- cθῆναι, καὶ τοὺς ἵππους ἅμα καὶ ἅρμασιν ἐμβληθῆναι. ἐπέβη δὲ Ἀλέξανδρος ἅμα τῷ φίλῳ αὐτοῦ Ἡφαιστίωνι, καὶ ἀποπλεύcας παρεγένετο εἰς Πίcας.[9]) ἐξελθὼν δὲ καὶ λαβὼν ξένια πολλὰ ἐκέ- λευcέ τοῖc παιcὶ [εἰc] τὴν τῶν ἵππων ἄλειψιν ποιεῖcθαι, καὶ αὐτὸc ἅμα τῷ φίλῳ αὐτοῦ Ἡφαιστίωνι[10]) ἐπὶ περίπατον[11]) ἐξήει.[12]) καὶ ὑπήντηcεν αὐτῷ Νικόλαος υἱὸc Ἀνδρέου βαcιλέωc Ἀκαρνάνων,

· πλούτῳ καὶ τύχῃ, δυcὶ θεοῖc, φρυαττόμενος[13]), καὶ τῇ τοῦ cώμα-
fol. 196ᵇ τος δυνάμει πεποιθώc. καὶ προcελθὼν ἠcπάcατο τὸν Ἀλέξανδρον εἰπών·[14]) χαίροις μειράκιον. ὁ δὲ ἔφη· χαίροις καὶ cύ, ὅcτις εἶ[15]) καὶ ὅθεν τυγχάνεις.[16]) ὁ δὲ Νικόλαος εἶπε τῷ Ἀλεξάνδρῳ· ἐγώ εἰμι Νικόλαος ὁ βαcιλεὺς Ἀκαρνάνων.[17]) ὁ δὲ Ἀλέξανδρος εἶπε πρὸς αὐτόν· μὴ οὕτω γαυριῶ, Νικόλαε βαcιλεῦ, καὶ φρυάττου ὡc τὸ ἱκανὸν ἔχων τῆς αὔριον ζωῆς· τύχη γὰρ οὐχ[18]) ἕcτηκεν ἐφ᾽ ἑνὸς τόπου, ῥοπὴ δὲ τοὺς ἀλαζόνας κατευτελίζει. ὁ δὲ Νικόλαος

· ἔφη· λέγεις μὲν ὀρθῶc, ὑπονοεῖc δὲ οὐχ οὕτωc· τί δὲ παρεγέ- νου[19]) ἐνταῦθα, θεατὴc ἢ ἀγωνιcτήc; ἔμαθον γὰρ ὅτι Φιλίππου εἶ τοῦ Μακεδόνος υἱός. Ἀλέξανδρος εἶπεν· ἐγὼ πάρειμι ἀγωνίcαcθαί cοι τὸν ἱππαcτικὸν ἀγῶνα μικρὸc ὢν τῇ ἡλικίᾳ. Νικόλαος (εἶπε)· μᾶλλον[20]) παλαιcτὴc[21]) ἢ παγκρατιῶν[22]) ἢ ἱμαντομάχος ἥκεις.[23]) ὁ δὲ Ἀλέξανδρος πάλιν ἔφη· ἁρμελατῆcαι βούλομαι. ὑπερζέcαc δὲ τῇ χολῇ ὁ Νικόλαος καὶ καταφρονήcαc Ἀλεξάνδρου, θεωρήcαc τὸ νέον[24]) τῆς ἡλικίας αὐτοῦ, οὐ μαθὼν τὸ τῆς ψυχῆς ἔκχυμα (sic)
fol. 197ᵃ ἐνέπτυcεν αὐτῷ εἰπών· μή cοι καλῶς γένοιτο. ὁρᾶτε εἰς τίνα ἐλήλυθεν τὸ Πιcαῖον[25]) cτάδιον.[26]) ὁ δὲ Ἀλέξανδρος δεδεμένος (δεδαημένος — δεδιδαγμένος?) ὑπὸ τῆς φύσεως ἐγκρατεύεcθαι,

· ἀπομαξάμενος τὸν ἐν ὕβρει cίελον[27]), καὶ μειδιάcας θανάcιμον, φηcί· Νικόλαε ἄρτι cε νικήcω καὶ ἐν τῇ πατρίδι cου Ἀκαρνάνων[28]) δόρατί cε λήψομαι. καὶ ἀπέcτηcαν ἀπ᾽ ἀλλήλων διαμαχόμενοι.

Cap. 19.

· Μετὰ δὲ ἡμέρας ὀλίγας ἐπέcτη ἡ τοῦ ἀγῶνος προθεσμία· καὶ εἰcῆλθον ἁρμελατῆcαι[1]) ἐννέα, οἱ μὲν [εἰcῆλθον] δ᾽ υἱοὶ βαcιλέων[2]) τυγχάνοντες· αὐτὸc ὁ Νικόλαος ὁ Ἀκαρνάν[3]), καὶ Ξανθίας[4]) Βοι- ώτιος[5]), καὶ Κίμων[6]) Κορίνθιος, καὶ Ἀλέξανδρος ὁ Μακεδών, οἱ δὲ λοιποὶ cατραπῶν καὶ cτρατηγῶν υἱοί. ἐτέθηcαν λοιπὸν[7]) τὰ τοῦ ἀγῶνος πάντα, καὶ ἡ καμπὴ[8]) ἐκληρώθη. ἔλαχε πρῶτος Νι-

---

7) ὑγειαίνω· 8) νῆαν (νῆα?) 9) πίccαc· 10) ἠφεcτίωνι 11) ἐπι περιπατῶν 12) ἐξίει· 13) φυλαττόμενος· 14) εἴπων· 15) ὅc δ᾽ ἄν τις ἢ 16) τυγχάνης· 17) ἀρκανῶν· 18) οὐκ 19) παραγένου 20) μᾶλον 21) παλεcτῆc 22) παγκρατίω[ν] 23) ἥκας· 24) τὸν ἐον 25) πιccαῖον 26) cτόμαcον· 27) ἐνύβρειcι ἐλὸν· 28) ἀκαρναννῶν· 19. 1) ἁρμελατῆccαι 2) βαcιλέωc 3) ἀκαρναιος· 4) ξανθέωc 5) βοιότιος· 6) κιμῶν 7) λοιπῶν 8) κάλπη

κόλαος, δεύτερος Ξανθίας⁹), τρίτος Κίμων⁶), τέταρτος Κλειτόμαχος¹⁰), πέμπτος Ἀρίστιππος Ὀλύνθιος, ἕκτος Πιήριος Φωκαεύς¹¹), ἕβδομος Κίμων Λίνδιος, ὄγδοος Ἀλέξανδρος ὁ Μακεδών, ἔννατος   *·ﾞ⸴. ⸴,*
Κριτόμαχος Λοκρός.¹²) ἔστησαν λοιπὸν⁷) ἐπὶ τὴν ἱππασίαν· ἠλάλαξεν •
ἡ σάλπιγξ τὸ ἐναγώνιον μέλος· ἐξῆλθον αἱ ταβλώσεις τῶν ἵππων· •
ἠνοίχθησαν αἱ ἀφετηρίαι τῶν καγκέλλων.¹³) προεπήδησαν πάντες, fol. 197ᵇ
ὀξεῖ ὁρμήματι χρησάμενοι· πρῶτον καμπτῆρα (περιῆλθον), δεύτερον καὶ τρίτον καὶ τέταρτον. οἱ μὲν οὖν ὑστεροῦντες ἠτόνησαν •
τῶν ἵππων λιποψυχησάντων· τέταρτος δὲ ἦν Ἀλέξανδρος ἐλαύνων,
ὄπισθεν δὲ αὐτοῦ ἦν ὁ Νικόλαος οὐχ οὕτως ἔχων τὸ νικῆσαι, ὡς
τὸ ἀναιρῆσαι τὸν Ἀλέξανδρον. ἦν γὰρ ὁ πατὴρ Νικολάου ἐν
πολέμῳ ὑπὸ Φιλίππου ἀναιρεθείς. τοῦτο δὲ γνοὺς ὁ φρενήρης
Ἀλέξανδρος, πεσόντων τῶν πρώτων τῶν ἐλαυνόντων ὑπ᾽ ἀλλήλων, συνεχώρησεν¹⁴) τὸν Νικόλαον παρελθεῖν. ὁ δὲ Νικόλαος
ἀγνοῶν τὴν ἐνέδραν διέβη ἔχων τὴν δόξαν τοῦ στεφανωθῆναι.
λοιπὸν ἤλαυνεν πρῶτος, μετὰ δὲ δύο καμπτῆρας κονδυλίζει(?)¹⁵) •
ὁ δεξιὸς ἵππος τοῦ Νικολάου ἐπὶ τῷ ἅρματι τῷ πρώτῳ καὶ συμπεσόντων τῶν πρώτων ἵππων καταπίπτει ὁ Νικόλαος. ῥοίζῳ •
δὴ¹⁶) ὁ Ἀλέξανδρος ἐπιβαίνει¹⁷) τῇ ὁρμῇ τῶν ἵππων τῶν ἑαυτοῦ,
καὶ παρερχόμενος ἐπιλαμβάνεται τῶν ἀξόνων¹⁸) τῶν ὀπισθίων τοῦ
Νικολάου καὶ καταπίπτει ὅλον τὸ ἅρμα τοῦ Νικολάου, σὺν τῷ ἡνιόχῳ, καὶ τελευτᾷ ὁ Νικόλαος. διαμένει λοιπὸν ὁ Ἀλέξανδρος μονώτατος¹⁹)· καὶ γίνεται τῷ²⁰) τελευτήσαντι ἡ παροιμία ἡ λέγουσα· fol. 198ᵃ
ὃς ἄλλῳ κακὰ τεύχει, ἑαυτῷ τεύχει.
Στεφανοῦται²¹) λοιπὸν ὁ Ἀλέξανδρος, καὶ ἀναβαίνει τὸν νικητικὸν ἐστεμμένος (στέφανον)· στεφανοῖ γὰρ αὐτὸν Ὀλυμπίων
τὸν κότινον στέφανον παρὰ τῷ Ὀλυμπίῳ Διί.²²) καὶ λέγει αὐτῷ •
ὁ τοῦ Διὸς μάντις· Ἀλέξανδρε, προμηνύει σοι²³) ὁ Ὀλύμπιος Ζεὺς •
ταῦτα· θάρσει· ὥσπερ Νικόλαον ἐνίκησας, οὕτως πολλοὺς νικήσεις
ἐν πολέμοις.

CAP. 20.

Ὁ δὲ Ἀλέξανδρος λαβὼν τὴν κληδόνα¹) ταύτην, νικηφόρος
ἀναστραφεὶς εἰς Μακεδονίαν εὑρίσκει²) τὴν μητέρα αὐτοῦ Ὀλυμπιάδα, ἀπόβλητον γενομένην³) ὑπὸ Φιλίππου τοῦ βασιλέως, τὸν
δὲ Φίλιππον γήμαντα τὴν ἀδελφὴν Λυσίου, Κλεοπάτραν⁴) τοὔνομα. αὐτῇ δὲ τῇ ἡμέρᾳ ἀγομένων τῶν γάμων Φιλίππου, ἔχων
τὸν νικητικὸν στέφανον Ἀλέξανδρος⁵) τὸν Ὀλυμπιακόν, εἰσῆλθεν
εἰς τὸν δεῖπνον, καὶ λέγει τῷ βασιλεῖ Φιλίππῳ· πάτερ δέξαι μου
τῶν πρώτων ἱδρώτων τὸν νικητικὸν στέφανον, καὶ ὅταν μέντοι
κἀγὼ δίδωμι τὴν ἐμαυτοῦ μητέρα Ὀλυμπιάδα βασιλεῖ ἑτέρῳ πρὸς
γάμον, καλέσω σε εἰς τὸν γάμον Ὀλυμπιάδος. καὶ ταῦτα εἰπὼν fol. 198ᵇ

---

9) Ξανθείας·   10) κητομάχος·   11) φυκάης·   12) λοκίος·   13)
καγγέλλων   14) συνεχώρισεν   15) κονδολίζει   16) δὶ   17) ἐπιβαίνῃ
18) τῷ ἄξωνι   19) μονότατος   20) τὸ   21) στεφανοῦνται   22) ὀλυμπιαδιι·   23) σου   **20.** 1) κληιδονα   2) εὐρίσκῃ   3) γεναμένην
4) κλεωπάτραν·   5) ἀλέξανδρον

Ἀλέξανδρος ἀνεκλίθη [a]) ἐναντίον Φιλίππου τοῦ πατρὸς αὐτοῦ
[γελωτοποιός]. Φίλιππος δὲ ἐπὶ τοῖς λεγομένοις παρὰ Ἀλεξάν-
δρου ἐτρύχετο.

CAP. 21.

Ὁ δὲ Λυσίας cυνανακείμενος[1]) ἔλεγε τῷ Φιλίππῳ· Φίλιππε
βαcιλεῦ, πάcης πόλεως δυνάcτα, νῦν γάμον cοι τελοῦμεν Κλεο-
πάτρας, τῆς ἀδελφῆς ἐμῆς[2]), ἐξ ἧς[3]) παιδοποιήcεις γνηcίους παῖ-
δας ἀμοιχεύτους, ὁμοίους ὄντας τῷ cῷ προcώπῳ. ἀκούσας δὲ
ταῦτα ὁ Ἀλέξανδρος παρὰ Λυσίου ὀργίζεται, καὶ ὡς εἶχε τὴν κύ-
λικα ἐνέτεινε[4]) τῷ Λυσίᾳ, καὶ δίδωcιν αὐτῷ κατὰ τοῦ κροτάφου
αὐτοῦ, καὶ ἀναίρει[5]) αὐτόν. ἰδὼν δὲ ὁ Φίλιππος τὸ γενόμενον
ἀνίcταται ξιφήρης, μανικὸν ἔχων ξίφος κατὰ Ἀλεξάνδρου, καὶ
πίπτει cκελιcθεὶς ἀπὸ τῆς κρηπῖδος[6]) τοῦ ἀκουβίτου. ὁ δὲ Ἀλέ-
ξανδρος γελάcας εἶπε πρὸς Φίλιππον· ὁ τὴν Ἀcίαν ὅλην σπεύδων
παραλαβεῖν καὶ τὴν Εὐρώπην ἐκ βάθρων καταcτρέψαι, οὐκ εὐτό-
νηcας[7]) βῆμα ἓν ἀνελθεῖν.[a]) καὶ ταῦτα εἰπὼν Ἀλέξανδρος ἥρπαcε
τὸ ξίφος ἀπὸ Φιλίππου τοῦ πατρὸς αὐτοῦ, καὶ πάντας τοὺς κε-
κλημένους ἡμιcφαγεῖς[8]) ἐποίηcεν. ἦν δὲ ἰδεῖν Κενταύρων ἱcτορίαν ·
οἱ μὲν γὰρ αὐτῶν ὑπὸ τοὺς κλιντῆρας ἔφυγον, οἱ δὲ ταῖς τραπέ-
ζαις ὡς ὅπλοις ἐχρήcαντο, ἄλλοι δὲ ὑπὸ cκοτεινοὺς τόπους ὑπε-
χώρουν, ὥcτε θεωρεῖν νέον ἄλλον Ὀδυccέα[10]) τὸν Ἀλέξανδρον,
τοὺς τῆς Πηνελόπης[11]) μνηcτῆρας ἀναιροῦντα.[12])

CAP. 22.

Ἐξέρχεται οὖν Ἀλέξανδρος καὶ φέρει τὴν μητέρα αὐτοῦ
Ὀλυμπιάδα εἰς τὸ παλάτιον, ἔκδικος τῶν αὐτῆς γάμων γενόμενος.
τὴν δὲ ἀδελφὴν Λυσίου Κλεοπάτραν[1]) φυγάδα ἐποίηcεν. βαcτά-
cαντες δὲ οἱ δορυφόροι[2]) Φίλιππον τὸν βαcιλέα, κατέκλιναν αὐτὸν
ἐπὶ τοῦ κλιντῆρος, ἐcχάτως ἔχοντα. καὶ μετὰ ἡμέρας ι΄ εἰcέρχεται
ὁ Ἀλέξανδρος πρὸς τὸν Φίλιππον, καὶ παρακαθεcθεὶς αὐτῷ εἶπε
πρὸς αὐτόν· Φίλιππε βαcιλεῦ — (τούτῳ) τῷ ὀνόματί cε καλέcω,
μήποτε ἀηδέως[3]) ἔχῃς[4]) τοῦ ὑπ᾽ ἐμοῦ πατέρα cε φωνεῖcθαι —
εἰcῆλθον πρὸς cὲ[5]) οὐχ ὡς υἱός cου, ἀλλ᾽ ὡς φίλος cου μεcίτης ὢν
τῶν ὑπὸ cοῦ ἀδίκως πρὸς τὴν γυναῖκα πραχθέντων. λέγει αὐτῷ
Φίλιππος· κακῶς ἐποίηcας, Ἀλέξανδρε, ἀνελὼν τὸν Λυσίαν, ἐπὶ
τοῖς αὐτοῦ εἰρημένοις[6]) ἀπρεπέcι ῥήμαcιν. ὁ δὲ Ἀλέξανδρος εἶπεν·
cὺ δὲ καλῶς ἔπραξας ἐπαναcτὰς ξιφήρης τῷ[7]) cῷ τέκνῳ θέλων
ἀναλῶcαί με, γαμεῖν βουλόμενος ἑτέραν μηδὲν ἀδικηθεὶς ὑπὸ τῆς
προτέρας γυναικὸς Ὀλυμπιάδος; ἐξανάcτα οὖν καὶ περὶ cεαυτὸν
γενοῦ· οἶδα γὰρ διὰ τί νωθρεύει[8]) cου τὸ cῶμα καὶ λήθην[9]) δω-

---

6) ἀνεκλήθη **21.** 1) ἀνακήμενος 2) τῆς δεcίμης (τῆς αἰδεcίμης?)
3) ἑξῆς 4) ἐνέτινε 5) ἀνέρει 6) κριπῖδος 7) εὐτόνιcας 8) ἕνα
ἐλθεῖν· 9) ἡμιcφαγὰς 10) ὀδυccέον 11) ἐπὶ τῇ πηνελώπη 12)
ἀνεροῦντα· **22.** 1) κλεωπάτραν 2) δοροιφόροι· 3) ἂν ἡδέως 4)
ἔχεις 5) προcὲ 6) ἡρημένοις 7) ἀναcτὰς ξιφ. ἐπὶ τῶ 8) διὰ
τίνων θρεύει 9) λίθυν

fol. 199ᵃ

fol. 199ᵇ

μεν έπι τοις ήμαρτημένοις. [10]) κάγὼ νῦν [11]) παρακαλέcω Ὀλυμ-
πιάδα τὴν μητέρα μου διαλλαγῆναί [12]) coι· πεισθήσεται γὰρ τῷ υἱῷ
αὐτῆς, κἂν cὺ οὐ θέλης [13]) καλεῖcθαι (πατήρ μου).

Καὶ ταῦτα εἰπὼν Ἀλέξανδρος ἐξέρχεται καὶ ἐλθὼν πρὸς
Ὀλυμπιάδα τὴν μητέρα αὐτοῦ λέγει αὐτῇ· μῆτερ, μὴ ἀγανάκτει [14])
ἐπὶ τοῖς γινομένοις ὑπὸ τοῦ ἀνδρός. ἐκεῖνον λανθάνει τὸ ὑπὸ
coῦ γενόμενον ἁμάρτημα, ἐγὼ δὲ ἔλεγχός cou τυγχάνω Αἰγυπτίου
πατρὸς ὢν υἱός· ὥcτε οὖν ἐλθὲ παρακαλοῦcα αὐτὸν διαλλαγῆναί
coι· πρέπον γάρ ἐcτι γυναικὶ τῷ ἰδίῳ ἀνδρὶ ὑποτάccεcθαι. καὶ
ἤγαγέ τὴν μητέρα αὐτοῦ πρὸς Φίλιππον βασιλέα τὸν πατέρα αὐτοῦ,
καὶ εἶπεν· πάτερ, ἐπιστράφηθι [15]) πρὸς τὴν γυναῖκά [16]) cou· νῦν
πατέρα cε φωνήcω, ὅτι καὶ cὺ τῷ τέκνῳ [17]) cou πεισθείς (sic). παρ-
έcτη coι ἡ μήτηρ μου πολλὰ παρακληθεῖcα [18]) παρ' ἐμοῦ τοῦ εἰcελ-
θεῖν πρὸς cὲ καὶ ἀμνήμων [19]) γενέcθαι τῶν παρχθέντων. λοιπὸν ful. 2[κι]·
περιπλακεῖτε ἀλλήλοιc· αἰcχρὸν γὰρ οὐκ ἔcτιν ὑμῖν [20]) ἐπὶ ἐμοῦ·
ἐξ ὑμῶν γὰρ ἔφυν. [21]) καὶ ταῦτα εἰπὼν διήλλαξε [22]) τοὺς γονεῖc,
ὥcτε αὐτὸν ὑπὸ πάντων θαυμάζεcθαι τῶν Μακεδόνων. τὸ δὲ
ὄνομα τοῦ Λυcίου ἔκτοτε παρῃτοῦντο οἱ γαμοῦντες ὀνομάζειν, ··
μήποτε αὐτοῦ ὀνομαcθέντος διάλυcιν λάβωcιν.

Cap. 23.

Ἦν δὲ ἡ πόλις Μεθώνη [1]) ἀντάραcα τῷ Φιλίππῳ. πέμπει οὖν
Φίλιππος τὸν Ἀλέξανδρον μετὰ πολλῆς στρατείας [2]) τοῦ πολεμῆcαι
(αὐτήν). ὁ δὲ Ἀλέξανδρος παραγενόμενος ἐπὶ τὴν Μεθώνην, λό-
γοιc cυνετοῖc ἔπεισε τούτους ὑπηκόους γενέcθαι. ἐπανελθὼν δὲ
ἀπὸ Μεθώνης ὁ Ἀλέξανδρος καὶ εἰσελθὼν πρὸς τὸν πατέρα αὐτοῦ
Φίλιππον ἔcτη καὶ ὁρᾷ ἐπάνω αὐτοῦ ἑcτῶτας ἄνδρας, βαρβαρικῷ
cτολιcμῷ ἠμφιεcμένους. καὶ ἐξήταcε [3]) περὶ αὐτῶν λέγων· τίνεc
εἰcὶν οὗτοι; οἱ δὲ εἶπον αὐτῷ· cατράπαι Δαρείου, τοῦ Περcῶν
βασιλέως. ὁ δὲ Ἀλέξανδρός φηcιν πρὸς αὐτούς· τί ὧδε παραγε-
γόνατε [4]); οἱ δὲ ἀπεκρίθηcαν πρὸς αὐτόν· τοὺς cυνήθεις φόρους
ἀπαιτῆcαι [5]) τὸν πατέρα cou. λέγει αὐτοῖc ὁ Ἀλέξανδρος· ὑπὲρ
τίνος ὑμεῖς φόρους ἀπαιτεῖτε; ἀπεκρίθηcαν αὐτῷ οἱ cατράπαι
Δαρείου· ὑπὲρ τῆς γῆς Δαρείου τοῦ βασιλέως. λέγει αὐτοῖc ὁ fol. 200[h]
Ἀλέξανδρος· εἰ ταύτην οἱ θεοὶ τοῖς ἀνθρώποις δεδώκαcιν [6]) δω-
ρεὰν εἰς διατροφάς, Δαρεῖος τὴν τῶν θεῶν δωρεὰν ἐρανίζεται. ·
εἶτα λέγει αὐτοῖc [7]) πειράζων· τί γὰρ ἂν (εἴη ἃ) λαμβάνετε; λέ-
γουcιν αὐτῷ· ὠὰ [8]) χρύcεα ρ' ἀπὸ λιτρῶν [9]) εἴκοcι χρυcίου. ἀπο-
κριθεὶς δὲ ὁ Ἀλέξανδρος εἶπεν αὐτοῖc· οὐ δίκαιόν ἐcτιν Φίλιππον
τὸν Μακεδόνων βασιλέα τοῖς βαρβάροις φόρους παρέχειν· οὐ γὰρ

10) ἁμαρτημένοις·   11) κάγὼν ἢν   12) διαλαγναί   13) θέλης
14) ἀγανάκτη   15) ἐπιστράφηθη   16) γυναῖκάν   17) τὸ τέκνω   18)
παρακληθήcα   19) ἀμνήμον   20) ἡμῖν   21) ἔφην·   22) διήλλεξε
23. 1) μαθηνη und so stets im folgenden.   2) στρατίας   3) ἐξέ-
ταcε   4) παραγεγοναται·   5) ἀπαιτεῖcαι   6) δέδωκαν   7) αὐτῆc
8) ὠ ἃ   9) ἀπόλυτρον

ὁ θέλων τοὺς Ἕλληνας ὑποτάccει. λέγει οὖν Ἀλέξανδρος τοῖc
cατράπαιc Δαρείου· πορεύεcθε ¹⁰), καὶ εἴπατε Δαρείῳ, ὅτι Ἀλέ-
ξανδρος, ὁ Φιλίππου παῖc, δηλοῖ coι, ὅταν ἦν αὐτὸc Φίλιπποc
μόνοc, φόρουc ὑμῖν ἐτέλει· ὅτε δὲ ἐγέννηcεν υἱὸν Ἀλέξανδρον,
φόρουc ὑμῖν οὐ δίδωcιν· ἀλλὰ καὶ οὓc ἔλαβεc ¹¹) παρ' αὐτοῦ, ἐγὼ
παρὼν πρὸc cὲ λήψομαι. καὶ ταῦτα εἰπὼν ἐξαπέcτειλεν τοὺc πρέ-
cβειc, μηδὲ ¹²) γραμμάτων ἀξιώcαc τὸν πέμψαντα ¹³) αὐτοὺc βαcιλέα.
ἔχαιρε δὲ ἐπὶ τούτοιc Φίλιπποc ὁ βαcιλεὺc τῶν Ἑλλήνων, ὁρῶν
τοιαῦτα τολμῶντα τὸν Ἀλέξανδρον.
Οἱ δὲ πρέcβειc λαβόντεc ἀργύριον ἔδωκάν ¹⁴) τινι Ἕλληνι φίλῳ
fol. 201ᵃ αὐτῶν Ζωγράφῳ, καὶ κατεcκεύαcεν αὐτοῖc εἰκονίδιον πρὸc τὸ ἐκ-
τύπωμα τῆc μορφῆc Ἀλεξάνδρου. ¹⁵)
Πάλιν οὖν ἑτέραc πόλεωc ἀτακτούcηc τῶν Θρᾳκῶν ¹⁶) τῷ
Φιλίππῳ, πέμπει τὸν Ἀλέξανδρον μετὰ πλήθουc cτρατιωτῶν πο-
λεμῆcαι αὐτήν.

Cap. 24.

Ἦν δέ τιc ἐκεῖ Παυcανίαc ὀνόματι, ἀνὴρ μέγαc καὶ πλούcιοc
cφόδρα καὶ ἐξάρχων πάντων Θεccαλονικέων. ¹) οὗτοc οὖν εἰc ἐπι-
θυμίαν ἐλθὼν Ὀλυμπιάδοc τῆc μητρὸc Ἀλεξάνδρου, ἔπεμψε πρὸc
αὐτήν τιναc τοὺc δυναμένουc, πεῖcαι αὐτὴν καταλεῖψαι Φίλιππον
τὸν ἄνδρα αὐτῆc, καὶ γαμηθῆναι ²) αὐτῷ, πέμψαc ³) αὐτῇ χρήματα
· πολλά. τῆc δὲ Ὀλυμπιάδοc μὴ κατανευcάcηc ἐλθὼν Παυcανίαc
ἔνθα ἦν Φίλιπποc, γνοὺc τὸν Ἀλέξανδρον ἐν πολέμῳ πορευθέντα,
· εἰcῆλθεν ἀγῶνοc τελουμένου θυμελικοῦ, καὶ τοῦ Φιλίππου ⁴) ἐν τῷ
· Ὀλυμπίῳ θεάτρῳ ἀγωνοθετοῦντοc ἐπειcέρχεται Ξιφήρηc ὁ Παυ-
cανίαc ἐν τῷ θεάτρῳ μετὰ καὶ ἑτέρων ἀνδρῶν, γενναίωc (ἀνδρῶν
γενναίων?) ἀνελεῖν βουλόμενοc τὸν Φίλιππον, ἵνα τὴν Ὀλυμπιάδα
ἁρπάcῃ. καὶ ἐπιβὰc αὐτῷ ἔπληξεν αὐτὸν ξίφει κατὰ τῆc πλευ-
· ρᾶc ⁵), οὐκ ἀνήρεcε ⁶) δὲ αὐτόν. γίνεται οὖν θρύλλοc μέγαc ἐν τῷ
θεάτρῳ. ὁ οὖν Παυcανίαc ἔcπευcεν εἰc τὸ παλάτιον ἁρπάcαι τὴν
fol. 201ᵇ Ὀλυμπιάδα. cυνέβη οὖν νικηφόρον ἐπανελθεῖν τὸν Ἀλέξανδρον
αὐτῇ τῇ ἡμέρᾳ ἐκ τοῦ πολέμου, καὶ ὁρᾷ μεγίcτην ταραχὴν ἐν τῇ
πόλει καὶ ἠρώτηcεν τί τὸ γεγονόc. καὶ λέγουcιν αὐτῷ, ὅτι Παυcα-
νίαc εἰc τὸ παλάτιόν ἐcτιν, θέλων ἁρπάcαι Ὀλυμπιάδα τὴν μητέρα
· cου. καὶ εὐθέωc εἰcέρχεται μεθ' ὧν ἐτύγχανεν ὑπεραcπιcτῶν αὐ-
τοῦ, καὶ cυλλαμβάνει τὸν Παυcανίαν, κατέχοντα τὴν Ὀλυμπιάδα
· μετὰ βίαc μεγάληc, κραυγαζούcηc τῆc Ὀλυμπιάδοc. καὶ ἐβουλήθη
Ἀλέξανδροc μετὰ λόγχηc δοῦναι (πληγὴν) αὐτῷ, καὶ δέδοικε μή πωc
καὶ τὴν μητέρα ἑαυτοῦ πατάξει· κατεῖχεν γὰρ αὐτὴν ⁷) βίᾳ πολλῇ. ὁ
δὲ Ἀλέξανδροc ἀποcπάcαc τὸν Παυcανίαν ἀπὸ τῆc μητρὸc αὐτοῦ,
ἔπληξεν αὐτὸν ⁸) λόγχῃ ᾗ κατεῖχεν. μαθὼν δὲ τὸν Φίλιππον ἔτι

10) πορεύεcθαι·   11) ἔλαβαιc   12) μήτε   13) μπέμψαντα   14)
δέδωκαν   15) die worte πρὸc τ. ἐκτ. — Ἀλεξ. sind wol hinter Ζωγράφῳ
zu stellen   16) θρακώων   24. 1) θεcαλονικαίων·   2) γαμιθῆναι   3)
πέψαc   4) τῶ φιλίππω   5) πλευρὰc·   6) ἀναιρηcε   7) αὐτῆ   8)
αὐτῶ

ἔμπνουν ὄντα, προσελθὼν αὐτῷ λέγει· πάτερ, τί βούλει περὶ
Παυσανίου; ὁ δὲ εἶπεν· ἐνέγκατέ μοι αὐτὸν ὧδε. καὶ ἀγαγόντες⁹)
αὐτόν, λαβὼν ὁ Ἀλέξανδρος μάχαιραν εἰσέθηκε εἰς τὴν χεῖρα Φι-
λίππου τοῦ πατρὸς αὐτοῦ, καὶ προσήνεγκεν αὐτῷ¹⁰) τὸν Παυσα-
νίαν. καὶ κρατήσας αὐτὸν Φίλιππος ἔσφαξεν αὐτόν· καὶ λέγει
Φίλιππος τῷ Ἀλεξάνδρῳ· τέκνον Ἀλέξανδρε, οὐ λυποῦμαι ὅτι fol. 202·
τελευτῶ· ἐξεδικήθην γὰρ ἐγὼ οὕτως ἀνελὼν τὸν ἐχθρόν μου.
καλῶς οὖν εἶπε Ἄμμων ὁ Λιβύης θεὸς Ὀλυμπιάδι τῇ μητρί σου·
ἕξεις ¹¹) [γὰρ] κατὰ γαστρὸς ἄρρενα παῖδα ὃς ἐκδικήσει τὸν πα-
τρὸς ¹²) αὐτοῦ θάνατον. ¹³) καὶ οὕτως εἰπὼν Φίλιππος ἀπέπνευσεν.
θάπτεται δὲ βασιλικῶς, ὅλης τῆς Μακεδονίας συνελθούσης.

Cap. 25.

Ἐλθούσης δὲ τῆς πόλεως Πέλλης εἰς εὐστάθειαν ἀνέρχεται ὁ
Ἀλέξανδρος ἐπὶ τὸν τοῦ πατρὸς αὐτοῦ Φιλίππου ἀνδριάντα, καὶ
βοήσας μέγα εἶπεν· ὦ παῖδες Πελλαίων καὶ Μακεδόνων καὶ Ἑλ-
λήνων καὶ Ἀμφικτυόνων καὶ Θηβαίων καὶ Ἀθηναίων συνέλθετέ
μοι τῷ συστρατιώτῃ ὑμῶν¹) καὶ ἐμπιστεύσατέ μοι ἑαυτούς, ὅπως
καταστρατευσώμεθα τοῖς βαρβάροις καὶ ἑαυτοὺς ἐλευθερώσωμεν
τῆς τῶν Περσῶν δουλείας, ἵνα μὴ Ἕλληνες ὄντες βαρβάροις δου-
λεύωμεν. καὶ ταῦτα εἰπόντος τοῦ Ἀλεξάνδρου ἐκτίθεται²) κατὰ
πᾶσαν πόλιν διατάγματα βασιλικά. συναθροισθέντες³) οὖν ἐκ πάν-
των τῶν χώρων παρεγένοντο⁴) εἰς Μακεδονίαν αὐθαίρετοι, πάν- •
τες ὡς⁵) ὑπὸ θεοπέμπτου φωνῆς μετακληθέντες[, καὶ ἐστρατεύον- fol. 202ᵇ
το]. ἀνοίξας δὲ ὁ Ἀλέξανδρος τὴν τοῦ πατρὸς ὁπλοθήκην μετέ-
δωκε τοῖς νέοις τὴν πανοπλίαν· ἤγαγε δὲ καὶ πάντας τοὺς τοῦ
πατρὸς αὐτοῦ Φιλίππου ὑπερασπιστάς, γηραιοὺς τυγχάνοντας
ἤδη⁶), καὶ λέγει αὐτοῖς· πρεσβῦται καὶ ἄλκιμοι συστρατιῶται, κατα-
ξιώσατε κοσμῆσαι τὴν Μακεδόνων στρατείαν καὶ συστρατεύσασθε
ἡμῖν εἰς τὸν πόλεμον. οἱ δὲ εἶπον· Ἀλέξανδρε βασιλεῦ, ἡμεῖς
προέβημεν τῇ ἡλικίᾳ, συστρατευόμενοι⁷) τῷ πατρί σου Φιλίππῳ
τῷ βασιλεῖ, καὶ οὐκ ἔστιν ἡμῖν ἔτι⁸) σθεναρὸν τὸ σῶμα πρὸς ἀντι-
πάλους· διὸ παραιτούμεθα τὴν ἐπὶ σοῦ στρατείαν. ὁ δὲ Ἀλέξαν-
δρος εἶπεν πρὸς αὐτούς· ἀλλ᾽ ἐγὼ μᾶλλον⁹) συστρατεύσομαι ὑμῖν,
εἰ καὶ γηραλέοι¹⁰) τυγχάνετε¹¹)· πολὺ¹²) γὰρ τὸ γῆρας ἰσχυρότερον
τῆς νεότητος ἔφυ¹³)· ἤ¹⁴) γὰρ πολλάκις ἡ ἡλικία νεάζουσα πεποι-
θυῖα τῇ τοῦ σώματος ἀλκῇ¹⁵), ἐκτραπεῖσα εἰς ἀβουλίαν ἕλκεται καὶ
ἐξάπινα κινδυνεύει· ὁ δὲ πρεσβύτης πρότερον λογιζόμενος ἐπὶ τὸ -·τ/γ·
ὁρμᾶν καθυστερεῖ τῇ γνώμῃ μεταλλαγῆναι¹⁶)ᐟτοῦ κινδύνου. ὑμεῖς
οὖν, πατέρες, συστρατεύσασθε¹⁷) ἡμῖν, οὐχ ὡς ἀντιτασσόμενοι τοῖς
πολεμίοις, ἀλλὰ προτρεπόμενοι τοὺς νέους γενναίως. ἀμφοτέ- fol. 203ᵃ

9) ἀγαγόντες 10) αὐτὸν 11) ἕξης 12) πατέρα 13) θανάτου·
25. 1) ἡμῶν 2) ἐκτίθετε 3) σὺν αθρισθέντες 4) παρεγένοντω
5) αὐθέρετοι πάντες· ὡς 6) ἤδει· 7) συστρατοιόμενοι 8) ἔστιν 9)
μᾶλον 10) γηραλαίοι 11) τυγχάνεται· 12) πολλοί 13) ἔφη· 14)
ἤ (εἰ?) 15) ὀλκῇ 16) μεταλλαγῆναι 17) συστρατεύσασθαι

• ρων [14]) γὰρ ἡ βοήθεια . . . . . [19]) cυνεπιcχύcει ταῖc φρεcὶ τὸ cτρατό-
πεδον [20]) · καὶ γὰρ τὸ πολεμεῖν τοῦ νοεῖν χρείαν ἔχει· πρόδηλον
γάρ ἐcτι † πρὸc την μάχυν (leg. μάχην) γινώcκοντεc· ὅτι καὶ
αὐτῶν ἡ cωτηρία, τῇ̣ perὶ τῆc πατρίδοc ἐcτὶν νίκη̣· † οἱ γὰρ
πολέμιοι [21]) (ἡττηθέντων) ἡμῶν ἐπὶ τὴν ἄχρηcτον ἡλικίαν ἐπελεύ-
cονται· νικηcάντων δέ, ἡ νίκη ἐπὶ τὴν τῶν cυμβουλευτῶν ἀνα-
• κάμπτει [22]) γνώμην. καὶ τοῦτο εἰπὼν Ἀλέξανδροc ἔπειcε καὶ [23])
τοὺc ὑπεργηράcανταc (διὰ) τὸν αὐτοῦ λόγον ἀκολουθεῖν αὐτῷ.

CAP. 26.

Παραλαμβάνει τοίνυν Ἀλέξανδροc τὴν βαcιλείαν Φιλίππου
τοῦ πατρὸc αὐτοῦ, ὀκτὼ καὶ δέκα [1]) γεγονὼc ἐτῶν. τὸν δὲ θόρυ-
βον τὸν γενόμενον ἐν τῷ τοῦ Φιλίππου θανάτῳ Ἀντίπατροc κα-
τέπαυcεν, cυνετὸc καὶ ἀγχίνουc ὢν ἄνθρωποc. προcήγαγεν (γὰρ)
τὸν Ἀλέξανδρον ἐν θώρακι [2]) εἰc τὸ θέατρον, καὶ πολλοὺc διεξῆλθε
λόγουc, εἰc εὔνοιαν Ἀλεξάνδρου τοὺc Μακεδόναc προcκαλούμενοc.
ἦν δὲ ὡc ἔοικε τοῦ πατρὸc αὐτοῦ Φιλίππου Ἀλέξανδροc εὐτυ-
χέcτεροc καὶ μεγάλων εὐθέωc ἠμφιάcατο πραγμάτων. καὶ cυν-
αγαγὼν πάνταc τοὺc cτρατιώταc τοῦ πατρὸc ἠρίθμηcεν αὐτούc,
καὶ εὗρεν ἄνδραc μυριάδαc δύο, ἱππικοὺc καὶ θώραξιν ὡπλιcμέ-
fol. 203ᵇ νουc [3]) χιλιάδαc [4]) ὀκτώ, καὶ πεζοὺc χιλιάδαc ιε΄, καὶ Θρᾶκαc [5])
χιλιάδαc πέντε, Ἀμφικτυόνων [6]) καὶ Λακεδαιμονίων [7]) (καὶ) Κοριν-
θίων [8]) καὶ Θεccαλονικέων [9]) εὗρεν μυριάδαc γ΄. cυναριθμήcαc δὲ
πάνταc τοὺc παρόνταc αὐτοῦ εὗρεν χιλιάδαc ō, καὶ τοξόταc χιλια-
δαc (ϛ) πεντακοcίουc ἐνενήκοντα. Ἰλλυρικῶν [10]) δὲ καὶ Παιόνων [11])
καὶ Τριβαλλῶν [12]) τῆc ἀρχῆc ἀποcτάντων κατ᾽ αὐτῶν ἐcτρατεύ-
cατο. πολεμούντων δὲ τοῖc ἔθνεcι τούτοιc, ἐνεωτέριcεν ἡ Ἑλλάc.

CAP. 27.

Φήμηc δὲ γενομένηc, ὅτι τέθνηκεν [1]) Φίλιπποc, ... [2]) καὶ
ἀγανακτήcαc ἐπέβη τοῖc Θηβαίοιc. (cημεῖα δὲ τοῖc Θηβαίοιc) τῶν
μελλόντων κακῶν ἐγένετο· τὸ γὰρ τῆc Δημήτραc ἱερὸν ἀράχνη
περιεκάλυψεν [3]), τὸ τὲ τῆc Δίρκηc [4]) καλούμενον ὕδωρ αἱματῶδεc [5])
ἐγένετο. λαβὼν δὲ ὁ βαcιλεὺc κατέcκαψεν τὴν πόλιν πᾶcαν τηρή-
cαc μόνην οἰκίαν τὴν Πινδάρου. φαcὶ δὲ ὅτι καὶ τὸν αὐλητὴν [6])
Ἰcμηνίαν [7]) ἐπηνάγκαcεν ἐπαυλῆcαι τῇ πόλει καταcκαπτομένῃ.
φοβηθέντεc οὖν οἱ Ἕλληνεc ἡγεμόνα [8]) χειροτονοῦcιν Ἀλέξανδρον,
καὶ τὴν ἀρχὴν αὐτῷ παρέδωκαν τῆc Ἑλλάδοc.

---

18) ἀφοτέρων   19) in der hs. keine lücke.   20) cτρατοπαιδον·
21) πόλεμοι   22) ἀνακάμπτη   23) πάνταc (für ἐπ. κ.)   26. 1) δεκα
2) θύρακι   3) ὁπλιcμένουc   4) χιλλιάδαc   5) θράκουc   6) ἀφη-
κτηώνων   7) λακοδαιμονίων   8) κορινθέων·   9) θεccαλωνικαίων
10) ἡ λυρικῶν   11) πεόνων   12) τριβ..   27. 1) τέθνικεν   2) in
der hs. die lücke nicht angedeutet.   3) περὶ ἐκάληψεν·   4) δόρκηc
5) αἱματόδεc   6) αὐλίτην   7) εἰc μηνίαν   8) ἡγεμῶνα,

CAP. 28.

Ὁ δὲ παραγενόμενος εἰς τὴν Μακεδονίαν τὰ πρὸς τὴν ἀνά-
βασιν τὴν πρὸς τὴν Ἀσίαν ἠτοιμάζετο¹) ναυπηγήσας λιβέρνους καὶ
τριήρεις καὶ ναῦς μαχίμας²) πλείστας, καὶ ἐποίησεν ἐπιβῆναι ἐν
αὐταῖς³) πάντα τὰ στρατεύματα καὶ τὰ ἅρματα αὐτῶν cὺν τεύχεσι fol. 204ᵃ
παντοδαποῖς. καὶ λαβὼν χρυσίου τάλαντα μυριάδας (πέντε) [κε-
λεύει καὶ] ἔρχεται ἐπὶ τὰ Θρακῷα μέρη, καὶ ἐκεῖθεν παραλαβὼν
ἄνδρας ἐπιλέκτους πεντακισχιλίους καὶ χρυσίου τάλαντα πεντακό-
cια. πᾶσαι δὲ αἱ πόλεις ὑπεδέχοντο αὐτὸν cτεφανοῦσαι. γενόμε-
νος δὲ περὶ τὸν Ἑλλήσποντον⁴) † ἀφήκετο * τῶν νηῶν· ἐκ τῆς
εὐρώπης εἰς τὴν ἀσίαν· † καὶ πήξας τὸ δόρυ⁵) δορίκτητον⁶) ἔφη
ἔχειν τὴν Ἀσίαν. ἔνθεν οὖν ἧκεν Ἀλέξανδρος ἐπὶ τὸν καλούμενον
Γρανικὸν ποταμόν·⁷) τοῦτον δὲ⁸) ἐφύλαττον σατράπαι Δαρείου.
γενναίας δὲ μάχης γενομένης ἐκράτησεν⁹) Ἀλέξανδρος, καὶ λάφυ-
ρα¹⁰) λαβὼν ἐξ αὐτῶν ἔπεμψε τοῖς (ἐν) Ἀθήναις καὶ τῇ μητρὶ αὐτοῦ
Ὀλυμπιάδι δῶρον. δόξαν δὲ αὐτῷ τὰ παραθαλάσσια πρῶτα ὑπο-
τάξαι τὴν Ἰωνίαν ἐκτήσατο καὶ μετὰ ταῦτα τὴν Καρίαν, μεθ᾽ ἥν¹¹)
Λυδίαν καὶ τοὺς ἐν Cάρδεσι θησαυροὺς ἔλαβεν. εἶλεν δὲ Φρυγίαν
καὶ Λυκίαν τήν τε Παμφυλίαν¹²), ἐν ᾗ παράδοξον ἐγένετο· ναῦς
γὰρ οὐκ ἔχων Ἀλέξανδρος, μέρος τι τῆς θαλάσσης ὑπεχώρησεν¹³),
ἵνα ἡ πεζὴ δύναμις διέλθοι.

CAP. 29.

Καὶ διελθὼν¹) ἦλθεν (εἰς τὴν Ἄσπενδον), ἔνθα²) ἦσαν αἱ τῶν
πλοΐμων³) αὐτοῦ δυνάμεις. καὶ διεπέρασεν καὶ ἦλθεν εἰς Cικελίαν.
καὶ τινας ἀντιτιθοῦντας (ἑαυτοὺς) αὐτῷ ὑποτάξας διεπέρασεν καὶ fol. 204ᵇ
ἦλθεν εἰς τὴν Ἰταλικὴν χώραν. οἱ δὲ τῶν Ῥωμαίων στρατηγοὶ
πέμπουσιν διὰ Μάρκου στρατηγοῦ αὐτῶν cτέφανον διὰ μαργαρι-
τῶν καὶ ἕτερον διὰ τιμίων λίθων, λέγοντες αὐτῷ· προσεπιστεφα-
νοῦμέν cε, Ἀλέξανδρε, βασιλεῦ Ῥωμαίων καὶ πάσης γῆς, προσ-
άγοντες αὐτῷ καὶ χρυσίου λίτρας⁴) πεντακοσίας. ὁ δὲ Ἀλέξανδρος
δεξάμενος αὐτῶν τὴν εὐχαριστίαν ἐπηγγείλατο μεγάλους αὐτοὺς
ποιεῖν τῇ δυνάμει· καὶ λαμβάνει παρ᾽ αὐτῶν στρατιώτας τοξότας
δισχιλίους⁵) καὶ τάλαντα τετρακόσια.

CAP. 30.

Κἀκεῖθεν διαπερᾷ καὶ παραγίνεται εἰς Ἀφρικόν. οἱ δὲ τῶν
Ἀφρικῶν στρατηγοὶ ὑπήντησαν αὐτῷ * καὶ ἱκέτευον¹) ἀποστῆναι fol. 205ᵃ
ἀπὸ τῆς πόλεως αὐτῶν Καρταγένης (sic). ὁ δὲ Ἀλέξανδρος τῆς

---

28. 1) ἐτοιμάζετο   2) μαχήμας   3) αὐτὰς·   4) ἑλλίσποντον   * ge-
meint ist wol ἀφίκετο ἀπὸ τῶν νεῶν κτλ. vielleicht ist jedoch zu lesen:
ἀφῆκε τὸ (δόρυ καὶ ἀφήκατο πρῶτος ἀπὸ) τῶν νεῶν ἐκ κτλ.   5) δόρι·
6) δόρικτητόν   7) ποταμῶν·   8) γᾶρ   9) ἐκράτειςεν   10) λάφυρα
11) ὧν   12) πανμφυλίαν   13) ὑπεχώρισεν   29. 1) δεῖ ἐλθὼν   2) ἐν
ᾧ   3) πλοίμων   4) λύτρας   5) δισχιλλίους·   30. * das hier folgende
stück s. am ende.   1) ἱκετεύων

ἀδρανείας[2]) αὐτῶν καταγνοὺς εἶπε πρὸς αὐτούς· ἢ κρείττονες γίνεσθε, ἢ τοῖς κρείττοσιν ὑμῶν φόρους τελεῖτε.

Κἀκεῖθεν ἀναζεύξας πᾶσαν τὴν Λιβύην[3]) ὑπερθέμενος εἰς τὸ[4])

fol. 205ᵇ 'Αμμωνιακὸν παρεγένετο· καὶ ἐμβαλόμενος τὰ πλεῖστα πλήθη τῶν στρατοπέδων εἰς τὰς ναῦς κελεύει αὐτοὺς ἀποπλεῖν καὶ περιμένειν[5]) εἰς τὴν Πρωτηΐδα[6]) νῆσον αὐτόν. (αὐτὸς δὲ[7]) θῦσαι τῷ Ἄμμωνι ἀπῆλθεν, ὡς ἐξ Ἄμμωνος ὄντα αὐτὸν γεγεννημένον.[8]) καὶ προσευχόμενος εἶπεν· πάτερ Ἄμμων, εἰ ἀληθεύει[9]) ἡ τεκοῦσά με ὡς ἐκ σοῦ γεγεννῆσθαι[10]), χρησμῴδησόν[11]) μοι. καὶ θεωρεῖ 'Αλέξανδρος τὸν Ἄμμωνα τῇ μητρὶ αὐτοῦ 'Ολυμπιάδι περιπλακέντα καὶ λέγοντα αὐτῷ· τέκνον 'Αλέξανδρε ἐμοὶ σπορὰ[12]) πέφυκας. μαθὼν δὲ τὴν ἐνέργειαν[13]) τοῦ Ἄμμωνος 'Αλέξανδρος ἐπισκιάζει αὐτοῦ τὸ τέμενος καὶ τὸ ξόανον αὐτοῦ περιεχρύσωσε[14]), καὶ ἐπιγράψας τῇ αὐτοῦ ἐπιγραφῇ ἀνιέρωσε· πατρὶ θεῷ Ἄμμωνι 'Αλέξανδρος ἀνέθετο. ἠξίου δὲ καὶ χρησμὸν λαβεῖν παρ' αὐτοῦ, ποῦ κτίσει πόλιν κατὰ τὸ ὄνομα τῆς ὀνομασίας αὐτοῦ, ὅπως ἀειμνημόνευτος μείνῃ ἡ πόλις. καὶ εἶδεν αὐτὸν τὸν Ἄμμωνα γηραιὸν χρυσοχαίτην κέρα κριοῦ[15]) ἔχοντα κατὰ τῶν κροτάφων λέγοντα αὐτῷ·

Ὦ βασιλεῦ[16]), σοὶ[17]) Φοῖβος ὁ μηλόκερως[1]) ἀγορεύει·
εἴ γε θέλεις[18]) αἰῶσιν ἀγηράτοις[19]) νεάζειν,
κτίζε πόλιν περίφημον ὑπὲρ Πρωτηΐδα[20]) νῆσον,
† ἧς προκαθέζεται αἰῶν πλουτούνιος αὐτὸς ἀνάσσων· †

fol. 206ᵃ   Τοῦτον δὲ τὸν χρησμὸν λαβὼν 'Αλέξανδρος ἀνεζήτει[21]) ποίαν[22]) νῆσον δηλοῖ τὴν Πρωτηΐδα[23]), τίς δέ ἐστιν ὁ προκαθεζόμενος θεός. ὡς δὲ ἀνεζήτει 'Αλέξανδρος, θύσας πάλιν Ἄμμωνι[24]) τὴν ὁδοιπορίαν[25]) ἐποιεῖτο ἐπί τινα κώμην τῆς Λιβύης, ἐν ᾗ τὰ στρατεύματα ἀνέπαυσεν.

Cap. 31.

Καὶ δὴ περιπατοῦντος τοῦ 'Αλεξάνδρου ἔλαφος μεγίστη παρελθοῦσα εἴς τινα φωλεὸν[1]) ἔδυσεν. φωνήσας δὲ 'Αλέξανδρος (τοξότην ἐκέλευσε τοξεύειν τὸ ζῶον. ὁ δὲ τοξότης τείνας τὸ τόξον οὐκ ἐπέτυχε τῆς ἐλάφου· ὁ δὲ 'Αλέξανδρος) εἶπεν αὐτῷ· ἄνθρωπε, παράτονόν σοι γέγονεν. ἔνθεν οὖν ὁ τόπος[2]) ἐκεῖνος ἐκλήθη Παρατονή, διὰ τὴν τοῦ 'Αλεξάνδρου ἐκβόησιν. κτίσας οὖν ἐκεῖ πόλιν μικράν, καλέσας ἐκ τῶν ἐγχωρίων τινὰς λαμπροὺς ἄνδρας κατῴκισεν[3]) ἐκεῖσε ἐκάλεσε αὐτὴν Παρατονήν.

Ἐκεῖθεν δὲ ὁδεύσας ἦλθε εἰς τὸ Ταφοσίριον. ἐπυνθάνετο οὖν παρὰ τῶν[4]) ἐγχωρίων, διὰ τί[5]) τὸ ὄνομα τοῦτο. οἱ δὲ ἔφησαν,

2) ἀδρανίας   3) λυβίην   4) τὸν   5) περιμένην   6) πρότιΐδα   7) νῆσον· αὐτὸν δὲ   8) γεγενημένον·   9) ἀλιθεύει   10) γεγενῆσθαι   11) χρησμόδησόν   12) σποράν (εἰς σπορ.?)   13) ἐνέργιαν   14) πέριεσχρύσωσε   15) κηρίκιον   16) ὁ βασιλεὺς   17) ὁ   18) μηλόκερος   19) θέλοις   20) ἀκράτοις (ἀγηράντοισι?)   21) προτηΐδα   22) ἀνεζήτη   23) ποῖον   24) ἄμμωνα   25) ὁδιπορείαν   31. 1) φολεῶν   2) τόνος   3) κατώκησεν   4) τὸν   5) τη

τάφον Ὀcίριος⁴) εἶναι τὸ ἱερόν. καὶ † φθάcαc ἐκεῖ τὴν ἄφιξιν·
ἐποιῆτο τῆς ὁδοιπορίαc· (θύcαc ἐκεῖ τὴν ἄφιξιν ἐποιεῖτο τὸ τῆς
ὁδοιπορίας? cf. A.) † καὶ παραγίνεται ἐπὶ τοῦ ἐδάφουc τοῦ νῦν⁷),
καὶ ὁρᾷ χώρημα μέγα εἰc ἄπειρον ἐκτεῖνον, δώδεκα κώμαιc cυν-
εχόμενον. ἀπὸ οὖν τῆς καλουμένηc Πανδυcίαc μέχρι τοῦ καλου- fol. 206ᵇ
μένου Ἡρακλεωτικοῦ⁹) cτόματοc τὸ μῆκοc τῆς πόλεωc Ἀλέξαν-
δροc ἐχωρογράφηcεν· τὸ δὲ πλάτοc ἀπὸ τοῦ Βενδιδέου⁹) μέχρι
τῆς μικρᾶc Ὁρμουπόλεωc· οὐ καλεῖται¹⁰) δὲ Ἑρμούπολιc¹¹) (ἀλλὰ
Ὁρμούπολιc¹²)), ὅτι πᾶc ὁ κατερχόμενοc ἐκεῖ προcορμεῖ. μέχρι
οὖν ἐκείνου τοῦ τόπου ἐχωρογράφηcεν τὴν πόλιν Ἀλέξανδροc ὁ
βαcιλεύc· ὅθεν μέχρι τῆc δεῦρο ἡ¹³) Ἀλεξανδρέων χώρα ἀναγρά-
φεται.

Cυνεβούλευcε δὲ τῷ βαcιλεῖ Ἀλεξάνδρῳ Κλεομένηc ὁ Ναυ-
κρατίτηc, καὶ Νομοκράτηc Ῥόδιοc, μὴ τῷ μεγέθει τούτῳ κτίcαι
πόλιν· οὐ γὰρ δυνήcῃ γεμίcαι αὐτὴν ὄχλου¹⁴)· ἐὰν δὲ καὶ πληρώ-
cῃc, οὐ δυνήcονται οἱ ὑπηρέται τὴν χρείαν¹⁵) αὐτῇ τῶν ἐπιτη-
δείων ¹⁶) παραcχεῖν. πολεμήcουcιν δ᾽ ἑαυτοὺc ¹⁷) οἱ ἐν τῇ πόλει
κατοικοῦντεc, ὡc τοιαύτηc (ὥc τοι αὐτῆc?) ὑπερμεγέθουc τυγχα-
νούcηc καὶ ἀπείρου¹⁸)· αἱ γὰρ μικραὶ πόλειc εὐcύμβουλοί εἰcι καὶ
πρὸc τὰ cυμφέροντα τῇ πόλει cυμβουλεύουcι· ἐὰν δὲ οὕτωc ὡc
διεγράψω μεγίcτην ¹⁹) αὐτὴν κτίcῃc, οἱ κατοικοῦντεc ἐν αὐτῇ διχο-
cτατήcουcιν, εἰc ἀλλήλουc διαφερόμενοι, ἀπείρου ὄχλου τυγχά-
νοντοc.

Πειcθεὶc δὲ Ἀλέξανδροc ἐπέτρεψε²⁰) τοῖc ἀρχιτέκτοcιν²¹) οἷc
βούλονται μέτροιc τὴν πόλιν κτίζειν. οἱ δὲ κελευcθέντεc ὑπὸ τοῦ
βαcιλέωc Ἀλεξάνδρου χωρογραφοῦcι τὸ μῆκοc τῆς πόλεωc ἀπὸ fol. 207ᵃ
τοῦ Δράκοντοc τοῦ κατὰ τὴν Ταφοcιριακὴν²²) ταινίαν²³), μέχρι
τοῦ Ἀγαθοδαίμονοc²⁴) ποταμοῦ τοῦ κατὰ Κάνωβον²⁵) καὶ ἀπὸ τοῦ
Βενδιδείου²⁶) μέχρι τοῦ Εὐρυλόφου²⁷) καὶ Μελανθίου, τὸ πλάτοc.
καὶ κελεύει Ἀλέξανδροc μεταβῆναι τοὺc κατοικοῦντας ἐν τοῖc τό-
ποιc τούτοιc, καὶ ἐν²⁸) ταῖc κώμαιc, καὶ ἐπιέναι²⁹) πρὸ τριάκοντα
μιλίων τῆc πόλεωc ἔξω, χωρήματα αὐτοὶc χαρίcαμενοc, προcαγο-
ρεύcαc αὐτοὺc Ἀλεξανδρεῖc. ἦcαν δὲ ἀρχιτέκτονεc³⁰) τῶν κωμῶν
Εὐρύλοφοc³⁰) καὶ Μελάνθιοc³¹), ὅθεν καὶ ἡ ὀνομαcία ἔμεινεν.

Cκέπτεται³²) δὲ Ἀλέξανδροc καὶ ἑτέρουc ἀρχιτέκτοναc τῆς
πόλεωc, ἐν οἷc ἦν Νουμήνιοc ὑδατικὸc λατόμοc καὶ Κλεομένηc
μηχανικὸc Ναυκρατίτηc καὶ Καρτερὸc Ὀλύνθιοc. εἶχε δὲ ἀδελφὸν
ὁ Νουμήνιοc, ὀνόματι Ὑπόνομον. ³³) οὗτοc cυνεβούλευcεν τῷ
Ἀλεξάνδρῳ τὴν πόλιν ἐκ θεμελίων κτίcαι³⁴), ἐν αὐτῇ δὲ καὶ ὑδρη-

6) ὁ cίριος   7) νῆν·   8) ἡρακλεοτικοῦ   9) βενδιλέου   10) κα-
λεῖτε   11) ἑρμούπολιc   12) das eingeklammerte am rande mit bläs-
serer tinte.   13) ἤ   14) ὄχλον·   15) χρίαν   16) ἐπιδήμων   17) δὲ
αὐτοὺc   18) ἀπήρου·   19) μεγίcτιν   20) ἐπέcτρεψε   21) ἀρχητέκτοcιν
22) ταφοcιαρικη   23) τενέαν·   24) ἀγαθοδέμονος   25) τοῦ κατανώ-
βον·   26) βενδιδίου   27) εὐρόφου   28) εἰc τὰc κώμαc· καὶ ἀπιέναι
29) ἀρχαίποδεc   30) εὐρήληχοc·   31) μέλανθοc·   32) cκέπταιται   33)
ὑπόνομοc·   34) κτίcαι

τοὺς πόρους καὶ ὀχετηγοὺς ἐπιρρέοντας³⁵) εἰς τὴν θάλασσαν. κα-
λεῖται³⁶) δὲ Ὑπόνομος διὰ τὸ ὑποδεῖξαι³⁷) ταῦτα.

Cap. 32.

Κελεύει οὖν Ἀλέξανδρος, χωρογραφηθῆναι τὸ περίμετρον
τῆς πόλεως πρὸς τὸ θεάσασθαι αὐτό.¹) οἱ οὖν τεχνῆται ἄλευρον
fol. 207ᵇ πύρινον λαβόντες ἐχωρογράφησαν τὴν πόλιν, καταπτάντα²) δὲ
ὄρνεα παντοδαπὰ κατεβοσκήθησαν τὰ ἄλευρα καὶ ἀνέπτησαν. συμ-
φοραζόμενος (συμφραζόμενος?) δὲ Ἀλέξανδρος περὶ τούτου, τί
ἄρα δηλοῖ τὸ σημεῖον, μετεπέμψατο σημειολύτας καὶ εἶπεν αὐτοῖς
τὸ γεγονός. οἱ δὲ ἔφησαν· ὅτι ἡ πόλις ἢν ἐκέλευσας κτισθῆναι³),
βασιλεῦ, ὅλην τὴν οἰκουμένην θρέψει⁴), καὶ πανταχοῦ ἔσονται οἱ
ἐν αὐτῇ γεννηθέντες ἄνθρωποι· τὰ γὰρ πετεινὰ πᾶσαν τὴν οἰκου-
μένην περικυκλοῦσιν.
Ἐκέλευσεν οὖν κτίζεσθαι τὴν πόλιν. θεμελιώσας δὲ τὸ πλεῖ-
στον μέρος τῆς πόλεως Ἀλέξανδρος καὶ χωρογραφήσας⁵) ἐπέ-
γραψε⁶) γράμματα πέντε· ᾱ β̄ γ̄ δ̄ ε̄· τὸ μὲν ᾱ Ἀλέξανδρος, τὸ δὲ
βῆτα βασιλεύς, τὸ δὲ γάμμα γένος, τὸ δὲ δέλτα Διός, τὸ δὲ ε, ἔκτι-
σεν⁷) πόλιν ἀμίμητον (sic). ὑποζύγια δὲ καὶ ἡμίονοι εἰργάζοντο.
ἱδρυμένου δὲ τοῦ πυλῶνος τοῦ ἱεροῦ, ἐξαίφνης δὲ πλὰξ μεγίστη
ἐξέπεσεν ἀρχαιοτάτη⁸), πλήρης⁹) γραμμάτων, ἐξ ἧς καὶ ἐξῆλθον¹⁰)
ὄφεις πολλοί, καὶ ἑρπύζοντες¹¹) εἰσῆλθον εἰς τὰς ὁδοὺς τῶν ἤδη¹²)
τεθεμελιωμένων¹³) οἰκιῶν. [τὴν πόλιν γὰρ ἔτι παρὼν¹⁴) ὁ Ἀλέ-
fol. 208ᵃ ξανδρος καθίδρυσεν¹⁵) τύβι¹⁶) ἤτοι Ἰαννουαρίῳ νεομηνίᾳ, καὶ αὐτὸ¹⁷)
τὸ ἱερόν.] ὅθεν τούτους τοὺς ὄφεις σέβονται οἱ θυρωροὶ ὡς ἀγα-
θοὺς δαίμονας, εἰσιόντας εἰς τὰς οἰκίας· οὐ γάρ εἰσι ἰοβόλα ζῷα.
στεφανοῦσι δὲ καὶ τὰ κτήνη¹⁸) ἀνάπαυσιν αὐτοῖς παρεχόμενοι·
ὅθεν (μέχρι) τοῦ δεῦρο τὸν νόμον φυλάττουσιν οἱ Ἀλεξανδρεῖς,
πέμπτῃ καὶ εἰκάδι τὴν ἑορτὴν ἐκτελοῦντες.

Cap. 33.

Εὗρεν δὲ Ἀλέξανδρος ἐν τοῖς ὑψηλοῖς¹) λόφοις λεῖον (ναὸν?)
ἱδρυμένον²), καὶ τοὺς ἡλίου³) στύλους, καὶ (κατὰ?) τὸ ἡρῷον.
ἐζήτει δὲ καὶ τὸ Σαραπεῖον, κατὰ τὸν δοθέντα αὐτῷ⁴) χρησμόν⁵)
παρὰ τοῦ Ἄμμωνος, εἰπόντος αὐτῷ διὰ τοῦ χρησμοῦ οὕτως·
Ὦ βασιλεῦ [ἀλέξανδρε·], σοὶ Φοῖβος⁶) (ὁ) μηλόκερως⁷)
ἀγορεύει·
εἴγε θέλεις⁸) αἰῶσιν ἀγηράτοισι⁹) νεάζειν,
κτίζε πόλιν περίφημον ὑπὲρ Πρωτηΐδα νῆσον¹⁰),

35) ἐπὶ ῥέοντας   36) καλεῖτε   37) ὑποδεῖξαι   32. 1) αὐτόν·   2)
κατὰ πάντα   3) so von jüngerer hand corrigiert aus κτιστῆναι   4)
θρέψαι·   5) χορογραφήσας   6) ἔπεμψε   7) ἔκτησεν   8) ἀρχαιωτάτη·
9) πλήρεις   10) ἐξῆλθε   11) ἑρπίζοντες   12) ᾔδει   13) τεθεμελιωμέ-
νων   14) περὶ ὧν   15) καθήδρυσεν   16) τι μὴ   17) αὐτῷ   18) κτήνει
33. 1) ὑψιλοῖς   2) ἱδρύμενον·   3) ἥλωνας   4) τῷ   5) χρησμῶ
6) σύφοιβος   7) μηλόκερος   8) εἴ γ εθέλεις   9) ἀκηράτοις   10) πρωτη
ἰδανῆςον·

†ἧc προκάθητε αἰὼν πλουτοῦντος αὐτοῖς ἀνάςcων·†
πενταλόφοις ") κορυφαῖςιν ᵗ) ἀτέρμονα ᵗⁱ) κόςμον ἑλίςςων.

Ἐζήτει οὖν Ἀλέξανδρος τὸν πάντα δεχόμενον· καὶ ἐποίηcεν
ἀπέναντι τοῦ ἡρῴου βωμὸν μέγαν ʼⁱ), ὃς νῦν καλεῖται βωμὸς
Ἀλεξάνδρου πολυτελὴς (πολυτελῆ?), ἐν ᾧ θυςίαν ἐθέςπιςεν. καὶ
προςευξάμενος εἶπεν· ὅτι μὲν οὖν τυγχάνει θεὸς προνοούμενος
ταύτης τῆς χθονὸς καὶ τὸν ἀτέρμονα ʼ³) κόςμον ἐπιδέρκει, φανερὸν
τοῦτο· αὐτὸς οὖν πρόςδεξαί μου τὴν θυςίαν, καὶ βοηθός μου γενοῦ
εἰς τοὺς πολέμους. καὶ ταῦτα εἰπὼν ἐπέθηκε τὰ ἱερεῖα ἐπὶ τοῦ
βωμοῦ. αἰφνίδιον δὲ μέγιστος ἀετὸς καταπτὰς ἥρπαςε τὰ ςπλάγχνα fol. 208ᵇ
τοῦ θύματος ʼⁱ) καὶ διὰ τοῦ ἀέρος ʼⁱ) ἐφέρετο· καὶ ἀφῆκεν αὐτὰ ἐν
ἑτέρῳ βωμῷ. κατασκοπήςας ʼⁱ) δὲ ὁ Ἀλέξανδρος τὸν τόπον παρα-
γενόμενος ἐν τάχει εἶδε ʼⁱ) τὰ ςπλάγχνα ἐπὶ τοῦ βωμοῦ κείμενα,
τὸν ʼⁱ) δὲ βωμὸν ὑπὸ ἀρχαίων καθιδρυνθέντα, καὶ ςηκὸν καὶ ξόανον
ἔνδον προκαθεζόμενον ʼⁱ), καὶ τῇ δεξιᾷ χειρὶ κομίζοντα θηρίον
πολύμορφον, τῇ δὲ εὐωνύμῳ ʼⁱ) ςκῆπτρον κατέχοντα· καὶ παρε-
στήκει ʼⁱ) τῷ ξοάνῳ κόρης ἄγαλμα μέγιστον. ἐπυνθάνετο οὖν τῶν
ἐκεῖ κατοικούντων, τίς ἄρα ὁ ἐνταῦθα θεὸς τυγχάνει· οἱ δὲ ἔφη-
ςαν μὴ εἰδέναι· παρειληφέναι ʼⁱ) δὲ ὑπὸ τῶν προπατέρων (sic),
Διὸς καὶ Ἥρας ἱερὸν εἶναι· ἐν ᾧ καὶ τοὺς ὀβελίςκους ἐθεάςατο
τοὺς μέχρι νῦν κειμένους ἐν τῷ Cαραπείῳ, ἔξω τοῦ περιβόλου
τοῦ νῦν κειμένου· ἐν οἷς ἦν γράμματα κεχαραγμένα ἱερογλυφικὰ
περιέχοντα οὕτως· ..... ᵗ) τὸ μὲν γέρας αὐτῆς (ταύτης?) τῆς
πόλεως· καλλίναος, ὑπερφέρουςα ᵗ) πλήθει ᵗ) ὄχλων πολλῶν·
ἀέρων ᵗ) εὐκραςίαις ὑπερβάλλουςα ᵗ)· ἐγὼ δὲ προστάτης ταύτης
γενήςομαι, ὅπως μὴ τὰ χαλεπὰ τελέως ἐπιμείνῃ, ἢ λιμὸς ἢ ςειςμός,
ἀλλʼ ὡς ὄνειρος διαδραμοῦνται ᵗ) τὴν πόλιν. πολλοὶ δὲ βαςιλεῖς
ἥξουςιν εἰς αὐτήν, οὐ πολεμήςοντες, ἀλλὰ προσκυνῆςαι ᵗ) φερό- fol. 209ª
μενοι. cὺ δὲ ἀποθεωθεὶς προσκυνηθήςῃ νεκρὸς καὶ δῶρα λήψῃ ᵗⁱ)
ἐκ πολλῶν βαςιλέων πάντοτε, οἰκίςεις δὲ αὐτὴν καὶ θανὼν καὶ μὴ
θανών· τάφον γὰρ ἕξεις αὐτὴν ἣν κτίζεις πόλιν. πειρῶ δέ ςε ᵗ),
Ἀλέξανδρε, τίς πέφυκα, ςυντόμως· δὶς ρ̄ ᵗ) καὶ ᾱ ψῆφον ςυνθείς,
εἶτα (ἑκατὸν καὶ μίαν) καὶ τετράκις κ̄ καὶ ῑ, τὸ πρῶτον δὲ λαβὼν
γράμμα [καὶ τετράκις κ̄· καὶ δέκα·] ποίηςον εἰς ἔςχατον, καὶ τότε
νοήςεις τίς ἐφάνθην.

Ταῦτα οὖν χρηματιςθεὶς εἰς ἑαυτὸν ἀνεχώρηςεν. Ἀλέξαν-
δρος ᵗ) (δὲ) ὑπομνηςθεὶς τὸν χρηςμὸν ἐπέγνω (ὡς ὁ) Cάραπις
(εἴη). τὰ μὲν τῆς διαταγῆς τῆς πόλεως οὕτως ἔχει καθὼς διέταξεν
Ἀλέξανδρος· ἐκτίζετο (δὲ) ἡ πόλις ἡμέρα καὶ ἡμέρα κρατυνομένη.

---

11) πενταλόφου 12) κορυφέςιν 13) ἀτέρμωνα 14) μέγα· 15)
θήματος 16) ἄερος von zweiter hand corrigiert aus ἔρος 17) jüngere
correctur, urspr. κατακοπήςας 18) ἶδε 19) τὸ 20) προκαθεζόμενον·
21) εὐωνίμω 22) παρεστηκυῖαν 23) παρηλιφέναι 24) dass eine lücke
anzunehmen, zeigt A. 25) ὑπέρφρουρᾶ 26) πλήθους 27) ἀέρον
28) ὑπέρβάλουςα· 29) διαμαρμοῦνται· 30) προσκηνῆςαι 31) λήψει
32) cὲ δὲ 33) ρρ· 34) ἀνεχώρηςεν ἀλέξανδρος·

CAP. 34.

Ὁ δὲ Ἀλέξανδρος παραλαβὼν τὰ στρατεύματα ἐπείγετο εἰς τὴν Αἴγυπτον ἀπελθεῖν. καὶ ἐλθόντος αὐτοῦ εἰς Μέμφιν ¹) τὴν πόλιν, ἐνεθρονίασαν αὐτὸν οἱ Αἰγύπτιοι εἰς τὸ τοῦ Ἡφαίστου θρονιστήριον²), ὡς Αἰγύπτιον βασιλέα. ἰδὼν δὲ Ἀλέξανδρος ἐν τῇ Μέμφει³) ὑψηλὸν ⁴) ἀνδριάντα ἀνιερωμένον ἐκ μέλανος λίθου, ἔχοντα ἐπιγραφὴν εἰς τὴν ἰδίαν⁵) αὐτοῦ βάσιν οὕτως⁶)· ὁ φυ-γὼν βασιλεὺς ἥξει πάλιν ἐν Αἰγύπτῳ⁷), οὐ γηράσκων, ἀλλὰ νεάζων, καὶ τοὺς ἐχθροὺς ἡμῶν Πέρσας ὑποτά-
fol. 209ᵇ ξει ἡμῖν.ˈ) ἐπύθετο ⁸) οὖν ὁ Ἀλέξανδρος, τίνος ἄρα ἐστὶν ὁ ἀνδριὰς οὗτος. οἱ δὲ προφῆται εἶπον αὐτῷ· οὗτος ὁ ἀνδριὰς ὁ ἔσχατος τῆς Αἰγύπτου βασιλεὺς Νεκτανεβώ· καὶ ἐλθόντων τῶν Περσῶν τὴν Αἴγυπτον πορθῆσαι, εἶδε ¹⁰) διὰ τῆς μαγικῆς δυνάμεως τοὺς θεοὺς τῶν Αἰγυπτίων τὰ στρατόπεδα τῶν ἐναντίων προσ-οδηγοῦντας ¹¹), καὶ τὴν Αἴγυπτον [ὑπ' αὐτῶν¹¹)] πορθουμένην· καὶ γνοὺς τὴν μέλλουσαν ἔσεσθαι ὑπ' αὐτῶν προδοσίαν¹²) ἔφυγε. ζητούντων δὲ ἡμῶν αὐτὸν καὶ ἀξιούντων τοὺς θεούς, ποῦ ἄρα ἔφυγεν ὁ βασιλεὺς ἡμῶν Νεκτανεβώ, ἐχρησμοδότησαν ¹⁴) ἡμῖν, ὅτι οὗτος ὁ φυγὼν βασιλεὺς ἥξει πάλιν ἐν Αἰγύπτῳ, οὐ γηράσκων, ἀλλὰ νεάζων, καὶ τοὺς ἐχθροὺς ἡμῶν Πέρσας ὑποτάξει ἡμῖν.ˈ) ἀκούσας δὲ ταῦτα ὁ Ἀλέξανδρος ἐμπηδήσας εἰς τὸν ἀνδριάντα περιπλέκεται αὐτῷ λέγων· οὗτος ὁ πατήρ μού ἐστιν, τούτου ἐγὼ υἱός εἰμι. οὐκ ἐψεύσατο ὑμᾶς ὁ τοῦ χρησμοῦ λόγος· καὶ θαυμάζω πῶς παρελήφθητε ὑπὸ τῶν βαρβάρων τείχη ἔχοντες ἀκαταμάχητα, μὴ δυνάμενα ὑπὸ τῶν πολεμίων καταβληθῆναι. ἀλλὰ τοῦτο τῆς ἄνω προνοίας ¹⁵) ἐστὶ καὶ τῆς τῶν θεῶν δικαιότητος, ἵνα ὑμεῖς ἔχοντες εὔφορον (γῆν) καὶ γόνιμον ποταμὸν ἀχειροποίητον, ὑπο-
fol. 210ᵃ τεταγμένοι ἐστὲ (sic) τοῖς μὴ ἔχουσι † δέρεα· καὶ βασιλεύεσθε· ἔθνησκον γὰρ οἱ βαρβάροι ταῦτα μὴ ἔχοντες· † καὶ ταῦτα εἰπὼν ᾔτησεν παρ' αὐτῶν φόρους οὓς τῷ Δαρείῳ παρεῖχον, εἰπὼν αὐ-τοῖς οὕτως· (δότε μοι φόρους) οὐχ ἵνα εἰς τὸ ἴδιον ταμιεῖον¹⁶) ἀπενέγκωμαι, ἀλλ' ἵνα δαπανήσω εἰς τὴν πόλιν ὑμῶν Ἀλεξάν-δρειαν τὴν πρὸς Αἴγυπτον, μητρόπολιν δὲ οὖσαν ὅλης τῆς οἰκου-μένης. καὶ οὕτως αὐτοῦ εἰπόντος ἀσμένως οἱ Αἰγύπτιοι ἔδωκαν ¹⁷) χρήματα πολλά, καὶ μετὰ φόβου καὶ τιμῆς μεγάλης ἐξέπεμψαν αὐτὸν διὰ τοῦ Πηλουσίου. ¹⁸)

CAP. 35.

Καὶ παραλαβὼν τὰ στρατόπεδα αὐτοῦ τὴν ὁδοιπορίαν ἐποι-εῖτο εἰς Cυρίαν. κἀκεῖθεν στρατολογήσας¹) δισχιλίους²) ἄνδρας καταφράκτους παραγίνεται εἰς Τύρον. καὶ ἀντιτάσσονται αὐτῷ³)

---

84. 1) μέμφην   2) θρονιειήριον (?)   3) μέμφη   4) ὑψιλὸν   5) (δεῖαν   6) οὗτος   7) ἐγύπτω·   8) ὑμῖν   9) Ἐπείθετο   10) ἴδε   11) πρὸσοδιγοῦντας·   12) diese beiden worte randglosse   13) προδοσία   14) ἐχρισμοδότησαν   15) προνίας   16) ταμεῖον   17) δέδωκαν   18) πο-λουσίου·   35. 1) so corrigiert aus στρατολογείcαc   2) δισχιλλίους   3) αὐτῶν

οἱ Τύριοι, οὐκ ἐῶντες αὐτὸν διὰ τῆς πόλεως αὐτῶν⁴) διελ-
θεῖν, διὰ χρησμόν τινα ἀρχαῖον δοθέντα αὐτοῖς τοιοῦτον·
ὅταν ἐπέλθῃ⁵) ὑμῖν, Τύριοι, βασιλεύς, ἐπ' ἔδαφος ἡ πόλις
ὑμῶν γενήσεται· ὅθεν καὶ ἀντέστησαν αὐτῷ, τοῦ μὴ εἰσελθεῖν
ἐν τῇ πόλει αὐτῶν. ἀντιτάσσονται οὖν αὐτῷ, περιτειχίσαντες
ὅλην τὴν πόλιν, καὶ κραταιᾶς⁶) μάχης γενομένης⁷) μεταξὺ
αὐτῶν πολλοὺς ἀνεῖλον οἱ Τύριοι τῶν Μακεδόνων· καὶ ἡττηθεὶς fol. 210ᵇ
ὁ Ἀλέξανδρος ὑποστρέφει εἰς Γάζαν. καὶ ἀνακτησάμενος ἑαυτὸν
ἐζήτει τὴν Τύρον ἐκπορθῆσαι. ὁρᾷ δὲ καθ' ὕπνους⁸) τινὰ Ἀλέ-
ξανδρος⁹) λέγοντα¹⁰) ἑαυτῷ· Ἀλέξανδρε, μὴ δόξῃ σοι γενέσθαι¹¹)
ἄγγελον ἑαυτὸν εἰς Τύρον. ἀναστὰς δὲ τοῦ ὕπνου ἔπεμψεν εἰς
Τύρον¹²) πρέσβεις μετὰ γραμμάτων αὐτοῦ, περιέχοντα (sic) οὕτως·
Βασιλεὺς Ἀλέξανδρος υἱὸς Ἄμμωνος, καὶ Φιλίππου βασιλέως
(παῖς), ἐγὼ δὲ βασιλεὺς μέγιστος Εὐρώπης¹·) τε καὶ πάσης Ἀσίας,
Αἰγύπτου καὶ Λιβύης¹⁴), Τυρίοις¹⁵) τοῖς μηκέτι οὖσιν. ἐγὼ μὲν τὴν
πορείαν¹⁶) ποιούμενος ἐπὶ τὰ μέρη Συρίας, μετὰ εἰρήνης καὶ εὐνο-
μίας ἐβουλόμην εἴσοδον πρὸς ὑμᾶς ποιήσασθαι· εἰ δὲ ὑμεῖς οἱ Τύ-
ριοι πρῶτοι τυγχάνοντες ἀντιτάσσεσθε¹⁷) τῇ εἰσόδῳ¹⁸) ἡμῶν¹⁹) πο-
ρείαν ποιουμένων, καὶ μόνοι²⁰) δι' ὑμῶν μαθόντες καὶ οἱ πολλοί,
πόσον σθένουσιν Μακεδόνες πρὸς τὴν²¹) ὑμῶν ἀπόνοιαν, πτήξου-
σιν ὑποτασσόμενοι²²) ἡμῖν.²) ἔσται²⁴) δὲ ὑμῖν καὶ ὁ δοθεὶς χρησμὸς
ἀσφαλής· διελεύσομαι γὰρ ὑμῶν τὴν πόλιν (καὶ καταπεσεῖται).
ἔρρωσθε σωφρονοῦντες, εἰ δὲ (μή), ἔρρωσθε δυστυχοῦντες. ἀνα-
γνόντες²⁵) δὲ τὰ γράμματα τοῦ βασιλέως οἱ πρωτόβουλοι αὐτῶν fol. 211ᵃ
ἐπιτρέπουσιν εὐθέως τοὺς ἀποσταλέντας ἀγγέλους παρὰ Ἀλεξάν-
δρου τοῦ βασιλέως μαστίζεσθαι²⁶) λέγοντες αὐτοῖς· ποῖος ὑμῶν
ἐστιν Ἀλέξανδρος; τῶν²⁷) δὲ λεγόντων μηδένα εἶναι²⁸), ἀνεσταύ-
ρωσαν αὐτούς. ἐζήτει οὖν ὁ Ἀλέξανδρος ποίας ὁδοῦ εἰσελθεῖν,
καὶ καταβαλεῖν τοὺς Τυρίους· ἄλογον γὰρ ἡγεῖτο αὐτῶν τὴν ἧτταν.
καὶ ὁρᾷ κατὰ τοὺς ὕπνους ἕνα²⁹) τῶν³⁰) τοῦ Διονύσου³¹) προπόλων
σάτυρον, ἐπιδιδόντα³²) αὐτῷ τυρὸν ἀπὸ γάλακτος· τοῦ δὲ λαβόν-
τος τοῖς ποσὶν αὐτοῦ κατεπάτησεν αὐτόν. ἀναστὰς δὲ τοῦ ὕπνου
Ἀλέξανδρος διηγήσατο τὸ ὄνειρον ὀνειροπόλῳ· ὁ δὲ εἶπεν αὐτῷ·
βασιλεύσεις³³) Τύρου ὅλης, καὶ ὑποχείριός σοι γενήσεται³⁴), διὰ τὸ
τὸν σάτυρόν³·) σοι δεδωκέναι τυρόν, σὺ δὲ τοῖς ποσί σου αὐτὸν
καταπατῆσαι. καὶ μεθ' ἡμέρας τρεῖς συλλαβὼν τὰ στρατόπεδα
αὐτοῦ μετὰ καὶ τριῶν κωμῶν τῶν ἔγγιστα, τῶν καὶ (καὶ τῶν?)
συμμαχησαμένων τῷ Ἀλεξάνδρῳ γενναίως, νυκτὸς ἀνοίξαντες
τὰς πόρτας τῶν τειχέων εἰσῆλθον καὶ τοὺς παραφύλακας ἀνεῖλον·
καὶ ἐξεπόρθησεν Ἀλέξανδρος πᾶσαν τὴν Τύρον, καὶ ἐπ' ἔδαφος³⁶)

---

4) αὐτὸν   5) ἐπέλθῃς   6) κρατειᾶς   7) γεννομένης   8) καθύπνους
9) ἀλέξανδρον   10) λέγων   11) δόξηεις γένεσθαι   12) ἐν τύρω   13)
εὐρόπης   14) λιβύας·   15) τύροις   16) ἀρχὴν   17) ἀντιτάσεσθε   18)
εἰσώδῳ   19) ὑμῶν   20) μόνον   21) ἦν   22) ὑποτασόμενοι   23) ὑμῖν·
24) ἐστι   25) ἀναγνῶντες   26) ἀναρτίζεσθαι   27) τὸν   28) εἰδέναι
29) ἵνα   30) τὸν   31) διὸς   32) ἐπιδιδοῦντα   33) βασιλεύσῃς   34)
γεννήσεται·   35) σατύριόν   36) ἐπέδαφος

48*

fol. 211ᵇ αὐτὴν κατήνεγκεν· καὶ μέχρι τῆς σήμερον λέγεται· τὰ ἐν Τύρῳ κακά. τὰς δὲ τρεῖς κώμας τὰς cυμμαχηcάcαc³⁷) αὐτῷ εἰς μέτρον πόλεως μιᾶς ἀνεγράψατο, καὶ Τρίπολιν αὐτὴν ὠνόμαcεν.³⁸)

Cap. 36.

Κατακτήcαc εἰς Τύρον cατράπην τῆς Φοινίκης, καὶ ἀναζεύξαc Ἀλέξανδροc παρὰ τὴν Cυρίαν ὤδευcεν καὶ ὑπήντηcαν αὐτῷ Δαρείου πρεcβευταὶ γράμματα κομίζοντεc αὐτῷ καὶ cκῦτον καὶ cφαῖραν καὶ κιβώτιον χρυcίου. δεξάμενοc δὲ Ἀλέξανδροc τὰ γράμματα Δαρείου τοῦ Περcῶν¹) βαcιλέωc καὶ ἀναγνοὺc εὗρε περιέχοντα οὕτωc· Βαcιλεὺc βαcιλέων καὶ θεῶν cυγγενὴc καὶ cυνανατέλλων τῷ ἡλίῳ, ἐγὼ αὐτὸc θεὸc Δαρεῖοc, Ἀλεξάνδρῳ τῷ ἐμῷ θεράποντι τάδε προcτάττω καὶ κελεύω cοι ἐπαναcτρέφειν cε πρὸc τοὺc γονεῖc cου, ἐμοὶ δὲ δουλεύειν καὶ κοιτάζειν εἰς τοὺc κόλπουc τῆς μητρόc cου Ὀλυμπιάδοc· ἔcτι γὰρ ἡ cὴ ἡλικία· παιδεύεcθαι θέλειc καὶ τιθηνεῖcθαι· διὸ ἔπεμψά cοι cκῦτον καὶ cφαῖραν καὶ κιβώτιον χρυcίου, ἵνα αἵρῃ cοι τί βούλει πρότερον· τὸ²) μὲν cκῦτον μηνύον cοι ὅτι ἔτι παιδεύεcθαι ὀφέλλειc³), τὴν δὲ cφαῖραν, ἵνα μετὰ τῶν cυνηλικιωτῶν cου παίζῃc καὶ μὴ ἀγέρωχοc⁴) ἡλικίαν τοcούτων νέων ἐκπείθῃc ὥcπερ ἀρχιληcτὴc μετὰ cεαυτοῦ φέρων, τὰc πόλειc ταράccων· οὐδὲ⁵) γὰρ αὕτη ἡ cύμπαcα οἰκουμένη ἀνδρῶν⁶) ὑφ᾽ fol. 212ᵃ ἓν cυνελθοῦcα δυνήcεται⁷) καθελεῖν τὴν Περcῶν βαcιλείαν. τοcαῦτα γάρ μοί ἐcτι πλήθη cτρατοπέδων⁸) ὅcα οὐδὲ⁹) ψάμμον ἐξαριθμῆcαί τιc⁹) δύναται. χρυcὸc δὲ καὶ ἄργυροc πολύc, ὥcτε¹⁰) πᾶcαν τὴν γῆν πληρῶcαι. ἔπεμψά cοι δὲ καὶ κιβώτιον χρυcίου μεcτόν, ἵνα εἰ μὴ ἔχειc¹¹) τροφὰc δοῦναι τοῖc cυλληcταῖc cου, δώcειc αὐτοῖc τὴν χρείαν, ὅπωc ἕκαcτοc αὐτῶν δυνηθῇ εἰς τὴν ἰδίαν πατρίδα ἐπανακάμψαι. εἰ μὴ πειcθῇc τοῖc κελευομένοιc ὑπ᾽ ἐμοῦ, ἐκπέμψω κατὰ cοῦ διώξαι, ὥcτε cυλληφθῆναί cε ὑπὸ τῶν ἐμῶν cτρατιωτῶν, καὶ οὐχ ὡc Φιλίππου υἱὸc παιδευθῇc¹²), ἀλλ᾽ ὡc ἀποcτάτηc ἀναcταυρωθήcῃ.

Cap. 37.

Καὶ ταῦτα τοῦ Ἀλεξάνδρου ἀναγινώcκοντοc ἐπὶ πάντων τῶν cτρατοπέδων¹), ἐδειλίαcαν πάντεc. καὶ νοήcαc Ἀλέξανδροc τὴν δειλίαν αὐτῶν εἶπε πρὸc αὐτούc· ἄνδρεc Μακεδόνεc καὶ cυcτρατιῶται, τί ἐταράχθητε ἐπὶ τοῖc γεγραμμένοιc ὑπὸ Δαρείου ὡc ἀληθῆ ἐχόντων τὴν δύναμιν τῶν κομπηγόρων²) αὐτοῦ γραμμάτων; καὶ γάρ τινεc τῶν κυνῶν ἀδυνατοῦντεc τῇ ἀλκῇ³) τοῦ cώματοc μέγα ὑλακτοῦcιν, ὡc δύναμίν τινα [διὰ τοῦ ὑλαγμοῦ] τὴν ἔκφραcιν fol. 212ᵇ (sic) ταύτην τῆς ὑλακῆc ποιούμενοι. τοιούτωc καὶ ὁ Δαρεῖοc ἐν τοῖc ἔργοιc μηδὲν δυνάμενοc ἐν τοῖc γεγραμμένοιc δοκεῖ τὶ εἶναι

37) cυμμαχηcάcαc   38) ὁμόμαcεν·   36. 1) περccῶν   2) τὸν   3) ὀφέλειc· die worte καὶ τιθηνεῖcθαι . . . ὀφέλειc finden sich am untern rande von jüngerer schwer lesbarer hand.   4) ἀγέροχον   5) οὔτε   6) ἀνδρὸc   7) δυνήcηται   8) cτρατοπαίδων   9) ἐξαριθμῆcαι τίc   10) ἔcται   11) ἔχηc   12) πεδευθήcῃ·   37. 1) cτρατοπαίδων   2) κομνιγγόρων   3) ὁλκή

ὥσπερ οἱ κύνες τοῖς ὑλαγμοῖς. cυνθώμεθα δὲ καὶ ἀληθῆ ') εἶναι τὰ
γεγραμμένα, ἐφωταγωγήθημεν⁵) δι᾽ αὐτῶν, ἵνα ἴδωμεν πρὸς τίνα
ἔχομεν γενναίως πολεμεῖν περὶ νίκης, ἵνα μὴ ἡττηθέντες αἰσχυν-
θῶμεν. καὶ ταῦτα εἰπὼν ἐκέλευcεν ἐξαγκωνίζεσθαι⁶) τοὺς γραμ-
ματοφόρους Δαρείου καὶ ἀπενεχθῆναι εἰς τὸ cταυρωθῆναι. τῶν
δὲ λεγόντων⁷)· τί ἡμεῖς cοι κακὸν ἐπράξαμεν, βαcιλεῦ ᾽Αλέξανδρε;
ἄγγελοί ἐcμεν· τί κελεύεις κακῶς ἡμᾶς ἀναιρεθῆναι; εἶπε δὲ αὐ-
τοῖς ᾽Αλέξανδρος· μέμψαcθε τὸν βαcιλέα Δαρεῖον, καὶ μὴ ἐμέ·
ἔπεμψε γὰρ ὑμᾶς Δαρεῖος μετὰ γραμμάτων τοιούτων, οὐχ ὡς
πρὸς βαcιλέα, ἀλλ᾽ ὡς πρὸς ἀρχιληcτήν.⁸) ἀναιρῶ τοίνυν ὑμᾶς,
ὡς ἐλθόντας πρὸς αὐθάδη⁹) ἄνθρωπον καὶ οὐ βαcιλέα. ὁ δὲ εἶπεν
(sic)· καὶ ὁ Δαρεῖος μηδὲν ἰδὼν ¹⁰) ἔγραψέν cοι τοιαῦτα· ἀλλ᾽
ἡμεῖς ὁρῶμεν τοιαύτην παράταξιν, καὶ νοοῦμεν μέγιcτον καὶ φρε-
νήρη ¹¹) βαcιλέα (cε) εἶναι, υἱὸν βαcιλέως Φιλίππου· δεόμεθά cου ¹²)
δέσποτα βαcιλεῦ μέγιcτε, ἀποχάρισαι ¹³) ἡμῖν τὸ ζῆν. ὁ δὲ ᾽Αλέ-
ξανδρος εἶπε πρὸς αὐτούς· νῦν ἐδειλιάσατε ¹¹) τὴν κόλαcιν ὑμῶν fol. 213ᵃ
καὶ ἱκετεύετε τοῦ μὴ ἀποθανεῖν· διὰ τοῦτο ὑμᾶς ἀπολύω. οὐ γὰρ
προαιρέσεώς εἰμι ἀναιρῆcαι ὑμᾶς, ἀλλ᾽ ἐνδείξαcθαι τὴν διαφορὰν
῞Ελληνος βαcιλέως καὶ βαρβάρου· ὥcτε μηδὲν κακὸν προσδοκᾶτε
ὑπ᾽ ἐμοῦ παθεῖν· βαcιλεὺς γὰρ ἄγγελον οὐ κτείνει. καὶ οὕτως
αὐτοῖς εἰπὼν ᾽Αλέξανδρος ἐκέλευcεν αὐτοῖς δείπνου γενομένου ¹⁵)
cυνανακλιθῆναι αὐτῷ· τῶν δὲ γραμματοφόρων βουλομένων λέγειν
τῷ ᾽Αλεξάνδρῳ, τὸ πῶς ἐνέδρα λαβεῖν (λάβῃ?) τὸν Δαρεῖον ποιή-
cας πρὸς αὐτὸν πόλεμον, εἶπεν αὐτοῖς· μηδέν μοι εἴπητε· εἰ μὴ
γὰρ ἀπήρχεσθε πρὸς αὐτόν, ἐμάνθανον ¹⁶) (ἂν) παρ᾽ ὑμῶν· ἐπειδὴ
δὲ πορεύεcθε πρὸς αὐτόν, οὐ θέλω, ἵνα μή τις ἐξ ὑμῶν διαβάλῃ
Δαρείῳ τὰ εἰρημένα καὶ εὑρεθῶ ¹⁷) παραίτιος ὑμῖν κολάcεως. cιω-
πήcατε οὖν (ἵνα ἡcυχῇ παρέλθωμεν. (?) ἐτίμηcαν οὖν) αὐτὸν οἱ
γραμματοφόροι Δαρείου φωναῖς ¹⁸) πολλαῖς, καὶ πᾶν τὸ πλῆθος
τῶν cτρατευμάτων ἐπευφήμουν αὐτόν.

CAP. 38.

Μετὰ δὲ ἡμέρας τρεῖς γράφει ᾽Αλέξανδρος Δαρείῳ γράμματα
ἅπερ καὶ ὑπανέγνω τοῖς ἰδίοις cτρατεύμαcιν, λάθρα τῶν γραμμα-
τοφόρων Δαρείου, περιέχοντα οὕτως· Βαcιλεὺς ᾽Αλέξανδρος υἱὸς fol. 213ᵇ
βαcιλέως Φιλίππου καὶ μητρὸς ᾽Ολυμπιάδος βαcιλεῖ βαcιλέων καὶ
cυνθρόνῳ θεῶν καὶ cυνανατέλλοντι τῷ ἡλίῳ, μεγάλῳ θεῷ Περ-
cῶν¹) βαcιλεῖ, χαίρειν. αἰcχρόν ἐcτι τὸν τηλικαύτῃ δυνάμει ἐπαι-
ρόμενον καὶ cυνανατέλλοντα²) τῷ ἡλίῳ ὑπὸ ταπεινὴν δουλείαν
πεcεῖν ἀνθρώπῳ ποτέ τινι ᾽Αλεξάνδρῳ· αἱ γὰρ τῶν θεῶν ὀνομα-
cίαι εἰς ἀνθρώπους χωροῦcαι μεγάλην δύναμιν αὐτοῖς παρέχουcιν

---

4) ἀλεθῆ   5) ἐφ ω ταγω γήθημεν   6) ἐξαγκονίζεcθαι   7) λεγών-
των   8) ἀρχιλιcτήν·   9) αὐθάδην   10) εἰδὼν·   11) φρενήρει   12)
φιλίππου δὲ ο μεθά cου   13) ἀποχάριcε   14) ἐδειλίαcετε   15) γεννο-
μένου,   16) ἐμάνθανων   17) εὑρεθῇ   18) φοναῖc   38. 1) περccῶν
2) cυνανατέλοντα

ἡ φρόνησιν. πῶς γὰρ τῶν ἀθανάτων θεῶν ὀνόματα εἰς φθαρτὰ
cώματα κατοικοῦcιν; ἰδοὺ δὴ καὶ ἐν τούτῳ³) κατεγνώcθηc παρ'
ἡμῖν (ὡc μηδὲν δυνάμενοc), ἀλλ' ὡc ταῖc⁴) τῶν θεῶν ὀνομαcίαιc⁵)
cυγχρώμενοc, καὶ τὰc ἐκείνων δυνάμειc ἐπὶ τῆc γῆc ἑαυτῷ περιτι-
θῶν.⁶) ἐγὼ γὰρ ἔρχομαι πρὸc cέ, πολεμήcων ὡc θνητὸν ὑπάρ-
χοντα· ἡ δὲ ῥοπὴ τῆc νίκηc ἐκ τῆc ἄνω προνοίαc ἐcτίν. τί δὲ καὶ
ἔγραψαc ἡμῖν τοιοῦτον καὶ τοcοῦτον χρυcὸν καὶ ἄργυρον κεκτῆ-
cθαι, ἵνα μαθόντεc γενναιοτέρωc πολεμήcωμεν⁷), ὅπωc ταῦτα
ληψώμεθα; καὶ ἐγὼ μὲν γὰρ ἐπάν⁹) cε νικήcω⁹), περίφημοc ἔcομαι
καὶ μέγαc βαcιλεὺc παρὰ τοῖc Ἕλληcι καὶ βαρβάροιc, ὅτι τὸν τη-
fol. 214ᵃ λικοῦτον βαcιλέα δυνάcτην Δαρεῖον ἀνεῖλον· cὺ δὲ ἐμὲ ἐὰν ἡττή-
cῃc, οὐδὲν γενναῖον ἔπραξαc· λῃcτὴν γὰρ ἥττηcαc καθὼc cὺ ἔγρα-
ψαc ἡμῖν· ἐγὼ δὲ βαcιλέα βαcιλέων, μέγαν¹⁰) θεὸν Δαρεῖον ἥττηcα.
ἀλλὰ καὶ cκῦτον καὶ cφαῖραν καὶ κιβώτιον χρυcίου ἐξέπεμψάc μοι,
ἀγγέλλων¹¹) μοι (κακότητα)· ἐγὼ δὲ ταῦτα ἀγαθὰc ἀγγελίαc ἐδε-
ξάμην· τὸν μὲν cκῦτον ἔλαβον, ἵνα ταῖc ἐμαῖc λόγχαιc καὶ ὅπλοιc
δέρων τοὺc βαρβάρουc ταῖc ἐμαῖc χερcὶν εἰc δουλείαν¹¹) καθυπο-
τάξω· τῇ¹³) δὲ cφαίρα¹⁴) ἐcήμανάc μοι ὡc τοῦ κόcμου ἐπικρατήcω·
cφαιροειδὴc γὰρ καὶ cτρογγύλοc ὁ κόcμοc τυγχάνει· τὸ δὲ κιβώ-
τιον τοῦ χρυcίου μέγα cημεῖον ἔπεμψά μοι· νικηθεὶc (γὰρ) ὑπ'
ἐμοῦ φόρουc μοι τελέcειc.

Cap. 39.

Ταῦτα οὖν ἀναγνοὺc ὁ Ἀλέξανδροc ὁ βαcιλεὺc τοῖc ἑαυτοῦ
cτρατεύμαcιν καὶ βουλλώcαc¹) δέδωκε τοῖc γραμματοφόροιc Δα-
ρείου, καὶ τὸ χρυcίον ὅπερ ἤγαγον ἐχαρίcατο αὐτοῖc. οἵ²) δὲ
ἀποδεξάμενοι τὴν μεγαλοφροcύνην Ἀλεξάνδρου ἀνεχώρηcαν καὶ
ἦλθον πρὸc Δαρεῖον. ὁ δὲ Δαρεῖοc ἀναγνοὺc τὰ γράμματα Ἀλε-
ξάνδρου ἐπέγνω τὴν ἐν αὐτοῖc δύναμιν· καὶ ἐξετάcαc ἀκριβῶc³)
τὰ περὶ τῆc cυνέcεωc Ἀλεξάνδρου καὶ τῆc πρὸc πόλεμον παρα-
fol. 214ᵇ cκευῆc αὐτοῦ, καὶ ὅτι ἐπὶ τούτοιc ἐκινήθη⁴), γράφει τοῖc ἑαυτοῦ
cατράπαιc ἐπιcτολὴν περιέχουcαν οὕτωc·

Βαcιλεὺc Δαρεῖοc τοῖc ἐπέκεινα τοῦ Ταύρου cτρατηγοῖc χαί-
ρειν. ἐπιcτέλλουcί μοι ἐπαναcτάντα Ἀλέξανδρον παῖδα Φιλίππου·
τοῦτον οὖν cυλλαβόντεc ἀγάγετέ μοι, μηδὲν κακὸν ἐργαcάμενοι
τῷ cώματι αὐτοῦ, ὅπωc ἐγὼ ἐκδύcαc αὐτὸν τὴν πορφυρέαν cτο-
λὴν καὶ πληγὰc ἐπιθεὶc⁵) αὐτῷ ἀποcτελῶ ἐν Μακεδονίᾳ τῇ πατρίδι
αὐτοῦ πρὸc τὴν μητέρα αὐτοῦ Ὀλυμπιάδα, δοὺc⁶) αὐτῷ κροτάλην
καὶ ἀcτραγάλουc⁷), ὡc οἱ Μακεδόνων⁸) (παῖδεc) τελοῦcι παίγνιον.
καὶ cυναποcτελῶ αὐτῷ ἄνδραc πάcηc cωφροcύνηc διδαcκάλουc.
τὰc δὲ ναῦc αὐτοῦ εἰc βυθὸν θαλάccηc καταποντίcατε, cτρατηγοὺc
δὲ τοὺc cυνακολουθήcανταc αὐτῷ cιδηρώcαντεc ἀναπέμψατε ἡμῖν·

---

3) τοῦτο   4) τὰc   5) ὀνομαcίαc   6) περιτίθων·   7) πολεμήcομεν
8) ἐπάν   9) cεννικήcω   10) μέγα   11) ἀγγελῶν   12) δουλίαν   13)
τὴν   14) cφαίραν   89. 1) βουλώcαc   2) ὁ   3) ἀκριβὰ   4) ἐνικήθη·
5) ἐπιθήcαc   6) δώcαc   7) cτράγαλουc   8) μακεδώνων

τοὺϲ δὲ λοιποὺϲ ϲτρατιώταϲ ἐκπέμψατε εἰϲ τὴν ἐρυθρὰν θάλαϲϲαν οἰκῆϲαι· ἵππουϲ δὲ καὶ ϲκευηφόρα πάντα ὑμῖν δωροῦμαι. ἔρρωϲθε. Ἔγραψαν δὲ καὶ οἱ ϲατράπαι Δαρείῳ οὕτωϲ· Θεῷ μεγάλῳ βαϲιλεῖ Δαρείῳ χαίρειν. τοϲούτου ἔθνουϲ ἐπελθόντοϲ ἡμῖν, θαυμάζομεν [9]) πῶϲ ϲε λανθάνει μέχρι τοῦ δεῦρο. ἐπέμψαμεν δέ ϲοι [10]) ἐξ αὐτῶν οὓϲ εὕραμεν ῥεμβομένουϲ [11]), τούτουϲ μὴ τολμήϲαντεϲ fol. 215ᵃ ἐξετάϲαι πρότερόν ϲου. ἐν τάχει οὖν παραγενοῦ [12]) μετὰ δυνάμεωϲ πολλῆϲ, ἵνα μὴ λάφυρα γενώμεθα.

Ταῦτα οὖν τὰ γράμματα δεξάμενοϲ Δαρεῖοϲ ἐν Βαβυλῶνι τῆϲ Περϲίδοϲ καὶ ἀναγνοὺϲ ἀντέγραψεν αὐτοῖϲ τάδε· Βαϲιλεὺϲ βαϲιλέων μέγαϲ θεὸϲ Δαρεῖοϲ πᾶϲι τοῖϲ ϲατράπαιϲ καὶ ϲτρατηγοῖϲ χαίρειν. παρ' ἐμοῦ μηδέποτε ἐλπίδα ἔχοντεϲ τὸ ἐπίϲημον τῆϲ ἀνδρείαϲ ὑμῶν ἐνδείξαϲθε· † ποταμὸϲ γοῦν ἐπεδήμηϲεν εἰϲ ὑμᾶϲ· καὶ οὐκ ἐθορύβηϲεν ὑμᾶϲ τοῦ καταϲβέϲαι κεραυνοὺϲ· καὶ ἀνδρὸϲ ἀγνώϲτου τόπον οὐχ ὑπηνέγκατε ἀποδιώξατε· † τέθνηκέν τιϲ ὑμῶν [13]) ἐν παρατάξει; τί βουλεύϲωμαι [14]) περὶ ὑμῶν, οἳ τὴν ἐμὴν βαϲιλείαν κατέχοντεϲ πρόφαϲιν (?) δίδοτε ἀνδρὶ ληϲτῇ, μὴ βουλόμενοι αὐτὸν ϲυλληφθῆναι; [15]) νῦν οὖν ὡϲ ἔφατε [16]) ἐγὼ παραγενόμενοϲ ϲυλλήψομαι [17]) αὐτόν.

Cap. 40.

Πυνθανόμενοϲ οὖν ὁ Δαρεῖοϲ*), πληϲίον ὄντα τὸν Ἀλέξανδρον, κατεϲτρατοπέδευϲε [1]) πρὸϲ [2]) τῷ Πιναρίῳ [3]) ποταμῷ, καὶ γράψαϲ (ἐπιϲτολὴν) ἀπέϲτειλεν Ἀλεξάνδρῳ (περιέχουϲαν) οὕτωϲ· Βαϲιλεὺϲ βαϲιλέων μέγαϲ θεὸϲ Δαρεῖοϲ καὶ (ρκ) ἐθνῶν κύριοϲ Ἀλεξάνδρῳ τὰϲ πόλειϲ λεηλατοῦντι. [4]) δοκεῖ ϲε [5]) λανθάνειν τὸ Δαρείου ὄνομα, ὅπερ καὶ θεοὶ τετιμήκαϲι καὶ ϲύνθρονον εἶναι fol. 215ᵇ (ἑαυτοῖϲ ἔκριναν). καὶ οὐ μακάριον ἡγήϲω τὸ λανθάνειν, βαϲιλεύειν τῆϲ Μακεδονίαϲ [6]) χώραϲ, χωρὶϲ τῆϲ ἐμῆϲ κελεύϲεωϲ· ἀλλὰ διῆλθεϲ χώραϲ ἀδήλουϲ καὶ πόλειϲ ἀλλοτρίαϲ, ἐν αἷϲ ἑαυτὸν ἀνηγόρευϲαϲ βαϲιλέα, ϲυλλέξαϲ ἄνδραϲ ὁμοίουϲ ϲου ἀνελπίϲτουϲ, καὶ πολεμεῖϲ πόλειϲ ἀπειροπολέμουϲ [7]), ἃϲ ἐγὼ ἀεὶ εὐλαβηθεὶϲ δεϲπόζεϲθαι περιϲϲὰϲ ἡγούμην ὡϲ ἀπερριμμέναϲ [8]), καὶ ϲὺ ἐπεζήτηϲαϲ φόρουϲ παρ' αὐτῶν λήψεϲθαι ὡϲ ἐρανιζόμενοϲ. πείθῃ οὖν καὶ ἡμᾶϲ τοιούτουϲ εἶναι ὁποῖοϲ εἶ, † καὶ τόπουϲ δὲ οὓϲ οὐκ εἴληφαϲ οὐ καυχήϲῃ [9]) ἔχειν. † κάκιϲτα οὖν πεφρόνηκαϲ [10]) περὶ τούτων· πρῶτον μὲν γὰρ τὴν ἄγνοιάν ϲου ὤφειλεϲ [11]) διορθώϲαϲθαι, καὶ πρὸϲ ἐμὲ [12]) τὸν κύριόν ϲου Δαρεῖον ἐλθεῖν, καὶ μὴ ἐπιϲωρεύειν ληϲτρικὰϲ δυνάμειϲ. ἔγραψά ϲοι ἐλθεῖν καὶ προϲκυνεῖν Δαρείῳ βαϲιλεῖ· ϲὺ δὲ (ἐὰν) τῆϲ ἄλληϲ [13]) ἀνοίαϲ ἀντέχῃ, κολάϲομαί [οὖν]

---

9) θαυμάζωμεν   10) ἐπέμψαν μέν ϲοι δὲ   11) ῥεμπομένουϲ   12)
παραγένου   13) ἡμῶν   14) βουλεύϲω με   15) ϲυληφθῆναι·   16) ἔφητε
17) ϲυλήψομαι   40. *) von hier an im nom., acc. u. voc. stets δάρειοϲ,
δάρειον, δάρειε.   1) κατεϲτρατοπαίδευϲε   2) πρό   3) τοπιναρίω   4)
λέηλατὴν   5) δοκεῖϲ   6) μακεδωνίαϲ   7) ἀπείρουϲ   8) ἀπορεριμμέναϲ
9) οὐκ αυχήϲη   10) πεφρόνικαϲ   11) ὤφειλε   12) ἐμέν   13) ἄληϲ

(cε) θανάτῳ ἀνεκλαλήτῳ· χείρονα¹¹) δέ cου καὶ οἱ cὺν coὶ ἀποθα-
νοῦνται¹⁵) οἱ μὴ περιτιθέντες coι cωφροсύνην. ὄμνυμι ¹⁶) δέ coι
διὰ (Δία ?) θεὸν τὸν μέγιcτον καὶ ἐμὸν πατέρα, μὴ μνηсικακῆcαί
coι ἐφ᾽ οἷς ἔπραξας.

CAP. 41.

Τοῦ δὲ Ἀλεξάνδρου δεξαμένου τὰ γράμματα Δαρείου καὶ ἐν-
fol. 216ᵃ τυχόντος, οὐκ ἐπυροῦτο¹) ἐπὶ τοῖς κομπηγόροις λόγοις Δαρείου.
ὁ δὲ Δαρεῖος²) cυναθροίcας δύναμιν πολλὴν κατέβαινε μετὰ τῶν
παίδων αὐτοῦ καὶ τῆς γυναικὸς αὐτοῦ καὶ τῆς μητρὸς αὐτοῦ· περὶ
δὲ αὐτὸν³) ἦcαν οἱ ἀθάνατοι καλούμενοι μύριοι· ἐκαλοῦντο δὲ
ἀθάνατοι διὰ τὸ φυλάττεcθαι τὸν ἀριθμὸν αὐτῶν (καὶ εἰcάγεcθαι
ἄλλους) ἀντὶ τῶν τελευτώντων. Ἀλέξανδρος δὲ διοδεύcας τὸν
Κιλίκιον Ταῦρον ἦκεν εἰς Ταρcὸν τῆς Κιλικίας μητρόπολιν, καὶ
θεαcάμενος τὸν ὑπ᾽ αὐτὴν⁴) ῥέοντα⁵) ποταμὸν Κύδνον, ῥεόμενος
τῷ κατὰ τὴν ὁδοιπορίαν⁶) ἱδρῶτι, ἀποθεὶς τὸν θώρακα ἐν τῷ πο-
ταμῷ διενίψατο, καὶ ψυγεὶς⁷) εἰς ἔcχατον ἦλθεν κίνδυνον καὶ μό-
λις θεραπεύεται· ὁ δὲ θεραπεύcας αὐτὸν ἦν Φίλιππος τῶν ἐνδό-
ξων ἰατρῶν. ῥωcθεὶς δὲ προcῆγεν ἐπὶ Δαρεῖον· Δαρεῖος δὲ ἐπὶ
τὸν καλούμενον Ἴccον⁸) τῆς Κιλικίας ἐcτρατοπεδεύετο. παροξυν-
θεὶς δὲ ὁ Ἀλέξανδρος ὥρμηcεν ἐπὶ τὸν πόλεμον εἰς τὸ πεδίον(?)⁹),
καὶ παρετάξατο Δαρείῳ. οἱ δὲ περὶ τὸν Δαρεῖον ὁρῶντες τὸν
Ἀλέξανδρον ἐπάγοντα αὐτοῖς τὴν δύναμιν τῆς στρατείας αὐτοῦ,
καθ᾽ ὃ μέρος ἤκουε Δαρεῖος¹⁰) (τὸν Ἀλέξανδρον), ἔcτηcαν τὰ
ἅρματα καὶ ὅλην τὴν πολεμικὴν τάξιν. καὶ δὴ cταθέντων ἐπὶ
cυμβολῇ¹¹) τοῦ πολέμου ἀμφοτέρων τῶν μερῶν, οὐ cυνεχώρηcε
fol. 216ᵇ Ἀλέξανδρος οὔτε ἐντὸς τῆς φάλαγγος διακόψαι αὐτοὺς οὔτε δι-
ιππεύcαι οὔτε ἐπιcτρατεῦcαι αὐτούς, ἀλλὰ τὸ πολὺ μὲν τῶν ἁρμά-
των τὸ πάντοθεν ἐξαγκωνιζόμενον διεφθείρετο καὶ διεcκεδάcθη.
καὶ ἀναβὰς ἐφ᾽ ἵππου¹²) Ἀλέξανδρος ἐκέλευcε cαλπίcαι τοὺς cαλ-
πιcτὰς τὸ πολεμικὸν μέλος. καὶ κραυγῆς μεγάλης γενομένης τῶν
cτρατοπέδων¹³) γίνεται πολλὴ μάχη. ἐπὶ πολὺ (δὲ) ἄκροις τοῖς
κέραcι ἐμβάλλοντες¹⁴) καὶ τοῖς δόραcιν [ὑπ᾽ ἀλλήλων] τύπτοντες
καὶ τυπτόμενοι διεβιβάζοντο¹⁵) ἐνταῦθα (καὶ ἐνταῦθα). ἑκάτεροι
οὖν τὸ νῖκος ποιηcάμενοι ἐχωρίζοντο. οἱ δὲ περὶ τὸν Ἀλέξαν-
δρον ἐξώθουν τοὺς περὶ τὸν Δαρεῖον, καὶ κατακράτος ¹⁶) ἔθραυον ¹⁷)
αὐτοὺς πληccομένους καὶ περιπίπτοντας ἀλλήλοις διὰ τὸ πλῆθος
τῶν cτρατευμάτων. οὐδὲν δὲ ἦν ὁρᾶν ἐκεῖ εἰ μὴ ἵππους χαμαὶ
κειμένους καὶ ἄνδρας ἀνῃρημένους· οὐκ ἦν δὲ διακρῖναι οὔτε¹⁸)
Πέρcην¹⁹) οὔτε ²⁰) Μακεδόνα ²⁰), οὔτε cυμμάχους οὔτε cατράπας
οὔτε πεζὸν οὔτε ἱππέα ὑπὸ τοῦ πολλοῦ²¹) κονιορτοῦ· οὔτε γὰρ ὁ

14) χείρανα   15) παθοῦνται   16) ὄμνυμη   **41.** 1) ἐπιροῦτο   2)
δάριος   3) αὐτῶν   4) ὑπάτην   5) ῥέωντα   6) ὁδιπορίαν   7) ψυγεὶς
8) νήcον   9) πεccὸν   10) δάρειον   11) cυμβουλῇ   12) ἔφιππος   13)
cτρατοπαίδων   14) βάλλοντες   15) διεβιάζοντο   16) κατακράτους   17)
ἔθραβον   18) οὐδὲ   19) πέρcον·   20) μακέδωνα·   21) πολοῦ

ἀὴρ ἐφαίνετο[22]), οὔτε ἡ γῆ ἐθεωρεῖτο ὑπὸ τῶν πολλῶν λύθρων.[23])
καὶ αὐτὸc δὲ ὁ ἥλιοc cυμπαθήcαc τοῖc γινομένοιc καὶ μὴ κρίναc
θεωρεῖν τοcαῦτα μιάcματα, cυννεφὴc[24]) ἐγένετο.[25]) τροπῆc δὲ
ἰcχυρᾶc γενομένηc τῶν Περcῶν[26]), εἰc φυγὴν ὥρμηcαν οἱ Πέρcαι.
ἦν δὲ μετ' αὐτῶν Ἀμύνταc[27]) ὁ Ἀντιόχου[28]), ὃc ἐπεφεύγει[29]) πρὸc fol. 217ᵃ
Δαρεῖον τοῖc πρόcθεν χρόνοιc, Μακεδόνων[30]) ὢν τύραννοc. ἐπει-
δὰν[31]) δὲ τὸ πρὸc ὀψὲ ἐγένετο[32]), Δαρεῖοc ἐργωδῶc φοβηθεὶc
ἀεὶ ἔμπροcθεν ἀπῄει.[33]) εὐεπίγνωcτον δὲ ἦν τὸ ἡττώμενον (ἡττη-
μένου?) ἄρμα. καταλείψαc[34]) οὖν τὸ ἑαυτοῦ (ἄρμα) εἰc ἵππον
ἐπέβη καὶ ἔφυγεν.[35]) ὁ δὲ Ἀλέξανδροc φιλοτιμούμενοc[36]) Δαρεῖον
καταλαβεῖν ἐδίωκε προφθάcαι τοῦ μὴ ὑπό τινοc αὐτὸν ἀναιρεθῆ-
ναι. τὸ μὲν οὖν ἄρμα καὶ τὰ τόξα καὶ τὴν γυναῖκα καὶ τὰc θυγα-
τέραc καὶ τὴν μητέρα Δαρείου ἐπὶ cταδίων ε̄ διώξαc Ἀλέξανδροc
κατέλαβεν, αὐτὸν δὲ τὸν Δαρεῖον ἡ νὺξ διέcωcεν· καὶ πρὸc τού-
τῳ[36]) ἵππον ἔχων νέον (sic) ἐκ διαδοχῆc ἔφυγεν. Ἀλέξανδροc δὲ
καταλαβὼν τὴν Δαρείου cκηνὴν ἐcκήνωcεν ἐν αὐτῇ. κρατήcαc δὲ
τῶν ἐναντίων καὶ τοῦ τηλικούτου ἀξιώματοc καταξιωθεὶc οὐδὲν
ἔπραξεν ὑπερήφανον, ἀλλὰ τοὺc ἀνδρωδεcτάτουc καὶ εὐγενεῖc
τῶν Περcῶν[36]) τετελευτηκόταc[37]) ἐκέλευcε θάπτεcθαι, τὴν δὲ μη-
τέρα Δαρείου καὶ τὴν γυναῖκα καὶ τὰ τέκνα μεθ' ἑαυτοῦ ἤγαγεν
ἐντίμωc· ὡcαύτωc δὲ καὶ τοὺc λοιποὺc τῶν αἰχμαλώτων παραι-
νέcαc ἀνέψυξε. τῶν δὲ πεcόντων Περcῶν[38]) ἦν τὸ πλῆθοc πολὺ
cφόδρα, τῶν δὲ Μακεδόνων οἱ πεcόντεc εὑρέθηcαν πεζοὶ πεντα- fol. 217ᵇ
κόcιοι, ἱππεῖc δὲ p̄ε̄, τραυματιcθέντεc δὲ τ̄η̄, τῶν δὲ βαρβάρων
μυριάδεc[39]) δύο.[39]) καὶ ἐλαφυραγωγήθηcαν ὡc χιλιάδεc[40]) ἀν-
δρῶν δ'.

CAP. 42.

Ὁ δὲ Δαρεῖοc φυγὼν καὶ ἀναcωθεὶc ἐπεcτράτευε πλείουc[1])
δυνάμειc (cυνάγων?), καὶ γράφει τοῖc ὑπ' αὐτὸν[2]) ἔθνεcιν, ὅπωc
μετὰ μεγάληc δυνάμεωc παραγένωνται[3]) πρὸc αὐτόν. μαθὼν δέ
τιc κατάcκοποc Ἀλεξάνδρου cυναθροίζοντα cτρατεύματα τὸν Δα-
ρεῖον ἔγραψεν Ἀλεξάνδρῳ περὶ τῶν ἐνεcτώτων· καὶ ἀκούcαc
ταῦτα Ἀλέξανδροc γράφει Cκαμάνδρῳ (sic) τῷ cτρατηγῷ αὐτοῦ
οὕτωc· Ἀλέξανδροc ὁ βαcιλεὺc Cκαμάνδρῳ cτρατηγῷ ἡμῶν χαί-
ρειν. τὰc ὑπὸ cοὶ[4]) φάλαγγαc καὶ πᾶcαν δύναμιν ἔχων[5]) τάχιον[6])
παραγενέcθαι [ταχὺ] πρὸc ἡμᾶc cὺν τοῖc λοιπαῖc[7]) αὐτοῦ δυνά-
μεcιν· οὐ γὰρ μακρὰν λέγονται εἶναι οἱ βάρβαροι. καὶ αὐτὸc δὲ ὁ
Ἀλέξανδροc ἀναλαβὼν ἥνπερ εἶχε δύναμιν τὴν ὁδοιπορίαν ἐποι-

---

22) ἐφένετο· 23) θρύλλων· 24) cυνεφὴc 25) ἐγέννετο· 26)
περccῶν· 27) ἀμυττάc 28) ἀντιοχεύc· 29) ἐπεφύκει 30) μακεδώ-
νων 31) ἐπεὶ δ' ἂν 32) ἀπείη· 33) καταλήψαc 34) ἐπέφυγεν·
35) φιλοτιμώμενοc 36) τοῦτο 37) τελευτηκόταc 38) μυριάδαc 39)
die worte: τῶν δὲ βαρβ.... δύο randglosse von derselben hand 40)
χιλιάδαιc 42. 1) πλείων 2) αὐτῶν 3) παραγένονται 4) cοῦ 5)
ἔχοντα 6) τάχειον 7) λοιποῖc

εἶτο καὶ ὑπερπεράσας τὸν καλούμενον Ταῦρον καταπήξας δόρυ᾿)
μέγιστον εἰς τὴν γῆν εἶπεν· εἴ τις σθεναρὸς τῶν Ἑλλήνων ἢ τῶν
βαρβάρων ἢ τῶν ἄλλων βασιλέων βαστάσει τοῦτο τὸ δόρυ, ἑαυτῷ
χαλεπὸν σημεῖον ἕξει· ἡ γὰρ πόλις αὐτοῦ ἐκ βάθρων βασταχθήσε-
fol. 218ᵃ ται. παραγίνεται οὖν εἰς τὴν Ἱππερίαν⁹) πόλιν τῆς Βεβρυκίας.¹⁰)
ἔνθα ἦν ναὸς καὶ ἄγαλμα τοῦ Ὀρφέως, καὶ (αἱ) [ἀσπίδες] Πιερί-
δες¹¹) Μοῦσαι καὶ τὰ θηρία αὐτῶν παρεστῶτα τῷ ξοάνῳ. βλέπον-
τος δὲ τοῦ Ἀλεξάνδρου (εἰς τὸ ἄγαλμα τοῦ Ὀρφέως, ἵδρωσε τὸ
ξόανον αὐτοῦ ὅλον. τοῦ δὲ Ἀλεξάνδρου) ζητοῦντος τί τὸ σημεῖον
τοῦτο, λέγει αὐτῷ Μελάμπους¹²) ὁ σημειολύτης· καμεῖν ἔχεις
Ἀλέξανδρε βασιλεῦ, μετὰ ἱδρώτων¹³) καὶ κόπων¹⁴) τὰ τῶν βαρβά-
ρων ἔθνη καὶ Ἑλλήνων πόλεις καθυποτάσσων. ὥσπερ καὶ Ὀρφεὺς
λυρίζων καὶ ᾄδων Ἕλληνας ἔπεισε, βαρβάρους ἔτρεψε, τοὺς θῆρας
ἡμέρωσεν, οὕτως καὶ σὺ κοπιάσας δόρατι πάντας ὑποχειρίους
σοι¹⁵) ποιήσεις. ταῦτα ἀκούσας Ἀλέξανδρος τιμήσας μεγάλως τὸν
σημειολύτην ἀπέλυσεν. καὶ παραγίνεται εἰς Φρυγίαν· καὶ ἐλθὼν
εἰς τὸν¹⁶) Σκάμανδρον ποταμόν, ὅπου ἥλατο¹⁷) Ἀχιλλεύς¹⁸), ἐνή-
λατο¹⁹) καὶ αὐτός. θεασάμενος δὲ τὸ ἑπταβόειον²⁰) ὁ Ἀλέξανδρος
οὐ πάνυ μέγα οὐδὲ οὕτως θαυμαστόν, καθὼς συνέγραψεν Ὅμη-
ρος, [καὶ] εἶπεν· μακάριοι ὑμεῖς οἱ ἐντετυχηκότες²¹) τοιούτου
κήρυκος²²), Ὁμήρου, οἵτινες ἐν μὲν²³) τοῖς ἐκείνου ποιήμασιν με-
γάλοι γεγόνατε, ἐν δὲ τοῖς ὁρωμένοις²⁴) οὐκ ἄξιοι τῶν ὑπ᾿ ἐκείνου
fol. 218ᵇ γεγραμμένων. καὶ προσελθὼν ποιητής τις εἶπεν· Ἀλέξανδρε
βασιλεῦ, κρεῖττον ἡμεῖς γράψωμεν τὰς πράξεις (σου) τοῦ Ὁμήρου.
(ὁ δὲ Ἀλέξανδρος εἶπε· βούλομαι παρ᾿ Ὁμήρῳ Θερσίτης εἶναι ἢ
παρὰ σοὶ Ἀγαμέμνων.)

Cap. 43.

Ἐλθὼν δὲ ἐκεῖθεν εἰς τὴν Πύλην καὶ συνάξας τὴν Μακεδόνων
στρατείαν σὺν οἷς¹) ἠχμαλώτευσεν²) ἐν τῷ πολέμῳ Δαρείου, τὴν
ὁδοιπορίαν³) ἐποιεῖτο εἰς Ἄβδηρα.⁴) οἱ δὲ Ἀβδηρῖται⁵) ἀπέκλει-
σαν⁶) τὰς πύλας τῆς πόλεως αὐτῶν. ὁ δὲ Ἀλέξανδρος ἐπὶ τούτῳ⁷)
ὀργισθεὶς ἐκέλευσε τῷ στρατηγῷ αὐτοῦ ἐμπρῆσαι τὴν πόλιν. οἱ δὲ
πέμπουσιν αὐτῷ πρέσβεις λέγοντας⁸)· ἡμεῖς ἀπεκλείσαμεν τὰς
πύλας οὐχ ὡς ἀντιτασσόμενοι τῷ κράτει τῷ σῷ, ἀλλὰ δεδοικότες
τὴν τῶν Περσῶν⁹) βασιλείαν, μήπως Δαρεῖος ἐπιμείνας τῇ τυραν-
νίδι πορθήσῃ ἡμῶν τὴν πόλιν ὡς παραδεξαμένων¹⁰) σε. ὥστε σὺ
παρελθὼν¹¹) ἄνοιξον τῆς πόλεως τὰς πύλας· τῷ γὰρ ἰσχυροτέρῳ
βασιλεῖ ὑποτασσόμεθα.¹²) ταῦτα ἀκούσας ὁ Ἀλέξανδρος ἐμειδία-

----

8) δόρι   9) so von zweiter hand; was die erste geschrieben, ist nicht
mehr zu erkennen   10) βεβρυκίας   11) περιδες   12) μελαμποῦς   13)
ὑδρώ των   14) κοπον   15) cou   16) στόν   17) εἴλατο   18) ἀχιλεὺς·
19) ἐνείλατο   20) ἑπτάβαιον   21) ἐντυχηκότες   22) κύριος   23) εἴ τινες
ἐσμὲν   24) ὁρωμένης·   48. 1) αὐτῷ   2) αἰχμαλώτευσεν   3) ὁδοι-
πορείαν   4) ἀβδηράν·   5) ἀβδηρεῖται   6) ἀπέκλησας   7) τοῦτο   8)
λέγοντες·   9) περσῶν   10) παραδεξαμένον   11) συμπαρελθὼν·   12)
ὑποτασόμεθα·

cεν καὶ εἶπεν πρὸc τοὺc ἀποcταλένταc¹³) παρ' αὐτῶν πρέcβειc·
δεδοίκατε τὴν Δαρείου βαcιλείαν, μήπωc ὕcτερον ὑμᾶc ἐκπορθήcῃ,
ἐπιμένων τῇ βαcιλείᾳ· πορεύεcθε¹⁴) καὶ ἀνοίξατε καὶ κοcμίωc πο-
λιτεύεcθε.¹⁵) οὐ γὰρ εἰcελεύcομαι εἰc τὴν πόλιν ὑμῶν, ἕωc ἡττή-
cω¹⁶) Δαρεῖον ὃν δεδοίκατε βαcιλέα, καὶ τότε ὑμᾶc ὑποχειρίουc
λήψομαι. καὶ ταῦτα εἰπὼν τοῖc πρέcβεcι¹⁷) τὴν ὁδοιπορίαν¹⁸) fol. 219ᵃ
ἑαυτοῦ ἐποιεῖτο.

CAP. 44.

Καὶ παρεγένετο ἐν δυcὶν ἡμέραιc εἰc τὴν Βοττίαν¹) καὶ τὴν
Ὄλυνθον, καὶ ἐξεπόρθηcεν ὅλην τὴν χώραν τῶν Χαλκιδέων²) καὶ
τοὺc cύνεγγυc (αὐτῶν) ἀνεῖλεν. κἀκεῖθεν ἦλθε παρὰ τὸν Εὔξει-
νον³) πόντον⁴), καὶ πάcαc τὰc πόλειc τὰc ἔγγιcτα ἔcχεν ὑπηκόουc.
ἔλειψε δὲ τοῖc Μακεδόcι⁵) τὰ ἐπιτήδεια τῶν τροφῶν, ὥcτε λιμῷ⁶)
πάνταc τελευτᾶν.⁷) ὁ δὲ Ἀλέξανδροc ἔργον ἐπινοίαc μέγιcτον
ταῖc φρεcὶν⁸) ἐποιήcατο· ἐρευνήcαc δὲ πάνταc τοὺc ἵππουc τῶν
ἱππέων ἀπέcφαξε, καὶ τὰ cώματα αὐτῶν ἐκδείραc⁹) ἐκέλευcεν
ὀπτᾶν καὶ ἐcθίειν, καὶ ἐκορέcθηcαν καὶ τοῦ λιμοῦ ἀνέψυξαν.¹⁰) καὶ
τῶν μὲν λεγόντων· τί ἔδοξεν Ἀλεξάνδρῳ τοὺc ἵππουc ἡμῶν
ἀναιρῆcαι; ἰδοὺ πρὸc μὲν¹¹) τὸ παρὸν¹²) ἐκορέcθημεν τροφῆc,
ἄνοπλοι δέ ἐcμεν πρὸc μάχην τῶν ἱππέων· ἀκούcαc δὲ ταῦτα
Ἀλέξανδροc εἰcῆλθεν εἰc τὸ cτρατόπεδον καὶ εἶπεν· ἄνδρεc cυ-
cτρατιῶται, τοὺc μὲν ἵππουc ἀπεcφάξαμεν καίτοι¹³) ἀναγκαιοτά-
τουc ὄνταc πρὸc πόλεμον, ὅπωc ἡμεῖc τροφῆc κορεcθῶμεν. τὸ
γὰρ κακὸν μετριωτέρῳ κακῷ ἀντιcηκούμενον¹⁴) μετρίαν ἔχει τὴν
λύπην· ἑτέραν δὲ γῆν ἐπιβάντων ἡμῶν ἑτέρουc ἵππουc ῥᾳδίωc
εὑρήcομεν¹⁵)· ἡμῶν δὲ ἀπολλυμένων ἐκ τοῦ λιμοῦ ἑτέρουc Μακε- fol. 219ᵇ
δόναc τὸ παρὸν οὐχ εὑρήcομεν.¹⁵) οὕτωc πραΰναc τὰ cτρατόπεδα
τὴν ὁδοιπορίαν ἐποιεῖτο εἰc ἑτέραν πόλιν.

CAP. 46.*

Καὶ ἐκεῖθεν τὴν ὁδοιπορίαν ἐποιεῖτο πρὸc τοὺc Θηβαίουc.
καὶ ζητήcαc παρ' αὐτῶν ἄνδραc cτρατεῦcαι, ἀπέκλειcαν¹) τὰc
πύλαc τῶν τειχέων, καὶ οὐδὲ πρέcβειc ἔπεμψαν πρὸc αὐτόν, ἀλλὰ
καὶ παραταξάμενοι καθωπλίζοντο²) πολεμεῖν Ἀλεξάνδρῳ. καὶ
πέμπουcιν πρὸc αὐτὸν φ' ἄνδραc κηρῦξαι αὐτῷ· ἢ πολέμει ἢ
ἄπεχε τῆc πόλεωc ἡμῶν. Ἀλέξανδροc δὲ μειδιάcαc εἶπε πρὸc
αὐτούc· ὦ γενναῖοι Θηβαῖοι, τί ἀποκλείcαντεc ἑαυτοὺc ἐν ταῖc
τῶν τειχέων πύλαιc παρακελεύεcθε πολεμεῖν βαcιλεῖ Ἀλεξάνδρῳ;
ἐγὼ οὖν μαχήcομαι, οὐχ ὡc πρὸc γενναίουc τινὰc καὶ ἐμπείρουc

---

13) ἀπεcταλένταc   14) πορεύεcθαι   15) πολιτεύεcθαι·   16) ἡττήcω
17) πρέcβεῖcι   18) ὁδιπορίαν   44. 1) βωτίαν   2) χαλδαίων·   3)
εὔξηνον   4) ποταμόν·   5) μακεδώcι   6) λοιμῶ   7) τελευτῶν·   8)
φραcίν   9) ἐκδῆραc·   10) ἀνένιψαν·   11) ἰδοὺ μὲν πρὸc   12) παρών·
13) καίτι   14) ἀντειcηκούμενον·   15) εὑρήcωμεν·   *) cap. 46 fehlt
in der handschrift.   46. 1) ἀπέκληcαν   2) καθόπλήζοντο

πολέμου³), ἀλλὰ πρὸς ἰδιωτικὰς καὶ δειλίας⁴) πεπληρωμένας⁵) γυναῖκας. ἑαυτοὺς (γὰρ) ὡς γυναικάρια ἀποκλείσαντες ἐντὸς τῶν τειχέων τοῖς ἔξω προσφωνεῖτε. καὶ ταῦτα εἰπὼν ἐκέλευσε χιλίους⁶) ἱππεῖς διατρέχειν ἔξω τῶν τειχέων καὶ τοξεύειν τοὺς ἐφεστῶτας εἰς τὰ τείχη⁷), καὶ ἑτέρους χιλίους ἀξίναις διστόμοις⁵) καὶ μακροτόμοις (μακροτάτοις?) μοχλοῖς ὀρύσσειν τὰ θεμέλια τοῦ τείχους,
fol. 220ᵃ πῦρ δὲ ταῖς πύλαις προσάπτειν καὶ τοὺς καλουμένους κριοὺς μετὰ βίας ἐρείδεσθαι⁸) πρὸς τῶν τειχέων διάλυσιν.¹⁰) ἔστι δὲ ταῦτα ὄργανα διὰ τροχῶν ὑπὸ στρατιωτῶν βίᾳ συνωθούμενα¹¹), (ἃ) μακρόθεν ἐξαφίεται πρὸς τὰ τείχη καὶ τοὺς πάνυ ἁρμολογηθέντας τοίχους¹²) διαλύουσιν. Ἀλέξανδρος δὲ μετὰ ἑτέρων χιλίων σφενδονιστῶν καὶ λογχοβόλων διέτρεχε, περιήρχετο δὲ πάντη πῦρ¹³), καὶ λίθοι καὶ βέλη καὶ δόρατα ἠκοντίζοντο. ἀπὸ δὲ τῶν τειχέων οἱ Θηβαῖοι κατέπιπτον τιτρωσκόμενοι, μὴ δυνάμενοι ἀντιπαρατάξασθαι τῷ Ἀλεξάνδρῳ. διὰ δὲ τριῶν ἡμερῶν πᾶσα ἡ Θηβαίων πόλις ἐπολιορκεῖτο. πρώτη οὖν διαρρήσσεται¹⁴) ἡ καλουμένη Καδμεία¹⁵) πύλη, ἔνθα ἦν Ἀλέξανδρος ἐφεστώς, καὶ εὐθέως εἰσῆλθεν Ἀλέξανδρος πρῶτος τοὺς μὲν τιτρώσκων, τοὺς δὲ ἐκφοβῶν¹⁶) καὶ συνταράσσων. ἐπεισέρχονται γοῦν καὶ διὰ τῶν ἄλλων πυλῶν πλήθη στρατιωτῶν. ἦν δὲ πᾶν τὸ πλῆθος ὡσεὶ τετρακισχίλιοι ἄνδρες· καὶ πάντας ἀναιροῦσι, τὰ δὲ τείχη διέλυον· ὀξυτάτως γὰρ τὸ Μακεδονικὸν στράτευμα τὰ ὑπὸ Ἀλεξάνδρου κελευόμενα πάντα ἐξετέλουν. πολλῶν οὖν λύθρῳ¹⁷) ἀνθρώπων κατεβρέχετο ἡ γῆ· πολλοὶ δὲ Θηβαῖοι συνέπιπτον εἰς τὸ ἔδαφος μετὰ τῶν πύρ-
fol. 220ᵇ γων. λάβρως¹⁸) δὲ κατακαιομένης¹⁹) πυρὶ τῆς τῶν Θηβαίων πόλεως χειρὶ Μακεδονικῇ ἀπώλοντο.²⁰) καὶ τότε τις τῶν Θηβαίων αὐλῶν μελῶν²¹) ἔμπειρος²²) ἄνθρωπος καὶ σοφὸς τῇ γνώμῃ τυγχάνων²³), ἰδὼν τὰς Θήβας καταρριπτομένας²⁴) καὶ πᾶσαν ἡλικίαν ἀναιρουμένην, στενάξας ὑπὲρ²⁵) τῆς πατρίδος αὐτοῦ καὶ δόξας διὰ τῆς τῶν αὐλῶν ἐμπειρίας ἀριστεύειν, ἤρξατο προσπίπτειν καὶ ἱκετεύειν τὸν Ἀλέξανδρον καὶ ἔρχεται παρὰ τοὺς πόδας αὐτοῦ γονυκλινὴς²⁶) γενόμενος καὶ οἰκτρόν τι (καὶ) καταδεὲς καὶ ἐλεημονικὸν²⁷) μέλος ἀναμελψάμενος, ὅπως²⁸) διὰ τῆς τῶν αὐλῶν δεήσεως καὶ θρήνου μελῳδῶν δυνηθείη²⁹) ἐξιλεώσασθαι τὸν Ἀλέξανδρον μετὰ πολλῶν δακρύων. καὶ ἄρχεται λέγειν τοιάδε· Ἀλέξανδρε βασιλεῦ μέγιστε, νῦν πείρᾳ μαθόντες τὸ σὸν ἰσόθεον κράτος σεβόμεθα ....*)

---

3)πολέμους· 4) διλείας 5) πεπληρομένας 6) χιλλίους 7) τάχει· 8) διστόμους· 9) ἐρεῖσθαι 10) διάλλυσιν· 11)·συνεχόμενοι 12) τείχους 13) περιήρχετο δὲ παντὶ· πῦρ καὶ etc. 14) διαρρύσεται 15) παλμία 16) ἐκφωβῶν· 17) λύθρων 18) λάμψεως 19) κατακεομένης 20) ἀπωλλοντο· 21) αὐλων μενῶν 22) ἔμπυρος 23) τυχάνων· 24) καταριπτομένας 25) ὑπὸ 26) γονυκλινὸς 27) ἐλεημονικὸν 28) ἀναμελψάμενος οὕτως 29) ἠδυνήθην *) der übrige teil dieses buchs und die ersten 6 capitel des zweiten buchs (nach der Müllerschen ausgabe) fehlen in der handschrift, welche ohne absatz fortführt: καὶ εὐθέως cet.

ΒΙΒΛΙΟΝ Β'.

Cap. 6.

... Καὶ εὐθέως παραλαβὼν ὁ Ἀλέξανδροc τὰ cτρατόπεδα αὐτοῦ ὥρμηcεν ¹) ἐπὶ τὰ μέρη τῶν βαρβάρων διὰ τῆc Κιλικίαc.²)

Cap. 7.

Δαρεῖοc δὲ cυνήθροιζε τοὺc ἡγεμόναc¹) Περcῶν²), καὶ cυνεβουλεύοντο τί δέον αὐτοὺc πρᾶξαι. ἔλεγε δὲ Δαρεῖοc· ὡc ὁρῶ κατὰ προcθήκην ὁ πόλεμοc εἰc δύναμιν ἐπιβαίνει. κἀγὼ μὲν Ἀλέξανδρον ληcτρικὸν³) φρονεῖν ὑπενόουν, αὐτὸc δὲ βαcιλικὰ ἔργα ἐπιχειρεῖ.⁴) καὶ καθὼc οὖν ἡμεῖc μεγάλοι δοκοῦμεν εἶναι Πέρcαι, μείζων δὲ Ἀλέξανδροc τῇ πολλῇ⁵) (?) φρενὶ τυγχάνει. ἡμεῖc⁶) δὲ fol. 221ᵃ ἐπέμψαμεν⁷) αὐτῷ cκῦτον καὶ cφαῖραν ἐπὶ τὸ παίζειν⁸) καὶ παιδεύεcθαι. ὥcτε cκεψώμεθα⁹) τὰ cυμφέροντα εἰc ἐπανόρθωcιν τῶν πραγμάτων, μὴ ἐξουθενοῦντεc¹⁰) ὡc μηδὲν ὄντα τὸν Ἀλέξανδρον καὶ ἐπαιρόμενοι τῇ τηλικαύτῃ τῶν Περcῶν²) βαcιλείᾳ [καὶ] καθ' ὅληc τῆc γῆc καταληφθῶμεν. καὶ δέδοικα μὴ (ὁ μείζων) τοῦ ἐλάττονοc ταπεινότεροc¹¹) εὑρεθῇ, [παρὰ] τοῦ καιροῦ¹²) καὶ [ἡ] προνοίαc μεταβολὴν¹³) τοῦ διαδήματοc παραχωρούcηc. καὶ νῦν cυμφέρον ἡμῖν ἐcτιν ἵνα τῶν ἰδίων βαρβάρων ἄρχωμεν καὶ μὴ ζητοῦντεc τὴν Ἑλλάδα λυτρώcαcθαι ἀπολέcωμεν καὶ τὴν Περcίδα. Ὀξυδέλκιc (δὲ) ὁ ἀδελφὸc Δαρείου λέγει πρὸc αὐτόν· ἤδη¹⁴) μέγα (sic) ποιεῖc τὸν Ἀλέξανδρον καὶ θάρcοc¹⁵) αὐτῷ παρέχειc ἐπιβῆναι τῇ Περcίδι, παραχωρήcαc αὐτῷ τὴν Ἑλλάδα. μίμηcαι οὖν καὶ αὐτὸc τὸν Ἀλέξανδρον, καὶ οὕτωc κατακρατήcειc¹⁶) τῆc βαcιλείαc· ἐκεῖνοc γὰρ οὔτε cτρατηγοῖc οὔτε cατράπαιc [ἐπίcταcθαι·] ἐπίcτευcεν τὸν πόλεμον ὥcπερ cύ, ἀλλὰ πρῶτοc ὁρμῶν εἰc τοὺc πολέμουc, καὶ προμαχῶν¹⁷) τῶν cτρατοπέδων¹⁸) αὐτοῦ καὶ μαχόμενοc ἀπετίθετο τὴν βαcιλείαν, νικήcαc δὲ ἀναλαμβάνει τὸ βαcίλειον (?). ὁ δὲ Δαρεῖοc fol. 221ᵇ αὐτῷ εἶπεν· τί οὖν αὐτὸν¹⁹) μιμήcομαι; καὶ εἶπεν αὐτῷ ἕτεροc cτρατηγόc· τούτῳ²⁰) αὐτῷ²¹) πάντων²²) [γὰρ] περιεγένετο²³)

---

6. 1) ὅρμηcεν 2) κιλυκίαc· 7. 1) ἡγεμώναc 2) περccῶν 3) λιcτρικὸν 4) ἐπιχειροῖ· 5) πολὴ 6) Ὑμᾶc 7) πέμψαι 8) πέζειν 9) cκεψόμεθα 10) ἐξουθενόντεc 11) ταπεινότερον 12) κεροῦ· 13) μεταβολὴ 14) ἤδει 15) θάρcωc 16) κατακρατήcηc 17) πρόcμαχῶν 18) cτρατοπαίδων 19) αὐτῶ 20) τοῦτο 21) αὐτὸ· 22) πάντα 23) περὶ γενάμενοc

Ἀλέξανδρος καὶ μηδὲν ²⁴) ὑπερτιθέμενος, ἀλλὰ πάντα γενναίως ποιῶν. κατὰ (δὲ) τὴν γενναίαν αὐτοῦ τόλμαν καὶ ἡ μορφὴ αὐτοῦ ἅπαντα (sic) ὡς λέοντος τυγχάνει. ὁ δὲ Δαρεῖος εἶπεν αὐτῷ· πόθεν cὺ οἶδας²⁵) ταῦτα; ὁ δὲ εἶπεν· ὅταν ἐπέμφθην²⁶) ὑπὸ cοῦ, βασιλεῦ, πρὸς Φίλιππον, ἔβλεπον τοὺς φόβους Ἀλεξάνδρου ἐν Μακεδονίᾳ καὶ τὴν μορφὴν αὐτοῦ καὶ τὴν φρόνηcιν καὶ τὸν χαρακτῆρα. ὥcτε ²⁷) οὖν καὶ cύ, βασιλεῦ, † εἰ εἶχες τοιούτους cατράπαc· † (μετάπεμψαι οὓς ἔχεις cατράπαc?) καὶ ὅcα ἔθνη cοι ἔcτι Περcῶν²⁸) καὶ Πάρθων καὶ Μήδων καὶ Ἐλυμαίων²⁹) καὶ Βαβυλωνίων (καὶ) τῶν³⁰) κατὰ τὴν Μεcοποταμίαν καὶ † ὡδυνῶν † χώραν, ἵνα μή cοι³⁰) τὰ Βακτρῶν³¹) καὶ † ταειρῶν· τὸ ὄνομά cοι ἐcτὶν † (εἴπω) ἔcτι cοι γὰρ ἔθνη πολλά· καὶ cτράτευcον ἐξ αὐτῶν, καὶ³²) δυνατόν ἐcτίν cοι, (εἰ) τοὺς θεοὺς ἔχεις εἰc cυμμαχίαν³³), καὶ ἡττῆcαι τοὺς Ἕλληνας, μέντοι γε τῷ³⁴) πλήθει τῶν ὅπλων θαμβήcομεν τοὺς πολεμίους ἡμῶν. ἀκούcας δὲ ταῦτα ὁ Δαρεῖος εἶπεν· καλῶς cυνεβούλευcας· μία γὰρ ἐνθύμηcιc³⁵) Ἑλλήνων κατανικᾷ τοὺς ὄχλους τῶν βαρβάρων, ὥcπερ καὶ εἷc λύκος βαρὺς ἀγέλην³⁶) ποι-
fol. 222ᵃ μνίων ἀποδιώκει. καὶ οὕτως εἰπὼν Δαρεῖος κελεύει cυναθροί-
Zεcθαι τὰ πλήθη.

CAP. 8.

Ὁ δὲ Ἀλέξανδρος ὁδεύcαc διὰ Κιλικίαc¹) ἦλθεν ἐπὶ τὸν ποταμὸν τὸν λεγόμενον Κύδνον²)· καθαρὸν³) δὲ τὸ ὕδωρ ἦν, καὶ ἰδὼν Ἀλέξανδρος ἐπεθύμηcε λούcαcθαι ἐν τῷ ποταμῷ. καὶ ἀποδυcάμενος ἐνήλατο⁴) ἐν αὐτῷ, ψυχροῦ ὄντος cφόδρα⁵) τοῦ ὕδατος· καὶ οὐκ ἐγένετο αὐτῷ cωτηρία· ψυγεὶc⁶) γὰρ ἤλγηcε⁷) τὴν κεφαλὴν καὶ πάντα τὰ ἐντὸς αὐτοῦ, καὶ χαλεπῶc⁸) ἔκειτο. οἱ δὲ Μακεδόνες κατακειμένου τοῦ Ἀλεξάνδρου καὶ ὀδυνοπαθοῦντος⁹) αὐτοῦ, αὐτοὶ ἐνόcουν τὰς ψυχάς, μήπως ἐπιγνοὺς Δαρεῖος τὴν νόcον Ἀλεξάνδρου ἐπέλθη αὐτοῖc· οὕτως μία ψυχὴ Ἀλεξάνδρου τὰς τοcαύτας ψυχὰς τῶν cτρατοπέδων¹⁰) ἔθραυcε. καὶ ἤδη¹¹) τις Φίλιππος ὀνόματι ἰατρὸς τυγχάνων ἐνετέλλετο¹²) τῷ Ἀλεξάνδρῳ δοῦναι καταπότιον καὶ ἀπαλλάξαι¹³) αὐτὸν τῆc νόcου. ὁ δὲ Ἀλέξανδρος πρόθυμος¹¹) ἐγένετο τοῦ δέξαcθαι· ὁ δὲ Φίλιππος ηὐτρέπιζε τὸ φάρμακον. ἐπιcτολὴ¹⁵) δὲ ἐδόθη τῷ Ἀλεξάνδρῳ, ἐκπεμφθεῖcα ἀπὸ Παρμενίου¹⁶) τινὸc cτρατηγοῦ τυγχάνοντος Ἀλεξάνδρου τοῦ βαcιλέως, ὅτι¹⁷) Δαρεῖος εἶπε πρὸς τὸν Φίλιππον τὸν ἰατρόν, ἵνα cχὼν εὐκαιρίαc φαρμάκῳ ἀνέλῃ cε¹⁸), ἐπαγγειλάμε-
fol. 222ᵇ νος¹⁹) δοῦναι αὐτῷ τὴν ἰδίαν ἀδελφὴν πρὸς γάμον καὶ κοινωνὸν ποιῆcαι αὐτὸν τῆc βαcιλείαc αὐτοῦ· καὶ ὑπέcχετο Φίλιππος τοῦτο

---

24) μηδένα   25) εἶδας   26) ἐπέμφην   27) ὥcπερ   28) ἐλυμηνῶν· 29) ὄντων   30) μέcον   31) βακτῶν   32) εἰ   33) cυμαχίαν   34) τὸ 35) ἐνθύμηcης   36) ἀγέλλην   8. 1) κιλυκίαc   2) ὠκέανον· (so auch in der Armen. übersetzung)   3) κατάρρουν   4) ἐνείλατο   5) cφοδροτάτου   6) ψυγεῖc   7) ἤλγειcε   8) χαλεπὸc   9) ὠδυνοπαθοῦντος   10) cτρατοπαίδων   11) ἤδει   12) ἐνετέλετο   13) ἀπαλάξαι   14) ὑπεύθυνος 15) ἐπιcτολὴν   16) ἀρμενίου   17) ὁ δὲ   18) ἀνελεῖc·   19) ἐπαγγελάμενος

ποιεῖν· φύλαccε οὖν cεαυτόν, βαcιλεῦ, ἀπὸ Φιλίππου. ὁ δὲ Ἀλέξανδρος λαβὼν τὴν ἐπιστολὴν καὶ ἀναγνοὺς οὐκ ἐταράχθη· ἤδει²⁰) γὰρ τὴν γνώμην τοῦ Φιλίππου οἵα ἐcτὶν πρὸς αὐτόν. ἔθετο οὖν τὴν ἐπιστολὴν πρὸς τὴν κεφαλὴν αὐτοῦ. προcελθὼν δὲ Φίλιππος ὁ ἰατρὸς ἐπέδωκεν τῷ Ἀλεξάνδρῳ βαcιλεῖ πιεῖν τὴν κύλικα²¹) τοῦ φαρμάκου εἰπών· πίε, δέcποτα βαcιλεῦ, καὶ ἀπαλλάccῃ²²) τῆc νόcου. λαβὼν δὲ Ἀλέξανδρος εἶπεν· ἰδοὺ πίνω, καὶ εὐθέως ἔπιεν. καὶ μετὰ τὸ πιεῖν τότε ἐπέδωκεν αὐτῷ τὴν ἐπιστολήν. ὁ δὲ Φίλιππος ἀναγνοὺς τὴν ἐπιστολήν, καθ' ἑαυτὸν τὰ γεγραμμένα²³), εἶπεν· Ἀλέξανδρε βαcιλεῦ, οὐχ ὅμοιόν²¹) με εὑρήcειc²⁵) τοῖc γεγραμμένοιc. ἀναcωθεὶc δὲ Ἀλέξανδρος τῆc νόcου περιεπλάκη²⁶) τῷ Φιλίππῳ καὶ εἶπεν αὐτός (αὐτῷ?)· ἔμαθεc ποίαν γνώμην ἔχω πρὸc cέ, Φίλιππε· πρότερον²⁷) γὰρ τὴν ἐπιστολὴν εἴληφα τοῦ φαρμάκου, καὶ τότε ἔπιον τὸ φάρμακον πιcτεύcαc ἐμαυτὸν τῷ ὀνόματί cου· ἤδειν²⁸) γὰρ ὅτι Φίλιππος κατὰ Ἀλεξάνδρου οὐδὲν χαλεπὸν ἐβουλεύcατο. fol. 223ᵃ ὁ δὲ Φίλιππος εἶπεν· δέcποτα βαcιλεῦ, νῦν κόλαζε τὸν πέμψαντά cοι²⁹) τὴν ἐπιστολὴν Παρμένιον³⁰) ἀξίωc· αὐτὸc γὰρ πολλάκιc με πεῖcαι³¹) ἐζήτηcε³²) φαρμάκῳ cε ἀναιρῆcαι³³), ἐφ' οἷc λάβοιμι τὴν ἀδελφὴν Δαρείου τὴν Δαδιφάρταν πρὸc γάμον· καὶ ἀρνηcαμένου μου ἴδε οἵῳ³⁴) χαλεπῷ με παρέθετο παρὰ cοὶ θανάτῳ. καὶ ταῦτα ἐξετάcαc ὁ Ἀλέξανδρος καὶ εὑρὼν ἀναίτιον τὸν Φίλιππον τὸν Παρμένιον διαδέχεται (καὶ κολάζει).

Cap. 9.

Ἐκεῖθεν οὖν παραλαβὼν τὰ cτρατόπεδα αὐτοῦ ὁ Ἀλέξανδρος παραγίνεται εἰc τὴν τῶν Μήδων χώραν. ἠπείγετο¹) δὲ καταλαβεῖν τὴν μεγάλην Ἀρμενίαν· καὶ ταύτην δουλωcάμενος ὤδευcεν ἱκανὰc ἡμέρας εἰc ἀνύδρους τόπους καὶ φαραγγώδεις, καὶ διὰ τῆc Ἀριανῆc παραγίνεται εἰc τὸν Εὐφράτην²) ποταμὸν καὶ τοῦτον γεφυρώcαc ψαλίcι καὶ cιδηραῖc κνήμαιc³) ἐκέλευcε τὰ cτρατόπεδα περᾶcαι. ὡc δὲ εἶδεν αὐτοὺc δειλιῶντας⁴) κελεύει τὰ κτήνη⁵) καὶ τὰ κενὰ (?) καὶ τὰc τροφὰc πάντων πρῶτον διαπερᾶcαι, καὶ τότε τὰ cτρατόπεδα.⁶) οἱ δὲ δειλῶc⁷) εἶχον ὁρῶντεc⁻) τὴν ἐπίρροιαν⁸) τοῦ ποταμοῦ, μήπως λυθῶcιν¹⁰) αἱ ψαλίδες.¹¹) μὴ τολμώντων δὲ αὐτῶν διαπερᾶcαι¹²), λαβὼν μεθ' ἑαυτοῦ¹³) Ἀλέξανδρος τοὺc ὑπερ- fol. 223ᵇ αcπιστὰc πρῶτοc διέβη. διῆλθεν οὖν καὶ ἡ παράταξιc αὐτοῦ πᾶcα. καὶ εὐθέως ἐκέλευcε τὰ ζεύγματα διαλυθῆναι τοῦ ποταμοῦ τοῦ Εὐφράτου· ὁ δὲ cτρατὸc ἅπαc ἐδυcχέραινεν¹⁴) ἐπὶ τούτῳ¹⁵), καὶ πλεῖον¹⁶) ἐδειλίων λέγοντεc ·Ἀλέξανδρε βαcιλεῦ, εἰ γένοιτο ἡμᾶc

---

20) εἴδει   21) κοίλικα   22) ἀπαλάccῃc   23) γεγραμένα   24) ὅμηόν
25) εὑρήcῃc   26) περιέπλακε   27) πρώτερον   28) εἴδεν   29) cε   30)
παρὰ ἀρμένιον   31) πεῖcε   32) ἐξήτηcε   33) ἀναιρεῖcε·   34) οἷο
9. 1) ἐπείγετο   2) ἐφράτην   3) κνήμεcιν·   4) διλιῶντας   5) κτή-
νει·   6) cτρατόπαιδα   7) διλίαc   8) ὁρῶντεc εἶχον   9) ἐπείριαν   10)
λιθῶcιν   11) αἰψαλίδεc·   12) ἀπεράcαι   13) ἑαυτοῦ   14) ἐδυcχέρενεν
15) τοῦτο·   16) πλείων

πολεμοῦντας ἀνατραπῆναι[17]) ὑπὸ τῶν βαρβάρων, πῶς ἔχωμεν τὴν cωτηρίαν ἡμῶν εὑρεῖν τοῦ διαπερᾶcαι; ὁ δὲ Ἀλέξανδρος ἰδὼν τὴν δειλίαν[18]) αὐτῶν καὶ ἀκούcαc τὸν εἰc αὐτοὺc γενόμενον θρύλλον, cυνάξαc ἅπαντα τὰ cτρατεύματα ἀπεφήνατο αὐτοῖc οὕτωc· ἄνδρεc cυcτρατιῶται, καλὰc ἐλπίδαc δίδοτε τῆc νίκηc, τοῦτο ἔχοντεc κατὰ γνώμην ἡττημένοι ὑποcτραφῆναι. διὰ τοῦτο οὖν ἐκέλευcα ἐκκοπῆναι τὴν γέφυραν, ἵνα πολεμοῦντεc νικήcητε καὶ ἡττηθέντεc μὴ φύγητε· οὐ γάρ ἐcτιν ὁ πόλεμοc φευγόντων ἀλλὰ διωκόντων.[19]) ὁμοῦ γὰρ τὴν ἐπάνοδον εἰc Μακεδονίαν ποιήcαντεc νικηφόροι ὑποcτρέψωμεν· ἡ γὰρ cυμβολὴ[20]) τοῦ πολέμου παίγνιον ἡμῖν[21]) ἐcτιν. καὶ οὕτωc ἀποφηναμένου Ἀλεξάνδρου τιμὰc ἐδίδου τοῖc cτρατεύμαcιν καὶ εὐθύμωc τῷ πολέμῳ ἐπέβαινον[22]) καὶ cκηνοποιούμενοι ἐκαθέζοντο.
ful. 224ᵃ   Ὁμοίωc δὲ καὶ τὸ Δαρείου cτρατόπεδον ἐκαθέζετο ἐπάνω τοῦ Τίγριδοc[23]) ποταμοῦ. cυνέβαλον δὲ ἀλλήλοιc εἰc πόλεμον, καὶ ἀμφότερα τὰ τάγματα γενναίωc ἐπολέμουν πρὸc ἀλλήλουc. καί τιc τῶν Περcῶν, ὄπιcθεν Ἀλεξάνδρου ἐλθών, ἀναλαβὼν Μακεδονικὸν ὅπλον καὶ ὡc cύμμαχοc Μακεδόνων γενόμενοc[24]) κατήνεγκε[25]) κατὰ τῆc κεφαλῆc Ἀλεξάνδρου καὶ ἔθραυcε τὴν κορυφὴν Ἀλεξάνδρου. καὶ εὐθέωc δὲ cυλληφθεὶc ὑπὸ τῶν cτρατοπέδων Ἀλεξάνδρου παρίcταται[26]) αὐτῷ δέcμιοc. ὁ δὲ Ἀλέξανδροc νομίcαc αὐτὸν Μακεδόνα εἶναι λέγει αὐτῷ· ὦ γενναῖε[27]), τί cοι ἔδοξε τοῦτο ποιῆcαι; ὁ δὲ εἶπεν αὐτῷ· βαcιλεῦ Ἀλέξανδρε, μὴ πλανήcῃ[28]) cε τὰ Μακεδονικὰ ὅπλα μου· ἐγὼ γὰρ Πέρcηc εἰμί, Δαρείου cατράπηc, καὶ προcελθὼν Δαρείῳ εἶπον αὐτῷ· ἐὰν cοι[29]) κομίcω τὴν κεφαλὴν Ἀλεξάνδρου, τί μοι χαρίζῃ; αὐτὸc δὲ[30]) ἐπηγγείλατό μοι χώραν βαcιλείαc καὶ τὴν θυγατέρα[31]) αὐτοῦ πρὸc γάμον. ἐγὼ οὖν παραγενόμενοc πρὸc cὲ ἀνέλαβον[32]) cχῆμα Μακεδονικόν, (ἵνα μὴ ἀποτύχω· τανῦν δὲ) μὴ ἐπιτυχὼν (τοῦ cκοποῦ, ἵcταμαι δέcμιοc ἐνώπιόν cου). ἀκούcαc δὲ ταῦτα Ἀλέξανδροc, μεταπεμψάμενοc ὅλον τὸ cτρατόπεδον αὐτοῦ, θεωρούντων πάντων, τοῦτον[33])
ful. 224ᵇ ἀπέλυcεν. εἶπε δὲ πρὸc τὸν ἴδιον cτρατόν· ἄνδρεc Μακεδόνεc[34]), τοιούτουc ἔδει τοὺc cτρατιώταc εἶναι τολμηροὺc πρὸc πόλεμον.

CAP. 10.

Λειφθέντεc δὲ οἱ βάρβαροι † τὴν ἐπίχρειαν † τῶν cιτίων, cυcτροφὴν ἐποίουν εἰc τὴν Βακτριανὴν[1]) χώραν· ὁ δὲ Ἀλέξανδροc ἐπέμενεν ἐκεῖ καὶ κατεκράτηcεν ὅλον[2]) τὸν τόπον. ἔτεροc δὲ cατράπηc Δαρείου προcελθὼν Ἀλεξάνδρῳ εἶπεν· ἐγὼ cατράπηc Δαρείου εἰμὶ καὶ μεγάλα αὐτῷ κατώρθωcα[3]) πράγματα ἐν πολέμοιc καὶ οὐκ ηὐχαριcτήθην[4]) παρ' αὐτοῦ· δόc μοι οὖν μυρίουc ἐνόπλουc

---

17) ἀνατραπεῖναι   18) διλείαν   19) διοκόντων·   20) cυμβουλὴ
21) ὑμῖν   22) cυνέβαινον·   23) τίτρηδοc   24) γεναμενοc·   25) κατήνεγγε   26) παρίcτατε   27) γεναῖε·   28) πλανήcει   29) cε   30) γὰρ
31) θυγατέραν   32) ἀννέλαβον·   33) τούτων πάντων   34) μακεδόναιc
10. 1) βακτηριανὴν   2) ὅλην   3) κατόρθωcα   4) εὐχαριcθήτην

cτρατιώτας καὶ δίδομαί⁵) coι τὸν ἐμαυτοῦ⁶) βαcιλέα Δαρεῖον. εἶπε δὲ αὐτῷ Ἀλέξανδρος· πορεύου καὶ βοήθει τῷ cεαυτοῦ βαcιλεῖ Δαρείῳ· οὐ γὰρ πιcτεύcω coι τοὺς ἀλλοτρίους⁷) τῷ·) τοὺς ἰδίους προδιδόντι. ἔγραψαν οὖν οἱ ἐπ᾽ ἐκείνων τῶν⁸) τόπων¹⁰) cατράπαι περὶ Ἀλεξάνδρου οὕτως· Δαρείῳ μεγάλῳ βαcιλεῖ χαίρειν. καὶ πρότερον ἐν cπουδῇ φανεράν coι ἐποιήcαμεν¹¹) τὴν Ἀλεξάνδρου ἐπίβαcιν τὴν γενομένην ἡμῶν ἐν τῷ ἔθνει, καὶ νῦν coι πάλιν φανερὸν-ποιοῦμεν πεφθακέναι (sic) αὐτόν, καὶ πολιορκεῖ τὴν χώραν ἡμῶν καὶ ἀνεῖλεν ἐξ ἡμῶν πλείcτους Πέρcας καὶ ἡμεῖς δὲ αὐτοὶ κινδυνεύομεν τοῦ ἀπολέcθαι. τάχυνον οὖν μετὰ δυνάμεως πολλῆς τοῦ προφθάcαι αὐτὸν καὶ μὴ cυγχωρῆcαι¹²) αὐτῷ ἐπελθεῖν coι· fol. 225ᵃ δυναμικὸν γὰρ καὶ πλεῖcτόν¹³) ἐcτι τὸ Μακεδονικὸν cτράτευμα καὶ κατιcχύει¹⁴) ἡμῶν. ἔρρωcο.¹⁵) λαβὼν ὁ Δαρεῖος καὶ ἀναγνοὺς τὰ γράμματα αὐτῶν πέμπει ἐπιcτολὴν πρὸς Ἀλέξανδρον ἔχουcαν¹⁶) οὕτως· Μαρτυροῦμαί coι .... ἐφ᾽ οἷς με¹⁷) εἰργάcω¹⁸) .... τὴν μητέρα μου εἰς θεοὺς πεπορεῦcθαι¹⁹) ἡγοῦμαι, γυναῖκα δὲ μὴ ἐcχηκέναι, τὰ δὲ τέκνα μου μὴ γεγεννῆcθαι.²⁰) ἐγὼ δὲ οὐ παύcομαι τὴν ὕβριν μου ἐπιζητῶν .... ἐγράφη γάρ μοι, ὅτι δικαίως διετέθης καὶ εὐσεβῶς πρὸς τοὺς ἐμούς. εἰ ἄρα δὲ καὶ δικαίως ἐποίεις, τὰ πρὸς ἐμὲ δίκαια ἔπραξας. ἔξεστι δέ coι τῶν ἐμῶν μὴ φείδεcθαι· κακούχει δὲ αὐτὰς τιμωρίαις²¹), πολεμίων γὰρ τέκνα τυγχάνουσιν. οὔτε γὰρ εὐεργετῶν αὐτὰς ἕξεις²²) με φίλον οὔτε κακοποιῶν αὐτὰς ἐχθρόν. δεξάμενος δὲ Ἀλέξανδρος καὶ ἀναγνοὺς τὰ γράμματα Δαρείου ἐμειδίαcε καὶ ἀντέγραψεν αὐτῷ ταῦτα· Ἀλέξανδρος βαcιλεὺς Δαρείῳ χαίρειν. τὰς κενάς²³) cου ἀπονοίας καὶ φλυάρους καὶ ματαίας ὁμιλίας οἱ θεοὶ ἐμίcηcαν ἕως τέλους. καὶ οὐ δυcωπῇ βλαcφημῶν καὶ κενὰ ὑπονοῶν· οὐ γὰρ φοβούμενός cε τετίμηκα τούς ποτε cούς, οὔτε ἐλπίζων ἐλθεῖν εἰς διαλλαγὴν πρὸς cέ, ἵνα παραγενόμενος²⁴) εὐχαριcτήcῃς²⁵) ἡμῖν. μὴ παραγίνου οὖν πρὸς fol. 225ᵇ ἡμᾶς· οὐ γὰρ ἄξιόν coι τὸ ἐμὸν διάδημα τοῦ cοῦ διαδήματος· οὐ μὴν κωλύcεις²⁶) τὴν πρὸς ἅπαντας μου εὐcέβειαν²⁷)· ἀλλὰ καὶ περιccοτέραν πρὸς τούς ποτε coὺς ἐνδείξομαι ἀγαθὴν γνώμην. ἐcχάτην οὖν coι ἐπιcτολὴν γράφω .... μᾶλλον (?)

Cap. 11.

Καὶ ταῦτα γράψας Δαρείῳ Ἀλέξανδρος ἕτοιμος γέγονε πρὸς πόλεμον καὶ ἔγραψε πᾶcι τοῖς cατράπαις· (Βαcιλεὺς Ἀλέξανδρος cατράπαις) [καὶ] πᾶcι τοῖς ὑποτεταγμένοις αὐτῷ, Φρυγίας, Καππαδοκίας¹), Παφλαγονίας²), Ἀραβίας, καὶ πᾶcι τοῖς ἑτέροις χαίρειν. βούλομαι ὑμᾶς χιτῶνας καταcκευάcαι πλήθους πολλοῦ³), καὶ

---

5) δίδομέ 6) ἐμαυτὸν 7) ἀλλοτρίοις 8) τὸ 9) τὸν 10) τόπον 11) ἐποιήcαμενεν 12) cυγχωρεῖcαι 13) πλεῖcθον 14) κατιcχεῖ 15) ἔρρωcον· 16) ἔχοντα 17) μη 18) ἐργάcω 19) πορεύεcθαι 20) γενῆcθαι· 21) τιμωρίας· 22) ἕξης 23) κενά 24) παραγενόμενον 25) εὐχαριcτήcεις 26) κολύceις 27) εὐcέβαν· 11. 1) καπαδοκίας· 2) παμφλαγονίας· 3) πολοῦ·

στεῖλαι ἡμῖν⁴) ἐν Ἀντιοχείᾳ⁵) τῆς Cυρίας· τὰς δὲ ὁπλοθήκας ἃς
ἐσκευάσατε ἀποστείλατε ἡμῖν· διατεταγμένοι γάρ εἰσιν κάμηλοι
τρισχίλιοι⁶) ἀπὸ τοῦ Εὐφράτου⁷) ποταμοῦ μέχρι Ἀντιοχείας˙) τῆς
πρὸς Cυρίαν (sic), πρὸς τὸ διακονεῖν καθὼς προσετάξαμεν, ἵνα
ἀκαθυστέρητον τὴν ὑπουργίαν εὕρωμεν. ἐν σπουδῇ οὖν παραγί-
νεσθε⁸) εἰς ἡμᾶς.
    Ἔγραψαν δὲ καὶ οἱ σατράπαι Δαρείου οὕτως· Δαρείῳ με-
γάλῳ βασιλεῖ (χαίρειν). εὐλαβῶς ἔχομεν τοιαῦτα γράφειν σοι,
fol. 226ᵃ ἀναγκαζόμεθα δὲ ὑπὸ τῶν πραγμάτων. γίνωσκε, βασιλεῦ, ὅτι ὁ
ἡγούμενος Μακεδόνων Ἀλέξανδρος δύο ἡμῶν τῶν μεγιστάνων
πεφόνευκε ¹⁰), τινὲς δὲ τῶν μεγιστάνων διέβησαν πρὸς Ἀλέξαν-
δρον ¹¹) σὺν ταῖς παλλακίσιν. γνοὺς δὲ Δαρεῖος ταῦτα γράφει τοῖς
ἔγγιστα στρατηγοῖς καὶ τοῖς σατράπαις αὐτοῦ [τοῦ] γενέσθαι ἑτοί-
μους καὶ παρεμβολὴν ¹²) τιθέναι. ἔγραψε δὲ καὶ τοῖς ἔγγιστα αὐτοῦ
βασιλεῦσιν οὕτως· Δαρεῖος βασιλεὺς βασιλέων χαίρειν. ὡς μελ-
λόντων ἡμῶν ἱδρῶτα ἀπομάξασθαι, ἀγωνίσασθαι μέλλομεν πρὸς
ταλαίπωρόν ¹˙) τι ἔθνος Μακεδόνων (καὶ) πολεμεῖν. προσέταξε δὲ
καὶ τῷ Περσικῷ στρατοπέδῳ (ἑτοίμους εἶναι). ἔγραψε δὲ καὶ
Πώρῳ ¹¹) βασιλεῖ τῶν Ἰνδῶν δεόμενος βοηθείας τυχεῖν παρ' αὐτοῦ.

CAP. 12.

Δεξάμενος δὲ Πῶρος¹) βασιλεὺς τὰ γράμματα Δαρείου καὶ
ἀναγνοὺς τὰς συμφορὰς τὰς γινομένας αὐτῷ ἐλυπήθη. καὶ ἀντι-
γράφει²) αὐτῷ οὕτως· Πῶρος¹) βασιλεὺς Ἰνδῶν βασιλεῖ Περσῶν³)
Δαρείῳ χαίρειν. ἀναγνοὺς τὰ γραφόμενα ἡμῖν ὑπὸ σοῦ ἐλυπήθην
σφόδρα καὶ ἀπορῶ⁴) θέλων⁵) σοι συντυχεῖν καὶ βουλεύσασθαι περὶ
τῶν συμφερόντων, κωλυόμενος ὑπὸ τῆς συνεχούσης με σωματικῆς
fol. 226ᵇ νόσου. εὐθύμως οὖν δίαγε, ὡς ἡμῶν συμπαρόντων⁶) σοι⁷), καὶ μὴ
δυναμένων στέγειν˙) τὴν ὕβριν ταύτην. πρὸς ὃ οὖν βούλει γρά-
ψον ἡμῖν· σοὶ γὰρ παράκεινται αἱ ὑπ' ἐμοί⁹) οὖσαι δυνάμεις, καὶ
(εἰ μὴ ἀρκοῦσιν αἱ περικείμεναι δυνάμεις, καὶ) τὰ πορρωτέρω δὲ ¹⁰)
ὄντα ὑπακούσονταί μου ἔθνη. μαθοῦσα δὲ ταῦτα ἡ μήτηρ Δαρείου
διεπέμψατο Δαρείῳ¹¹), κρύφα γράψασα ¹²) αὐτῷ οὕτως· Δαρείῳ
τῷ ἐμῷ τέκνῳ χαίρειν. ἀκούω σε συναθροίζοντα ἔθνη καὶ βουλό-
μενον ἕτερον πόλεμον συνάψαι πρὸς Ἀλέξανδρον· μὴ οὖν τα[ρά-
ξης¹³) τὴν οἰκουμένην, τέκνον· τὸ γὰρ μέλλον ¹⁴) ἄδηλόν ἐστιν.
ἔασον οὖν ἐλπίδας ἐπὶ κρεῖσσον καὶ μὴ ἀποτομίαν ¹⁵) ἀμφιβάλλων
τοῦ ζῆν ¹⁶) στερηθῇς. ἡμεῖς γάρ ἐσμεν ἐν μεγίστῃ τιμῇ παρὰ Ἀλε-
ξάνδρῳ βασιλεῖ, καὶ οὐχ ὡς πολεμίου μητέρα ἔσχε ¹⁷) με, ἀλλ' ἐν

4) ὑμῖν   5) ἀντιοχία   6) τρισχίλλιοι·   7) ἐφρᾶτου   8) ἀντειοχείας
9) παραγίνεσθαι   10)· πεφώνευκε   11) ἀλεξάνδρειαν   12) παραμβολὴν
13) ταλαίπορόν   14) πόρω   12. 1) πόρως   2) ἀντιγράφειν   3)
                                    ρ   μ
περσςῶν   4) ἀπορῶ   5) θέλω   6) συνπαρόντων   7) σε·   8) στέγην
9) ἐμοῦ   10) τε   11) δαρείου·   12) γράψας   13) ταράξεις   14) μέλ-
λων   15) ἀποτομή χρησάμενος (wol glosse zu ἀμφιβάλλων)   16) ζεῖν
17) ἔσχειν

μεγάλη δορυφορία [18]), ὅθεν ἐλπίζω συνθήκας καλὰς ἐλεύcεcθαι.
ἀναγνοὺc δὲ Δαρεῖος ἐδάκρυcεν ἀναμιμνηcκόμενος [19]) τῆc ἑαυτοῦ
cυγγενείαc· ἅμα δὲ ἐταράccετο καὶ ἔνευε [20]) πρὸc πόλεμον.

CAP. 13.

Ὁ δὲ Ἀλέξανδρος ἔχων δύναμιν πολλὴν [1]) παραγίνεται ἐν τῇ
Περcικῇ χώρᾳ. τὰ οὖν τείχη τῆc πόλεωc ὑψηλὰ τυγχάνοντα τοῖc
Μακεδόcι διάδηλα [2]) ἐγένετο. ἐπινοεῖ τι [3]) οὖν ὁ φρενήρης Ἀλέ- fol. 227ᵃ
ξανδρος, καὶ τὰ ἐκεῖ νεμόμενα ποίμνια τῶν νομῶν ἀποcπάcαc [4])
καὶ ἐκ τῶν [5]) δένδρων κλάδουc ἀποcπάcαc ἐπέδηcεν εἰc τὰ νῶτα
αὐτῶν, καὶ ὅπιcθεν τῶν cτρατοπέδων ἐβάδιζον τὰ ποίμνια. cυρό-
μενοι δὲ ἐπὶ τῆc γῆc οἱ κλάδοι ἀπώθουν [6]) τὴν κόνιν [7]), ἣν ἐcά-
λευον, καὶ ἀνήρχετο ὁ κονιορτὸc ἕωc Ὀλύμπου [8]), ὥcτε τοὺc Πέρ-
cαc ἀπὸ τῶν τειχέων [9]) ὁρῶνταc [10]) ὑπονοεῖν πλῆθοc ἄμετρον cτρα-
τοπέδων [11]) τυγχάνειν. [12]) ἐcπέραc δὲ γενομένης ἐκέλευcε δεθῆναι [13])
εἰc τὰ κέρατα τῶν ποιμνίων δᾷδαc [14]) καὶ κηρία καὶ ταῦτα ἀναφθῆ-
ναι καὶ καίειν. [15]) ἦcαν γὰρ πεδινοὶ [16]) οἱ τόποι· καὶ ἦν θεωρού-
μενον ὅλον τὸ πεδίον [17]) ὡc πυρὶ [18]) καιόμενον. καὶ ἐδειλίαcαν οἱ
Πέρcαι. ἦλθον οὖν πληcίον τῆc πόλεωc Περcίδοc ὡc ἀπὸ cημείων
[ἡμερῶν] ε΄, καὶ ἐζήτει Ἀλέξανδρόc τινα [19]) πέμψαι πρὸc Δαρεῖον
μηνύοντα [20]) αὐτῷ, πότε τὴν cυμβολὴν [21]) τοῦ πολέμου ποιήcουcιν.
κοιμᾶται [22]) οὖν Ἀλέξανδρος ἐν τῇ νυκτὶ ἐκείνῃ καὶ ὁρᾷ καθ᾽
ὕπνουc [23]) τὸν Ἄμμωνα ἐν cχήματι Ἑρμοῦ παρεcτῶτα αὐτῷ,
ἔχοντα κηρύκιον [24]) καὶ χλαμύδα καὶ ῥάβδον, καὶ Μακεδονικὸν
πιλίον [25]) ἐπὶ τῆc κεφαλῆς αὐτοῦ, λέγοντα αὐτῷ· τέκνον Ἀλέξαν- fol. 227ᵇ
δρε, ὅτε καιρός ἐcτι βοηθείαc, cυμπάρειμί cοι· cὺ οὖν ἐὰν πέμψης
ἄγγελον πρὸc Δαρεῖον, προδώcει cε· cὺ δὲ αὐτοῦ [26]) ἄγγελος
γενοῦ καὶ πορεύου ἀναλαβὼν τὸ cχῆμα ὅπερ ὁρᾷc με ἔχειν. ὁ δὲ
Ἀλέξανδρος εἶπεν αὐτῷ· ἐπικίνδυνόν με βαcιλέα ὄντα δι᾽ ἑαυτοῦ
ἄγγελον γενέcθαι. λέγει Ἄμμων· ἀλλὰ θεὸν ἔχων βοηθὸν τυγχά-
νοντα, οὐδὲν βλαβερὸν ἐπακολουθήcει [27]) cοι. λαβὼν δὲ ὁ Ἀλέ-
ξανδρος τοῦτον τὸν χρηcμὸν ἀνίcταται χαίρων καὶ μεταδίδωcι [28])
τοῖc cατράπαιc αὐτοῦ. οἱ δὲ cυνεβούλευον αὐτῷ τοῦτο μὴ ποιῆcαι.

CAP. 14.

Παραλαβὼν δὲ μεθ᾽ ἑαυτοῦ Εὔμηλον τοὔνομα cατράπην, ἄραc
μεθ᾽ ἑαυτοῦ τρεῖc ἵππουc εὐθέωc ὥδευcε καὶ παραγίνεται εἰc τὸν
καλούμενον Cτράγγαν [1]) ποταμόν. οὗτος δὲ ὁ ποταμὸc πήγνυται ταῖc

18) δορoφορία· 19) ἀναμνηcκόμενος 20 ἔνεβε 18. 1) πολήν·
2) διάδημα 3) τί 4) cod.: καὶ τῶν ἐκεῖ νεμομένων ποιμνίων τὰc
νομὰc ἀπόcπαcαc· 5) ἐκτῶν 6) ἀπόθουcαν 7) κόνην· 8) ὀλύπου·
9) τειχείων 10) ὁρόνταc 11) cτρατοπαίδων 12) τυγχάνει· 13) δὲ
θῆναι 14) δάδαc 15) κέειν· 16) παιδινοὶ 17) τοπαιδίον 18) πῦρ
19) τινὰc 20) μηνίοντα 21) cυμβουλὴν 22) κοιμάτε 23) ὕπνου
24) κηρίκιον 25) παλλίον 26) αὐτοῦ (vielleicht αὐτόc oder δι᾽ αὐτοῦ
statt δὲ αὐτοῦ) 27) ἐπακολουθήcῃ 28) μεταδίδωcοι 14. 1) cτράγαν
49*

χιόcιν²) ὥϲτε ἐδαφοῦcθαι αὐτὸν καὶ πετρώδη γίνεϲθαι καὶ διαπε-
ρᾶϲθαι ἐπάνω αὐτοῦ τὰ κτήνη καὶ ἁμάξαc· εἶτα μεθ' ἡμέραc λύεται
καὶ γίνεται βαθύρρουc³), ὥϲτε καταϲύρειν τοὺc ληφθένταc ⁴) τῷ
ῥεύματι διαπερῶνταc. εὗρεν οὖν παγέντα τὸν ποταμὸν Ἀλέξαν-
fol. 228ᵃ δροc, καὶ ἀναλαβὼν τὸ cχῆμα ὅπερ εἶδε⁵) δι' ὀνείρου φοροῦντα
τὸν Ἄμμωνα, καθίϲαc εἰc τὸν Βουκέφαλον ἵππον διαπερᾷ μόνοc.
τοῦ δὲ Εὐμήλου παρακαλοῦντοc αὐτὸν cὺν αὐτῷ διαπερᾶcαι, μὴ
γένηται οὕτω τιc⁶) ἀνάγκη⁷) βοηθείαc, Ἀλέξανδροc·) λέγει αὐτῷ·
ὧδε μεῖνον μετὰ τῶν δύο πώλων· ἔχω γὰρ βοηθὸν τὸν χρηcμο-
δοτήcαντά μοι τοῦτο τὸ cχῆμα ἀναλαβεῖν καὶ μόνον με πορευθῆ-
ναι. εἶχε δὲ ὁ ποταμὸc τὸ πλάτοc μέτρον cταδίου ἑνόc. καὶ ἀπο-
βὰc Ἀλέξανδροc ὥδευcε καὶ ἦλθεν ἔγγιcτα τῶν πυλῶν Περcίδοc·
καὶ οἱ ἐκεῖ φρούραρχοι θεαcάμενοι αὐτὸν ἐν τοιούτῳ cχήματι
ὑπενόουν αὐτὸν θεὸν εἶναι [τὸν Ἀλέξανδρον]. καταcχόντεc⁹) δὲ
αὐτὸν ἐπυνθάνοντο ¹⁰) παρ' αὐτοῦ ¹¹) τίc ἂν εἴη. εἶπε δὲ αὐτοῖc
Ἀλέξανδροc· βαcιλεῖ Δαρείῳ παραcτήcατέ με ¹²)· αὐτῷ γὰρ ἀπαγ-
γελῶ τίc [ἂν] εἰμι. ἔξω δ' ἐπὶ λόφων ¹³) ἣν Δαρεῖοc cτρατούc ¹⁴)
ὀρύccων ¹⁵) καὶ φάλαγγαc cυντάccων ὡc ἡρώων ὄντων τῶν Μα-
κεδόνων. (?) cυναθροίcαc δὲ Ἀλέξανδροc τῇ ¹⁶) θεωρίᾳ τῇ ξένῃ
πάνταc, παρ' ὀλίγον δὲ προcεκύνηcεν αὐτὸν Δαρεῖον, θεὸν νομί-
cαc αὐτὸν ἐξ Ὀλύμπου ¹⁷) κατελθόντα, καὶ βαρβάρων cτολαῖc κε-
fol. 228ᵇ κοcμηcθαι. ¹⁸) ὁ δὲ Δαρεῖοc ἐκαθέζετο, διάδημα φορῶν λίθοιc πο-
λυτίμοιc ....¹⁹), ἐcθῆτα δὲ Cηρικὴν²⁰) Βαβυλωνίοιc ὑφάcμαcιν (καὶ)
χρυcονήμαcι (ὑφαcμένην) καὶ πορφύραν βαcιλικὴν χρύcεά²¹) τε
ὑποδήματα ²²) διὰ λίθων κεκοcμημένα ²³) μέχρι τῶν κνημῶν ²⁴)
αὐτοῦ, cκῆπτρα δὲ²⁵) ἑκατέρωθεν, cτίφη²⁶) δὲ μυριάδων ²⁷) πέριξ
αὐτοῦ. ὁ δὲ Δαρεῖοc ἐπυνθάνετο αὐτοῦ τίc [ἂν] ἐτύγχανεν ²⁸),
θεωρήcαc φοροῦντα αὐτὸν cχῆμα ὃ μηδέποτε εἶδεν.²⁹) ὁ δὲ Ἀλέ-
ξανδροc εἶπεν αὐτῷ· ἄγγελόc εἰμι Ἀλεξάνδρου τοῦ βαcιλέωc. καὶ
λέγει αὐτῷ Δαρεῖοc ὁ βαcιλεύc· καὶ τί πάρει πρὸc ἡμᾶc; ὁ δὲ
Ἀλέξανδροc εἶπεν· ἐγώ cοι μηνύω, ὡc παρόντοc Ἀλεξάνδρου,
πότε τὸν πόλεμον cυνάπτειc; γίνωcκε οὖν, βαcιλεῦ Δαρεῖε, ὅτι
βραδύνων εἰc μάχην βαcιλεὺc ἤδη πρόδηλόc ἐcτι τῷ³⁰) ἀντιδίκῳ³¹),
.ἀcθενῆ ἔχων τὴν ψυχὴν εἰc τὸ πολεμεῖν. ὥcτε οὖν μὴ ἀμέλει,
ἀλλὰ ἀνάγγειλόν³²) μοι πότε βούλει cυνάψαι τὸν πόλεμον. ὁ δὲ
Δαρεῖοc ὀργιcθεὶc εἶπε τῷ Ἀλεξάνδρῳ· cοὶ³³) οὖν cυνάπτω τὸν
πόλεμον ἢ Ἀλεξάνδρῳ; οὕτωc γὰρ εἶ θραcυνόμενοc ὡc αὐτὸc
Ἀλέξανδροc τυγχάνων, καὶ τολμηρῶc ³⁴) ἀποκρίνῃ ³⁵) .ὡc ἐμοῦ

2) χίωcιν   3) βαθύρουc   4) λειφθένταc   5) ἴδε   6) τῆc   7) ἀνάγκηc
8) ἀλλἘανδροc   9) καταcχῶντα   10) ἐπυνθάνετο   11) αὐτῶν   12)
μοι   13) λόφον (λόφῳ?)   14) cτράταc   15) ὁ ῥύccων   16) mscr. so:
τῇ θεωρίᾳ τῇ ξενη· πάντac παρ' ὀλίγον δὲ· προcεκύνηcεν αὐτῷ δά-
ρειοc· θεὸν κτλ.   17) ολύπου   18) κεκοcμεῖcθε   19) in der hs. keine
lücke.   20) cυρικὴν   21) χρυcέοιc   22) ὑποδήμαcι   23) κειμένων   24)
τοῖc κνήμεcιν   25) δ.. (radiert in der hs.)   26) cτήφη   27) μυριάδεc
28) ἐτύχανεν·   29) ἴδεν·   30) τῶν   31) ἀντιδίκων·   32) ἀνάγγελόν
33) cὺ   34) τολμηρὸc   35) ἀποκρίνειν

ἕταιροc ³⁶) τυγχάνων. ἐπὶ οὖν τῷ cυνήθει δείπνῳ ἐλεύcομαι καὶ cυνδειπνήcειc μοι, διότι καὶ αὐτὸc Ἀλέξανδροc δεῖπνον ἐποίηcε fol. 229ᵃ τοῖc ἐμοῖc γραμματηφόροιc. ³⁷) καὶ οὕτωc εἰπὼν Δαρεῖοc, κρατή-cαc ἐκ τῆc χειρὸc Ἀλέξανδρον, ἦλθεν ἔνδον τοῦ παλατίου αὐτοῦ. καὶ τοῦτο δὲ cημεῖον ἀγαθὸν ἔcχεν Ἀλέξανδροc χειραγωγηθεὶc ὑπὸ τοῦ τυράννου. καὶ εἰcελθὼν ἔνδον τοῦ παλατίου αὐτοῦ εὐ-θέωc ἀνεκλήθη πρῶτοc Ἀλέξανδροc εἰc τὸν δεῖπνον Δαρείου. .

CAP. 15.

Οἱ δὲ Πέρcαι ἀπέβλεπον θαυμάζοντεc τὸν Ἀλέξανδρον, ἐπὶ τῇ τοῦ cώματοc cμικρότητι, ἀλλ' ἠγνόουν ¹) ὅτι ἐν μικρῷ ἀγγείῳ τύχηc οὐρανίου ἦν δόξα. ²) τῶν ³) δὲ πινόντων ⁴) πυκνοτέρωc⁵) ἐν τοῖc cκύφοιc, Ἀλέξανδροc ἐπίνοιαν⁶) τοιαύτην ἐποίηcεν· ὅcουc cκύφουc ἔλαβεν, ἔcωθεν τοῦ κόλπου ἔβαλεν. οἱ δ' ἐμβλέποντεc⁷) αὐτῷ εἶπον τῷ Δαρείῳ. ἀναcτὰc δὲ ὁ Δαρεῖοc εἶπεν· ὦ γενναῖε, πρὸc τί ταῦτα ἐγκολπίζει κατακείμενοc ἐπὶ δείπνου; νοήcαc δὲ Ἀλέξανδροc ἀπὸ τοῦ cχήματοc⁸) τῆc ψυχῆc εἶπεν· μέγιcτε βαcι-λεῦ, οὕτωc ὁ Ἀλέξανδροc ὅταν δεῖπνον ποιῇ τοῖc ταξιάρχαιc καὶ ὑπεραcπιcταῖc αὐτοῦ τὰ κύπελλα⁹) δωρεῖται· ὑπενόουν⁹) (οὖν) καὶ cὲ τοιοῦτον εἶναι, ὁποῖοc ἐκεῖνόc ἐcτι, καὶ ἡγηcάμην πιθανό-τητι ¹⁰) τοῦτο ποιεῖν. τὸν λόγον οὖν Ἀλεξάνδρου οἱ Πέρcαι ἐκ- fol. 229ʰ πλαγέντεc ἐθαύμαζον· πλαcτὸc ¹¹) γὰρ ἀεὶ μῦθοc ἐὰν ἔχῃ ¹²) πίcτιν ἐν ἐκcτάcει ποιεῖ¹³) τοὺc ἀκούονταc. πολλῆc οὖν cιγῆc γενομένηc ἀνεγνώριcε¹⁴) τὸν Ἀλέξανδρον Παραγάγηc τοὔνομα ὁ γενόμενοc ἡγεμὼν ἐν τῇ Περcίδι· ᾔδει¹⁵) γὰρ ἀληθῶc τὸν Ἀλέξανδρον κατὰ πρόcωπον. ἡνίκα γὰρ τὸ πρῶτον ἦλθεν εἰc τὴν Πέλλην ¹⁶) τῆc Μακεδονίαc ὑπὸ Δαρείου πεμφθεὶc πρέcβυc ¹⁷) τοὺc φόρουc ἀπαι-τῶν¹⁸) καὶ ἐκωλύθη ¹⁹) ὑπὸ Ἀλεξάνδρου, τούτων ἐπεγίγνωcκεν. καὶ κατανοήcαc ἐπιεικῶc τὸν Ἀλέξανδρον²⁰) εἶπεν ἐν ἑαυτῷ· οὗ-τόc ἐcτιν ὁ Φιλίππου παῖc, εἰ καὶ τοὺc τύπουc αὐτὸc ἤλλαξε· πολλοὶ γὰρ ἄνθρωποι τῇ φωνῇ γινώcκονται, κἂν ἐν cκοτίᾳ ²¹) δια-βαίνωcιν. ²²) οὗτοc οὖν πληροφορηθεὶc ὑπὸ τῆc ἰδίαc cυνειδήcεωc, ὅτι αὐτόc ἐcτιν ὁ Ἀλέξανδροc, προcανακλιθεὶc ²³) τῷ Δαρείῳ ²⁴) εἶπεν αὐτῷ· μέγιcτε βαcιλεῦ Δαρεῖε καὶ δυνάcτα πάcηc χώραc, οὗτοc ὁ πρέcβυc²⁵) Ἀλεξάνδρου αὐτόc ἐcτιν Ἀλέξανδροc ὁ Μακε-δόνων βαcιλεύc, ὁ πάλαι Φιλίππου γεγονὼc ἀριcτεύων. ὁ δὲ Δαρεῖοc καὶ οἱ cυνέcτιοι ²⁶) αὐτοῦ ἦcαν οἰνούμενοι ²⁷) cφόδρα. ὁ οὖν Ἀλέξανδροc ἀκούcαc τὸν λόγον Παραγάγου τὸν ῥηθέντα fol. 230ᵃ

---

36) ἕτεροc   37) γραμματιφόροιc·   15. 1) ἐγνώουν   2) δόξηc
3) τὸν   4) πεινόντων   5) πυκροτέρωc   6) ἐποίνιαν   7) δὲ βλέ ποντεc
*) wol cine lücke anzunehmen   8) κύπελα   9) ὑπεννόουν   10) πει-θανότητι   11) παc τί (πᾶc τιc)   12) ἔχει   13) ποιεῖν   14) ἀνιcτόριcε
15) εἶδη   16) πέλην   17) πρέcβευc   18) ἀπετὺν·   19) ἐκολλήθη   20)
τὺ Ἀλεξάνδρω   21) cκοτεία   22) διαβαίνων·   23) προcανακληθεὶc
24) δαρίω   25) πρέcβειc   26) cυνεcθίωτεc (cυνεcθίοντεc αὐτῷ?)   27)
ὁ'νόμενοι (οἰνωμένοι?)

ὑπ᾽ αὐτοῦ τῷ Δαρείῳ ἐπὶ τοῦ δείπνου, cυννοήcαc [28]) γνωcτὸν [29])
ἑαυτὸν [30]) γενέcθαι, πλανήcαc [31]) πάντας ἥλατο [32]), ἔχων ἐν τοῖc
κόλποιc αὐτοῦ τοὺc χρυcοῦc cκύφουc, καὶ ἐξῆλθεν λαθραίωc ἐγ-
καθίcαc [33]) τῷ πώλῳ αὐτοῦ ὥcτε φυγεῖν τὸν κίνδυνον. καὶ εὑρὼν
πρὸc τῷ πυλῶνι Πέρcην [34]) φύλακα ἀνεῖλεν αὐτὸν καὶ ἐξῆλθεν
τὴν Περcικὴν πόλιν. [35]) ὁ δὲ Δαρεῖοc διαγνοὺc ἐξέπεμψε Πέρcαc
ἐνόπλουc τὸν Ἀλέξανδρον καταλαβεῖν. ὁ δὲ Ἀλέξανδροc ἐπρο-
θυμοποίει τὸν πῶλον, διευθύνων [36]) αὐτῷ [37]) τὴν ὁδόν· ἦν γὰρ νὺξ
βαθεῖα καὶ cκότοc κατ᾽ Ὀλύμπου. πλεῖcτοι δὲ τοῦτον κατεδίωκον
καὶ οὐ κατέλαβον αὐτόν· οἱ μὲν γὰρ εἶχον τὴν ὁδευτικὴν γῆν, οἱ
δὲ ὑπὸ [38]) cκότουc cυνέπιπτον εἰc τοὺc κρημνούc [39])· ὁ δὲ Ἀλέξαν-
δροc ἦν ὥcπερ ἀcτὴρ ἐξ οὐρανοῦ φαιδρὸc ἀνιὼν μόνοc. καὶ εἰc
οὐδὲν φεύγων ἡγεῖτο τοὺc Πέρcαc. Δαρεῖοc δὲ cυνεφοράζετο
ἐπὶ τοῦ κλιντῆροc αὐτοῦ καθεζόμενοc. πρὸc τούτοιc δὲ † ἐθαυμά-
ζετο· τί ἂν ἢ cήμερον † (ἐθεάcατό τι cημεῖον?) εἰκὼν γὰρ Ξέρξου
τοῦ βαcιλέωc ἐξαίφνηc [40]) ἐκ τοῦ ὀρόφου ἐξέπεcεν, ἦν πάνυ ἠγάπα
Δαρεῖοc, ὅτι ἦν εὐπρεπεcτάτη τῇ γραφῇ. ὁ δὲ Ἀλέξανδροc δια-
fol. 230ᵇ cωθεὶc τῇ νυκτὶ ἐκείνῃ φεύγων ἦλθεν ἔωθεν ἐπὶ τὸν Cτράγγαν
ποταμόν· καὶ ἅμα τῷ διαπερᾶcαι αὐτόν [41]), ἐπὶ τὴν ὄχθην [42]) ἐλ-
θόντοc τοῦ πώλου καὶ τοὺc ἐμπροcθίουc πόδαc θέντοc ἐπὶ τῆc
γῆc, ὁ ποταμὸc διελύθη ὑπὸ τῆc τοῦ ἡλίου ἀκτῖνοc, καὶ ὁ μὲν
πῶλοc ἐφέρετο ὑπὸ [43]) τοῦ ὕδατοc ἁρπαγείc, τὸν δὲ Ἀλέξανδρον
ἔρριψεν ἐπὶ τὴν γῆν. οἱ δὲ Πέρcαι διώκοντεc τὸν Ἀλέξανδρον
ἦλθον ἐπὶ τὸν ποταμὸν ἤδη διαπεράcαντοc τοῦ Ἀλεξάνδρου· αὐ-
τοὶ δὲ μὴ δυνηθέντεc διαπερᾶcαι ὑπέcτρεψαν· ὁ γὰρ ποταμὸc ἦν
ἀπέρατοc πᾶcιν ἀνθρώποιc. οἱ οὖν Πέρcαι cτραφέντεc τῷ Δα-
ρείῳ βαcιλεῖ ἀπήγγειλαν [44]) τὸ εὐτύχημα Ἀλεξάνδρου· ὁ δὲ Δα-
ρεῖοc καταπληττόμενοc τῷ παραδόξῳ cημείῳ ἐλυπήθη πάνυ. ὁ δὲ
Ἀλέξανδροc πεζεύcαc ἀπὸ τοῦ ποταμοῦ εὗρε τὸν Εὔμηλον καθε-
ζόμενον μεθ᾽ ὧν κατέλειπε δύο πώλων, καὶ ἀφηγήcατο [45]) αὐτῷ [46])
πάντα τὰ πραχθέντα.

Cap. 16.

Ἐλθὼν δὲ εἰc τὴν παρεμβολὴν τῶν cτρατευμάτων εὐθέωc
ἐκέλευcε τὰc φάλαγγαc τῶν Ἑλλήνων ἐξ ὀνόματοc καθοπλιcθῆ-
ναι [1]) καὶ ἑτοίμωc παραcτῆναι Δαρείῳ. αὐτὸc δὲ ἐν μέcῳ αὐτῶν [2])
fol. 231ᵃ ἔcτηκεν παραθαρρύνων αὐτούc, καὶ cυναθροίcαc πάντα τὰ cτρα-
τεύματα εὗρε τὸν ἀριθμὸν χιλιάδαc [3]) ἑκατὸν εἴκοcι. καὶ cτὰc ἐφ᾽
ὑψηλοῦ τόπου τινὸc παραινεῖ αὐτοῖc λέγων· ἄνδρεc cυcτρατιῶται,
εἰ καὶ βραχὺc ὁ ἀριθμὸc ἡμῶν, ἀλλὰ φρόνηcιc μεγάλη παρ᾽ ἡμῖν

---

28) cυνοήcαc   29) γνωcθὸν   30) ἑαυτῶ   31) πλανίcαc   32) εἵλατο
33) λαθραίωc· καὶ καθίcαc   34) πέρcον   35) πόλην·   36) διευθύνον
37) αὐτοῦ   38) ἐπὶ   39) κρυμνοῦc·   40) ἐξέφνηc   41) ἅμα αὐτὸν
δι᾽πέραcεν   42) ὄχθαν   43) ἐπὶ   44) ἀπείγγειλαν   45) ἀφηγείcατο
46) αὐτοῦ   16. 1) καθοπληcθῆναι   2) αὐτὸν   3) χιλιάδεc

καὶ θάρcoc καὶ δύναμιc ὑπὲρ ⁴) τοὺc Πέρcαc τοὺc ἐναντίουc ἡμῶν. μηδεὶc οὖν ὑμῶν ἀcθενέcτερόν τι λογίcηται⁵) θεωρῶν τὸ πλῆθοc τῶν βαρβάρων· εἰc γάρ τιc ἐξ ὑμῶν χεῖρα γυμνώcαc τῶν ἀντιμάχων χιλίουc ⁶) ἀναιρήcει. μηδεὶc (οὖν) ὑμῶν δειλιάcῃ⁷)· πολλαὶ γάρ εἰcιν μυριάδεc μυιῶν⁸) λειμῶνα θλίβουcαι· ὁπόταν δὲ ταύταιc βομβῶcι cφῆκεc⁹), coβοῦcιν αὐτὰc ταῖc πτέρυξι· oὕτωc καὶ τὸ πλῆθοc οὐδέν ἐcτι πρὸc cύνεcιν· cφηκῶν ¹⁰) γὰρ ὄντων οὐδέν εἰcιν αἱ μυῖαι. ¹¹) καὶ οὕτωc εἰπὼν Ἀλέξανδρος ἐθάρcυνεν τὰ cτρατεύματα αὐτοῦ· τὰ¹²) δὲ cτρατεύματα ἠνδραγάθουν καὶ εὐφήμουν τὸν Ἀλέξανδρον. ὁδεύcαc οὖν ἔρχεται ἐπὶ τὰ μέρη τοῦ¹³) Cτράγγα ποταμοῦ, τουτέcτιν ἐπὶ τὰ νῶτα αὐτοῦ. ὁ δὲ Δαρεῖοc ἀναλαβὼν τὴν δύναμιν αὐτοῦ ἔρχεται καὶ αὐτὸc ἐπὶ τὸν Cτράγγαν· καὶ ἰδὼν ὀλιγοcτὸν αὐτὸν καὶ παγέντα περάcαc διώδευcε καὶ ἐφέρετο διὰ μέcηc¹⁴) τῆc ἐρήμου, βουλόμενοc πρῶ- fol. 231ᵇ τοc ὑπειcελθεῖν τοῖc cτρατεύμαcιν Ἀλεξάνδρου, ὅπωc εὕρωcιν αὐτοὺc ἀπαραcκεύουc, καὶ τούτουc τροπώcηται. κήρυκεc δὲ εἰc μέcον ἐλθόντεc ἐκήρυξαν καλοῦντεc εἰc μάχην τοὺc ἀριcτέαc. ὁ δὲ πᾶc cτρατὸc Δαρείου ἐθωρακίcαντο¹⁵) πανοπλίᾳ. ¹⁶) ὁ δὲ Δαρεῖοc ἦν ἐφ᾽ ἅρματοc ὑψηλοῦ, καὶ οἱ cατράπαι αὐτοῦ ἐπὶ δρεπανηφόρων ἁρμάτων ἐκαθέζοντο, ἄλλοι δὲ ἐκόμιζον ὅπλα πανουργικὰ καὶ δόρατα μηχανικά. τῶν δὲ cτρατοπέδων ¹⁷) τῶν Μακεδονικῶν ἡγεῖτο Ἀλέξανδροc καθεζόμενοc ἐπὶ τὸν Βουκέφαλον ἵππον· προcεγγίcαι δὲ τούτῳ¹⁸) τῷ ἵππῳ οὐδεὶc ἐδύνατο. ὡc δὲ ἑκάτερον μέροc ἔκλαγξε¹⁹) πολεμικὸν μέλοc, οἱ μὲν λίθουc ἔβαλλον²⁰), οἱ δὲ τόξα ἔπεμπον ὡc ὄμβρον ἀπὸ οὐρανοῦ φερόμενον, οἱ δὲ † ζύγεναc † ἔβαλλον²¹), ἕτεροι δὲ βολίδαc²¹) ἐcφενδόνιζον, ὥcτε ἐπικαλύπτειν τὸ τῆc ἡμέραc φέγγοc. πολλὴ²²) δὲ cύγχυcιc ἦν²³) τυπτόντων καὶ τυπτομένων· πολλοὶ μὲν βέλει τρωθέντεc ἔθνηcκον, ἄλλοι δὲ ἡμιcφαγεῖc ἔκειντο· γνοφερὸc δὲ ἦν ὁ ἀὴρ καὶ αἱματώδηc. πολλῶν δὲ Περcῶν ὀλεθρίωc²⁴) τελευτηcάντων, ὁ δὲ fol. 232ᵃ Δαρεῖοc φοβηθεὶc ὑπέcτρεψε τὰc ἡνίαc τῶν ἁρμάτων τῶν δρεπανηφόρων καὶ τροχιζόντων τοὺc ἑαυτοῦ ὄχλουc καὶ θερίζοντων· αὐτὸc (γὰρ) Δαρεῖοc ἐθέριζε τοὺc πολλούς²⁵) ὄχλουc τῶν Περcῶν, ὡc ἐπ᾽ ἀρούραc²⁶) cτάχυαc ἀγρῶται κείροντεc. καὶ ἐλθὼν Δαρεῖοc ἐπὶ τὸν Cτράγγαν ποταμὸν φεύγων αὐτὸc μὲν [oὖν] καὶ οἱ cὺν αὐτῷ διεπέραcαν, εὑρόντεc παγέντα τὸν ποταμόν, τὰ δὲ πλήθη τῶν Περcῶν καὶ βαρβάρων βουληθέντα διαπερᾶcαι τὸν ποταμὸν καὶ φυγεῖν, εἰcῆλθον πρὸc αὐτὸν ἅπαντα τὰ πλήθη καὶ ἐλύθη καὶ ἥρπαcε πάνταc ὅcουc εὗρε. οἱ δὲ λοιποὶ Πέρcαι ὑπὸ τῶν Μακεδόνων ἀναιροῦνται. ²⁷) ὁ δὲ Δαρεῖοc φυγὰc γενόμενοc ἦλθεν εἰc

---

4) ὑπὸ 5) λογήcηται· 6) χιλίαc 7) δειλιάcει· 8) μυων 9) cφῖκεc· 10) cφικῶν 11) μυῖαιc· 12) die worte τὰ δὲ cτρ. von jüngerer τὰ μέρη hand am rande. 13) τοῦ (sic) 14) μέcου 15) ἐθορακίcαντο 16) ἐνοπλία· 17) cτρατοπαίδων 18) τοῦτο 19) ἔκραξε 20) ἔβαλον· 21) μολίβδαc (μολίβδουc oder μολιβδίδαc) 22) πολλοὶ 23) ἤν 24) ὀλεθροίωc 25) πολούc 26) αρούρηc 27) ἀναιροῦντο·

τὸ ἑαυτοῦ παλάτιον καὶ ῥίψας ἑαυτὸν εἰς τὸ ἔδαφος ἀνοιμώξας²⁸)
cὺν δάκρυcιν ἐθρήνει ἑαυτόν, ἀπολέcας τοcοῦτον πλῆθος cτρατιω-
τῶν καὶ τὴν Περcίδα ὅλην ἐρημώcας. cυμφοραῖc δὲ τοιαύταιc
cυνεχόμενος²⁹) ἐθρήνει ἑαυτῷ λέγων · ὁ τηλικοῦτος βαcιλεὺς Δα-
fol. 232ᵇ ρεῖος, ὁ τοcαῦτα ἔθνη ὑποτάξας καὶ πάcας τὰς πόλεις δουλωcά-
μενος, ὁ θεῶν cύνθρονος γενόμενος³⁰) καὶ τῷ ἡλίῳ cυνανατείλας
νῦν φυγὰς ἐγενόμην ἔρημος. ἀληθῶς τὸ μέλλον οὐδεὶς ἀcφαλῶς
βουλεύεται · ἡ³¹) γὰρ τύχη³²) εἰ³³) βραχείαν λάβη³⁴) ῥοπὴν τοὺς
ταπεινοὺς ὑπεράνω τῶν νεφελῶν ἀναβιβάζει καὶ τοὺς ἀπὸ ὕψους
εἰς ἍΙδου κατάγει.³⁵) ἔκειτο οὖν Δαρεῖος ἔρημος ἀνθρώπων, ὁ
τοcούτων ἐθνῶν βαcιλεὺς γενόμενος.

CAP. 17.

Ὀλίγον οὖν διανήψας καὶ διαναcτὰς καὶ εἰς ἑαυτὸν γενόμενος
ἐτύπωcεν ἐπιcτολὴν καὶ πέμπει εἰς Ἀλέξανδρον περιέχουcαν
οὕτως · Δαρεῖος Ἀλεξάνδρῳ τῷ ἐμῷ δεcπότῃ χαίρειν. ὁ τὸ φῶς
μοι δεῖξας ὑπερφρονήcας μέγαν ἔρωτα ἔcχεν εἰς τὴν Ἑλλάδα
cτρατεύcαcθαι, ἄπληcτος ¹) χρυcίου γενόμενος καὶ τῆς ἄλλης
εὐδαιμονίας τῆς ὑπαρχούcης ²) ἡμῖν ἐκ πατέρων. ἀπέθανεν³) οὖν
πολὺ χρυcίον καὶ πολὺ⁴) ἀργύριον καὶ πολλὰς⁵) cκηνὰς⁶) ἀπολέ-
cας ὑπὲρ Κροῖcον τὸν Λύδιον πλουτήcας, καὶ τὸν ἐνεcτῶτα θάνα-
τον οὐκ ἐξέφυγεν.⁷) τοίνυν⁸), Ἀλέξανδρε; cὺ οὖν κατανοήcας⁹)
τύχην ¹⁰) καὶ νέμεcιν¹¹) τὸ μέγα φρονεῖν ὑπεcτήcω(?). οἴκτειρον
οὖν ἡμᾶς πρὸς cὲ καταφεύγοντας. πρὸς Διὸς¹²) καὶ τῆς ἄλλης¹³)
ὑπαρχούcης¹¹) ἡμῖν εὐγενείας ἀπὸ Περcῶν [καὶ] ἀπόδος¹⁵) μοι τὴν
fol. 233ᵃ γυναῖκά μου καὶ τὴν μητέρα καὶ τὰ τέκνα, μνηcθεὶς τῶν πατρῴων
ἐλπίδων. καὶ ἀντὶ τούτων ὑπιcχνοῦμαί¹⁶) cοι¹⁷) διδόναι τοὺς θη-
caυροὺς τοὺς¹⁸) ἐν Μηδίᾳ¹⁹) (?) τῇ χώρᾳ, καὶ ἐν Σούcοιc²⁰) καὶ ἐν
Βάκτροις²¹), οὓς οἱ πατέρες ἡμῶν παρέθεντο²²) τῇ γῇ· ὑπιcχνοῦ-
μαι²³) δέ cοι καὶ τὴν Περcῶν καὶ Μήδων καὶ τῶν²⁴) ἄλλων ἐθνῶν
χώρας κυριεύειν πάντα τὸν χρόνον. ἔρρωcο. ²⁵)

Ταύτης δὲ τῆς ἐπιcτολῆς γνοὺς Ἀλέξανδρος τὴν δύναμιν cυν-
ήθροιcε πᾶν τὸ cτρατόπεδον αὐτοῦ καὶ μεγιcτᾶνας καὶ ἐκέλευcεν
ὑπαναγνωcθῆναι αὐτοῖς τὰ γράμματα τὰ Δαρείου. ταύτης δὲ τῆς
ἐπιcτολῆς ὑπαναγνωcθείcης²⁶) εἶπεν εἰς τῶν cτρατηγῶν Παρμέ-
νιος ὀνόματι · ἐγὼ βαcιλεῦ Ἀλέξανδρε, ἐλάμβανον (ἂν) τὰ χρήματα
καὶ τὴν χώραν τὴν δεδομένην cοι, καὶ ἀπέδωκα Δαρείῳ τὴν μη-
τέρα καὶ τὰ τέκνα καὶ τὴν γυναῖκα αὐτοῦ κοιμηθεὶς μετ' αὐτῶν.

---

28) ἀνιμώξας   29) διερχόμενος (vielleicht cυνεχόμενος καὶ αὐτὰς
διερχ.)   30) γενάμενος   31) εἰ   32) τύχει   33) ἡ   34) λάβει   35) κατά-
γων·   17. 1) ἄπληστος   2) ἐπαρχούcηc   3) ἀπέθανον   4) πολὺν
5) πολὰς   6) κηνὰς   7) ἐξέφυγον·   8) τί οὖν   9) κατανοήcω   10)
τύχει   11) νεμέcει·   12) δὲ εἰς   13) ἄληc (ὅληc?)   14) ἐπαρχούcηc
15) ἀπόδωc   16) ὑπειcχνοῦμε   17) cου   18) τῶν   19) μυcιάδι (im
armen. miſa)   20) cιcοῖc   21) βάτρειc   22) παρέθετο   23) ὑπειcχνοῦμαι
24) κοίτων   25) ἔρρωcον·   26) ὑπαναγνωcθήcειc

μειδιάcαc δὲ 'Αλέξανδροc εἶπε πρὸc αὐτόν· ἐγὼ μέν, Παρμένιε,
πάντα λομβάνω παρ' αὐτοῦ· ἐθαύμαcα²⁷) δὲ ὅτι Δαρεῖοc διὰ χρη-
μάτων (τῶν ἐμῶν) ἀξιοῖ λυτρώcαcθαι τοὺc ἰδίουc, πολλῷ μᾶλλον
δὲ (ὅτι) καὶ τὴν χώραν τὴν ἐμὴν ὑπιcχνεῖταί²⁸) μοι ἀποδοῦναι.
ἀγνοεῖ δὲ τοῦτο Δαρεῖοc, ὅτι εἰ μὴ νικήcει·²⁹) με μαχόμενοc, ταῦτα fol. 233 ᵇ
πάντα ἐμά εἰcι μετὰ³⁰) τῶν ἰδίων αὐτοῦ· πλὴν αἰcχρόν ἐcτι καὶ
λίαν αἰcχρόν, ἄνδραc τὸν ἄνδρα ἀνδρείωc νικήcαντα ὑπὸ γυναι-
κῶν ἀθλίωc ἡττηθῆναι. ἡμεῖc οὖν πρὸc ἐκεῖνον.τὴν μάχην ὀτρύ-
νωμεν³¹) περὶ τῶν ἡμετέρων· ἐγὼ γὰρ τὸ cύνολον εἰc τὴν 'Αcίαν
οὐκ ἂν ἦλθον, εἰ μὴ ὑπελάμβανον αὐτὴν³²) ἐμὴν εἶναι. εἰ δὲ πρό-
τεροc³³) αὐτῆc ἐκεῖνοc ἦρχεν, τοῦτο κερδαινέτω³⁴), διότι χώραν
ἔχων ἀλλοτρίαν τοcοῦτον χρόνον οὐδὲν ἔπαθε κακόν. καὶ ταῦτα
εἰπὼν 'Αλέξανδροc τοῖc πρεcβευταῖc Δαρείου ἐκέλευcεν αὐτοὺc
ἀπελθόνταc ταῦτα Δαρείῳ ἀπαγγεῖλαι, γράμματα αὐτοῖc μὴ δούc.
ἐκέλευcεν οὖν 'Αλέξανδροc τοὺc τραυματιcθένταc ἐν τῷ πολέμῳ
cτρατιώταc θεραπεύεcθαι πάcῃ ἐπιμελείᾳ, τοὺc δὲ τελευτήcανταc
κηδείαc³⁵) τυγχάνονταc³⁶) θάπτεcθαι. μείναc (οὖν) ἐκεῖ τὸν χει-
μῶνα προcέταξεν ἐμπυρίζεcθαι τὰ Ξέρξου βαcίλεια ὄντα κάλλιcτα
κατὰ τὴν χώραν ἐκείνην· μικρὸν δὲ πάλιν μετανοήcαc³⁷) παύcα-
cθαι αὐτοὺc ἐκέλευcεν.

Cap. 18.

'Εθεάcατο δὲ καὶ τοὺc Περcῶν τάφουc χρυcῷ πολλῷ κεκο-
cμημένουc· εἶδε¹) δὲ καὶ τὸν Ναβονacάρου τάφον, τοῦ κεκλημένου
Ναβουχοδονόcωρ 'Ελλαδικῇ φωνῇ, καὶ τὰ ἀναθήματα τῶν 'Ιου- fol. 234 ᵃ
δαίων ἐκεῖ κείμενα καὶ τοὺc κρατῆραc τοὺc χρυcοῦc ὡc ἡρώων
εἶναι τὴν θέαν. παραπλήcιον ἐθεάcατο καὶ τὸν Κύρου τάφον· ἦν
δὲ πύργοc αἴθριοc δωδεκάcτεγοc· ἐν δὲ τῇ ἄνω cτέγῃ ἔκειτο (αὐ-
τὸc) ἐν χρυcῇ πυέλῃ, καὶ ὕελοc περιεκέχυτο²), ὥcτε τὸ τρίχωμα³)
αὐτοῦ φαίνεcθαι, καὶ αὐτὸν¹) δὲ ὅλον διὰ τοῦ ὑέλου.

'Ενταῦθα δὲ ἦcαν 'Ελληνεc εἰc τὸν τάφον Ξέρξου λελωβη-
μένοι⁵), οἱ μὲν πόδαc, οἱ δὲ ῥῖναc, ἕτεροι δὲ τὰ ὦτα αὐτῶν, δεδε-
μένοι πέδαιc⁶) καὶ ἡλωθέντεc⁷), ἄνδρεc 'Αθηναῖοι, (οἳ) ἐξεβόηcαν
τῷ 'Αλεξάνδρῳ ὥcτε cῶcαι αὐτούc. ὁ δὲ 'Αλέξανδροc ἰδὼν αὐτοὺc
ἐδάκρυcεν· ἦν γὰρ ἡ θεωρία αὐτῶν δεινή. βαρέωc οὖν ἤνεγκεν
περὶ τοῦτο καὶ προcέταξε λυθῆναι⁸) αὐτοὺc καὶ διδόναι αὐτοῖc⁹)
δίδραχμα¹⁰) χίλια¹¹) καὶ ἀποκαταcτῆcαι αὐτοὺc εἰc τὴν ἰδίαν¹²) ἑκά-
cτῳ πατρίδα. οἱ δὲ λαβόντεc τὸ ἀργύριον ἠξίωcαν 'Αλέξανδρον
χώραν αὐτοῖc ἀπομεριcθῆναι¹³) (ἐν) τοῖc τόποιc ἐκείνοιc, εἰc δὲ
τὰc πατρίδαc αὐτῶν μὴ ἐκπεμφθῆναι· οὕτωc διακειμένουc¹⁴) ὄνειδοc
εἶναι τοῖc οἰκείοιc. καὶ ἐκέλευcεν ἀπομεριcθῆναι¹³) αὐτοῖc γῆν καὶ

---

27) ἐθαύμαcε 28) ὑπειcχνεῖται 29) νικήcῃ 30) cὺν 31) ὀτρύ-
νομεν 32) ἑαυτὴν 33) πρώτεροc 34) κερδενέτω· 35) κηδίαc 36)
τυγχάνοντα 37) μεταποιήcαc 18. 1) ἴδε 2) περὶ ἐκέχειτο· 3)
τοίχωμα 4) αὐτὸ 5) λελοβημενοι· 6) παῖδεc· 7) ἡλωθέντοc· 8)
λυθῦναι 9) αὐτοὺc 10) διόργμα τὰ (διδράχματα?) 11) χίλλια 12)
ἰδείαν 13) ἀπόμερηcθῆναι 14) διακοιμένουc

cîτον καὶ cπέρματα δοθῆναι αὐτοῖc καὶ βόαc ἑκάcτψ ἓξ καὶ πρό-
βατα καὶ πάντα ὅcα χρήcιμα [15]) εἰc γεωργίαν καὶ ἕτερον χρῆμα.

Cap. 19.

   Ὁ δὲ Δαρεῖοc ηὐτρεπίζετο εἰc ἕτερον πόλεμον cυμβαλεῖν
Ἀλεξάνδρψ. γράφει [1]) δὲ Πώρψ βαcιλεῖ Ἰνδῶν οὕτωc· Βαcιλεὺc
Δαρεῖοc βαcιλεῖ Ἰνδῶν Πώρψ [2]) χαίρειν. ἐπὶ τῇ γενομένῃ [3]) κατα-
cτροφῇ τῷ οἴκψ·μου ἐν ταῖc ἡμέραιc ταύταιc καὶ νῦν δηλῶ [4]) coι,
ἐπειδὴ ἐπιβάc μοι Μακεδόνων [5]) βαcιλεὺc θηρὸc ἀγρίου ψυχὴν [6])
ἔχων οὐ βούλεται τὴν μητέρα μου καὶ τὴν γυναῖκα καὶ τὰ τέκνα
ἀποδοῦναί μοι, ἐμοῦ δὲ [7]) ἐπαγγειλαμένου καὶ θηcαυροὺc καὶ ἄλλα
τινὰ πλείονα παραcχεῖν αὐτῷ, οὐ πείθεται. ὅθεν οὖν ἐκπορθῆcαι [8])
αὐτὸν ἐφ᾽ οἷc ἔπραξε, cυνίcτημι [9]) αὐτῷ [10]) ἕτερον πόλεμον μέχριc
ἂν ἀμύνωμαι αὐτὸν [11]) καὶ τὸ [12]) ἔθνοc [13]) αὐτοῦ. δίκαιον οὖν ἐcτι
(καὶ) cὲ ἀγανακτῆcαι ἐφ᾽ οἷc ἔπαθον καὶ ἐξελθεῖν cε ἐπὶ τῇ ἐμῇ
ὕβρει, μνηcθέντα [cε] τῶν γονικῶν ἡμῶν δικαίων. cυνάθροιcον
οὖν πλεῖcτα ἔθνη ἐπὶ τὰc Καcπιακὰc [14]) πύλαc καὶ τοῖc cυνερχομέ-
νοιc ἀνδράcιν χορήγηcον [15]) χρυcίον πολὺ καὶ cîτον καὶ χορτάcματα.
πάντων δέ coι τὸ [16]) ἥμιcυ τῶν λαφύρων ὧν ἐὰν λάβω (ἐκ) τῶν
πολεμίων χαρίcομαι, καὶ τὸν λεγόμενον Βουκέφαλον ἵππον cὺν
τοῖc βαcιλικοῖc χωρίοιc μετὰ [17]) τῶν παλλακῶν αὐτοῦ. δεξάμενοc
οὖν τὰ γράμματα ἡμῶν ἐν πολλῇ cπουδῇ ἄθροιcον πλήθη [18]) καὶ
ἀπόcτειλον ἡμῖν. ἔρρωcο. [19]) ὁ δὲ Ἀλέξανδροc μαθὼν ταῦτα ἀπό
τινοc τῶν τοῦ Δαρείου προcφυγόντοc παρ᾽ αὐτὸν [20]) εὐθέωc ἀνα-
λαβὼν ἅπαcαν τὴν δύναμιν αὐτοῦ τὴν πορείαν ἐποιεῖτο ἐπὶ Μη-
δίαν. ἤκουcε δὲ Δαρεῖον εἶναι ἐν Βατάνοιc ἐπὶ τὰc Καcπιακὰc [14])
πύλαc, καὶ cύντονον [21]) ἐποίει τὸν διωγμὸν καὶ εὐτολμότερον. [22])

                    Cap. 20.

   Ἔγνωcαν οὖν οἱ cατράπαι Δαρείου τὸν Ἀλέξανδρον ἐγγί-
ζειν, Βῆccοc [1]) καὶ Ἀριοβαρζάνηc [2]), καὶ παρατραπέντεc οὗτοι [3])
τὰc φρενοβλαβεῖc γνώμαc ἐβουλεύcαντο Δαρεῖον ἀναιρῆcαι. ἔλε-
γον γὰρ πρὸc ἀλλήλουc ὅ τε [4]) Βῆccοc καὶ ὁ Ἀριοβαρζάνηc [5]), ὅτι
ἐὰν ἀνέλωμεν Δαρεῖον, ληψόμεθα [5]) παρὰ Ἀλεξάνδρου ὡc ἀναι-
ρήcαντεc αὐτοῦ τὸν ἐχθρὸν χρήματα πολλά. αὐτοὶ οὖν κακῶc
βουλευcάμενοι ἐπηνέχθηcαν ξιφήρειc [6]) Δαρείψ. ὡc δὲ εἶδεν τού-
τουc Δαρεῖοc ὁρμήcανταc αὐτῷ ξιφήρειc [7]), εἶπεν αὐτοῖc· ὦ ἐμοῦ
δεcπόται, οἱ πρίν μου δοῦλοι, τί ὑμᾶc ἠδίκηcα, ἵνα ὑμεῖc ἀνάρητέ [8])

---

   15) χρύcιμα   19. 1) γράφη   2) πόρψ   3) γεναμένη   4)
δειλῶ   5) μακέδων   6) τύχην   7) τι   8) ἐκ πορθεῖcαι   9) cυνίcτη
μοι   10) αὐτὸν   11) αὐτῷ   12) τῷ   13) ἔθνει   14) καπιακὰc   15)
χωρήγηcον (wahrscheinlich χορηγήcω zu lesen)   16) τὰ   17) καὶ
18) πλήθει   19) ἔρρωcον·   20) αὐτῶ·   21) cύντομον   22) εὐτολμώ-
τερον·   20. 1) Βίccοc· so (ι statt η) auch im im folgenden stets.   2)
ἀρειοβαρζάνηc·   3) αὐτοῦ (αὐτοί?)   4) ὅτε   5) ληψώμεθα   6) Ειφύ-
ρειc   7) Ειφύρει   8) ἀναρεῖτε (ἀναιρῆτε?)

με βαρβάρῳ⁹) τολμήματι; μὴ πλέον ὑμεῖς Μακεδόνων τι δράcετε¹⁰); ἐάcατέ με οὕτωc¹¹) ἐπὶ τὰ μέλεθρα ῥιφέντα ἀναcτενάζειν τὴν ἀνωμαλῆ¹²) τύχην. ἐὰν γὰρ νῦν ἐλθὼν Ἀλέξανδρος Μακεδόνων ὁ βαcιλεὺς εὑρήcει με cφαγέντα, βαcιλεὺς βαcιλέωc ἐκδι-κήcει τὸ αἷμα. οἱ δὲ μηδαμῶc πειcθέντες ταῖς ἱκεcίαιc Δαρείου φόνοιc¹³) αὐτὸν ἀμύνονται. ὁ δὲ Δαρεῖοc ταῖc δυcὶ χερcὶ τὸν μὲν Βῆccον τῇ εὐωνύμῳ γόνυ εἰc τὸν βουβῶνα¹¹) αὐτοῦ ὑποκλίναc ἐκράτει, τὸν δὲ Ἀριοβαρζάνην¹⁵) τῇ δεξιᾷ χειρὶ ἐπιcχὼν μόνοc ἐκράτει ὥcτε μὴ ἐπιφέρειν αὐτῷ τὸ ξίφοc· † λόγχαι δὲ αὐτῶν αἱ πληγαὶ ἐτύγχανον· †τῶν δὲ δυccεβῶν¹⁶) μηκέτι ἰcχυόντων αὐτὸν¹⁷) ἀναιρῆcαι¹⁸), ἐπάλαιον μετ᾽ αὐτοῦ· ἦν γὰρ cθεναρόc.

Οἱ οὖν Μακεδόνες εὑρόντες τὸν Cτράγγαν ποταμὸν παγέντα διεπέραcαν, καὶ εἰcῆλθεν ὁ Ἀλέξανδρος εἰc τὰ βαcίλεια Δαρείου. οἱ οὖν δυccεβεῖc μαθόντες τὴν εἴcοδον Ἀλεξάνδρου ἔφυγον καταλείψαντες Δαρεῖον ἡμίπνουν. ¹⁹) καὶ ἐλθὼν ὁ Ἀλέξανδρος ἐπὶ τὸν βαcιλέα Δαρεῖον καὶ εὑρὼν αὐτὸν cφαγέντα ὑπὸ Ἀριοβαρζάνου καὶ Βήccου (ἔτι) ἡμίπνουν, ἐκκεχυμένον ξίφει τούτου τὸ αἷμα, ἀνοιμώξαc αὐτῷ θρῆνον ἄξιον λύπηc δάκρυα ἐξέχεεν ἐπ᾽ αὐτῷ, καὶ τῇ χλαμύδι²⁰) αὐτοῦ ἐcκέπαcε τὸ cῶμα Δαρείου. τὰc χεῖραc δὲ ἐπιθεὶc ἐπὶ τὸ Δαρείου cτῆθοc ἐλέουc γέμονταc λόγουc ἐπ᾽ αὐτῷ ἔλεγεν· ἀνάcτα, βαcιλεῦ Δαρεῖε, καὶ τῆc cῆc γῆc βαcίλευε καὶ τῶν cεαυτοῦ δεcπότηc γενοῦ· δέξαι cου τὸ διάδημα τοῦ Περcικοῦ πλήθουc ἀνάccων, ἔχε cου τὸ μέγεθοc τῆc τυραννίδοc· ὄμνυμί cοι τὴν ἄνω πρόνοιαν, ὡc ἀληθῶc καὶ οὐ πεπλαcμένωc²¹) φράζω cοι. τίνεc δέ εἰcιν οἱ πλήξαντέc cε; μήνυcόν μοι²²) αὐτούc, ἵνα cε νῦν ἀναπαύcω.

Καὶ ταῦτα εἰπόντοc τοῦ Ἀλεξάνδρου cτενάξαc Δαρεῖοc καὶ τὰc χεῖραc ἐκτείναc ἐπεcπάcατο τὸν Ἀλέξανδρον καὶ περιπλακεὶc αὐτῷ εἶπεν αὐτῷ· Ἀλέξανδρε βαcιλεῦ, μήποτε ἐπαρθῇc²³) τῇ τυραννικῇ δόξῃ· ὁπόταν (δὲ) ἔργον ἰcόθεον κατορθώcῃc, καὶ χερcὶ ταῖc cαῖc οὐρανὸν θέλῃc²⁴) ψαῦcαι²⁵), cκόπει τὸ μέλλον· ἡ τύχη γὰρ οὐκ οἶδε βαcιλέα οὔτε μὴν πλῆθοc [ἔχοντα], ἀκρίτῳ δὲ γνώμῃ πανταχόθεν ῥέμβεται.²⁶) ὁρᾶc τίc ἤμην καὶ τίc γέγονα. ἀποθνήcκοντόc μου, Ἀλέξανδρε, ταῖc cαῖc χερcὶν θάψον με· κηδεύcατέ με Μακεδόνεc καὶ Πέρcαι· μία γενέcθω²⁷) cυγγένεια Δαρείῳ καὶ Ἀλεξάνδρῳ. τὴν δὲ ἐμὲ τεκοῦcαν ὡc cὲ τεκοῦcαν ἀνατίθημί cοι, καὶ τὴν γυναῖκά μου ὡc ἐμὲ οἴκτειρον, τὴν δὲ θυγατέρα μου Ῥωξάνην εἰc γυναῖκα ἐκδίδωμί cοι, †ἵνα ἐπὶ τοῖc ὁρωμένοιc (ὑcτέροιc?) καιροῖc ἐπὶ μνήμηc ἔcεcθαι πάντων· (λήψῃ τέκνα C) καὶ ἐπὶ τέκνοιc καυχήcεcθε ὡc ποτὲ καὶ ἡμεῖc· cὺ μὲν ἐπὶ φιλίππῳ· ῥωξάνη

fol. 236ᵃ

fol. 236ᵇ

9) βαρβάρων   10) δράcητε·   11) οὗτοc   12) ἀνωμαλὴν   13) φώνοιc
14) βουβὸν   15) ἀρειοβαρζάνη   16) διccεβῶν   17) αὐτῶν   18) ἀναιρεῖcε·   19) cod.: ἡμίπνουν ἐκκεχυμένον Ε. τ. τὸ αἷμα· ἀνοιμ. κτλ. unten aber auf der soite steht von gleichzeitiger hand: ἐλθὼν ὁ ἀλ. ἐπὶ τ. β. δάρειον καὶ εὑρὼν αὐτὸν cφαγέντα ἐπὶ ἀρειοβαρζάνην καὶ βίccον· ἐθρήνει·
20) χλαμῆδι   21) πεπλαcμένοc   22) μήνηcόν μου   23) ἀρπαcθεὶc   24) θέλειc   25) φθᾶcαι·   26) ῥεμπεται   27) γενίcθω

δὲ ἐπὶ δαρείω· [καὶ ἡμῖν] μνήμας τελεῖτε, χρόνοις συνγηρόντες
(leg. συγγηρῶντες)· † ταῦτα εἰπὼν Δαρεῖος καὶ τῷ τραχήλῳ ἐπι-
κρεμασθεὶς Ἀλεξάνδρου ἐξέπνευσεν.

Cap. 21.

Ὁ δὲ Ἀλέξανδρος μέγα ὀλολύξας καὶ συμπαθῶς Δαρεῖον
κλαύσας ἐκέλευσεν ταφῆναι αὐτὸν Περσικῷ νόμῳ. προστάσσει
οὖν πρῶτον τοὺς Πέρσας προάγειν, ἔπειτα τοὺς Μακεδόνας
πάντας ἐνόπλους. ὁ δὲ Ἀλέξανδρος ὑποθεὶς¹) τὸν ὦμον²) αὐτοῦ
τῇ κλίνῃ Δαρείου ἐβάσταζεν μετὰ τοὺς λοιποὺς σατράπας (sic).
ἔκλαιον³) δὲ πάντες καὶ ἐθρήνουν, οὐ τοσοῦτον ἐπὶ Δαρείῳ ὅσον
ἐπὶ Ἀλεξάνδρῳ, ὁρῶντες αὐτὸν βαστάζοντα τὴν κλίνην. κηδεύσας
fol. 237ᵃ οὖν κατὰ τοὺς τῶν Περσῶν νόμους ἀπέλυσε τοὺς ὄχλους· εὐθέως
δὲ κατὰ πόλιν δόγμα ἐξέθετο περιέχον⁴) οὕτως· Βασιλεὺς Ἀλέξαν-
δρος, υἱὸς Φιλίππου βασιλέως καὶ βασιλίσσης Ὀλυμπιάδος, τοῖς
κατὰ τὴν Περσίδα ἔν τε πόλεσι καὶ χώραις τάδε κελεύω.⁵) οὐ
βούλομαι γὰρ τὰς τοσαύτας μυριάδας τῶν ἀνθρώπων κακῶς⁶)
ἀπολέσθαι⁷)· ἡ γὰρ εὐμένεια⁸) ποιεῖ με κατὰ Περσῶν νικηφόρον·
εὐχαριστῶ οὖν τῇ ἄνω προνοίᾳ. γινώσκετε οὖν ὅτι σατράπας ὑμῖν
καταστῆσαι βούλομαι, οἷς ὀφείλετε ὑπακούειν ὡς τῷ Δαρείῳ.**)
ἕτερον δὲ βασιλέα μὴ γινώσκετε εἰ μὴ⁹) Ἀλέξανδρον. χρῆσθε⁹)
οὖν τοῖς ἰδίοις ἤθεσιν (sic) καὶ ταῖς¹⁰) συνήθεσιν¹¹) ἑορταῖς¹²) καὶ
βουθυσίαις¹³) καὶ πανηγύρεσι, καθὼς καὶ ἐπὶ Δαρείου.¹¹) ἕκαστος
δὲ ὑμῶν ἐν τῇ ἰδίᾳ πόλει βιώτω¹⁵)· πᾶς¹⁶) δέ τις καταλείψας τὴν
ἰδίαν πόλιν ἢ χώραν καὶ ἐν ἀλλοδαπῇ κατοικίσας τοῖς κυσὶ βρῶμα
γενήσεται. τῶν δὲ ὑπαρχόντων ὑμῶν ἕκαστος κυριευέτω πλὴν
χρυσίου καὶ ἀργυρίου· τὸν γὰρ χρυσὸν καὶ ἄργυρον κελεύω ἀνά-
γεσθαι ἐν ταῖς ἡμετέραις πόλεσι¹⁷) καὶ χώραις¹ᵇ)· νομίσματα¹ᵛ) δὲ
ὅσα²⁰) ἔχετε συγχωροῦμεν²¹) ὑμῖν ἕκαστον τῶν ἰδίων χρᾶσθαι.
fol. 237ᵇ πᾶν δὲ πολεμικὸν ὅπλον κελεύω ἀναφέρειν εἰς τὰς ἐμὰς ὁπλο-
θήκας. οἱ δὲ σατράπαι μενέτωσαν²²) τῇ αὐτῶν τάξει· ἔθνος γὰρ
ὑμῖν οὐκέτι ἐπιβήσεται εἰ μὴ ἐμπορίας χάριν. βούλομαι δὲ τὰς
χώρας ὑμῶν ἐν εὐθηνίᾳ²³) καταστῆσαι καὶ τὰς ὁδοὺς εἰρηνικάς,
ἐμπορεύεσθαι καὶ πραγματεύεσθαι μετὰ πάσης εἰρήνης, ὅπως οἱ
ἀπὸ τῆς Ἑλλάδος ἐμπορεύωνται²⁴) πρὸς ὑμᾶς καὶ ὑμεῖς πρὸς
αὐτούς. ἀπὸ γὰρ τοῦ Εὐφράτου²⁵) καὶ τῆς διαβάσεως ἐπὶ τὸν
Τίγριν²⁶) ποταμὸν ἕως Μηδίας Βαβυλῶνος ὁδοποιήσω καὶ σημεῖα
ποιήσω, ὅπου ἡ ὁδὸς φέρει. Δαρεῖον δὲ οὐκ ἀνεῖλον ἐγώ· τίνες
δέ εἰσιν οἱ τοῦτον ἀναιρήσαντες ἀγνοῶ· οἷς ὀφείλω²⁷) τιμὰς μεγά-

---

21. 1) ἐπιθεὶς   2) νόμον   3) ἔκκλαιον   4) περιέχων   5) κελεύομε
6) κακῶν   7) ἀπολέσαι·   *) vielleicht τῶν θεῶν ausgefallen; oder
εὐδαιμονία zu lesen?   **) wahrscheinlich ἐπὶ Δαρείου.   8) εἰμὶ   9)
χρῆσθαι   10) τὰς   11) συνήθεις   12) ἑορτὰς·   13) βοηθυτίαις   14)
δαρείω   15) βιῶτο·   16) ἐὰν   17) πόλαις   18) χώρεσι·   19) νομᾶς
20) ὅσας   21) συγχοροῦμεν   22) μενέσθωσαν   23) εὐθυνία   24) ἐμ-
πορεύονται   25) ἐφράτου   26) τίγρην   27) ὠφείλω

λας [τιμῆσαι] καὶ χώρας αὐτοῖς πλείστας ἀποδοῦναι, ὡς²⁸) τὸν
ἐχθρὸν ἡμῶν ἀνελόντες (sic). καὶ ταῦτα εἰπὼν Ἀλέξανδρος, ἐτα-
ράχθησαν²⁹) οἱ Πέρσαι, ὡς μέλλοντος Ἀλεξάνδρου τὴν Περσίδα
κατασκάπτειν. γνοὺς δὲ Ἀλέξανδρος τὴν λύπην τοῦ ὄχλου λέγει
αὐτοῖς· τί ὑπονοεῖτε, Πέρσαι, ὅτι τοὺς ἀνελόντας Δαρεῖον ἐγὼ
ζητῶ; εἰ γὰρ ἔζη Δαρεῖος, ἐπεστράτευσεν³⁰) ἂν μοι πόλεμον, νῦν fol. 238ᵃ
δὲ πᾶς πόλεμος πέπαυται. εἰ τοίνυν Μακεδών ἐστιν ἢ Πέρσης ὁ
αὐτὸν ἀνελών, προσερχέσθω μοι θαρρῶν καὶ λαμβανέτω ὃ ἐὰν
αἰτήσηται³¹) παρ' ἐμοῦ. ὄμνυμι³²) γὰρ τὴν ἄνω πρόνοιαν καὶ τῆς
μητρός μου Ὀλυμπιάδος τὴν σωτηρίαν, ὅτι ἐπισήμους αὐτοὺς καὶ
περιφανεῖς πᾶσιν ἀνθρώποις ποιήσω. καὶ οὕτως ὀμόσαντος³³)
Ἀλεξάνδρου τὸ μὲν πλῆθος ἐδάκρυσεν· Βῆσσος δὲ καὶ Ἀριοβαρ-
ζάνης³⁴) προσῆλθον³⁵) Ἀλεξάνδρῳ, προσδοκῶντες³⁶) ὡς³⁷) μεγάλα
δῶρα λήψονται παρ' αὐτοῦ, καὶ λέγουσιν· δέσποτα, ἡμεῖς ἐσμεν
οἱ τὸν Δαρεῖον ἀνελόντες. εὐθὺς δὲ Ἀλέξανδρος ἐκέλευσεν τού-
τους συλληφθέντας ἐπὶ τὸν τάφον ἀνασταυρωθῆναι Δαρείου.
τῶν δὲ βοώντων καὶ λεγόντων· οὐκ ὤμοσας³⁸) ὅτι τοὺς ἀνελόν-
τας Δαρεῖον ἐπισήμους αὐτοὺς καὶ περιφανεῖς ποιήσω; καὶ πῶς
κελεύεις νῦν ἡμᾶς σταυρωθῆναι παραβὰς τοὺς ὅρκους; λέγει αὐτοῖς
Ἀλέξανδρος· οὐχ ὑμῶν ἕνεκα, ὦ κάκιστοι, ἀπολογοῦμαι³⁹), ἀλλ'
ἕνεκα τοῦ πλήθους τῶν στρατευμάτων· ἄλλως γὰρ οὐκ ἦν εὑρεῖν
ὑμᾶς οὕτως ῥᾳδίως καὶ ἐμφανεῖς ποιῆσαι.*) οἱ γὰρ τὸν ἑαυτῶν fol. 238ᵇ
δεσπότην ἀνελόντες πῶς ἐμὲ φείσονται⁴⁰); εἰς ὑμᾶς οὖν, ὦ κάκι-
στοι, οὐκ ἐπιώρκησα⁴¹)· ὤμοσα γὰρ περιφανεῖς καὶ ἐπισήμους ὑμᾶς
ποιῆσαι πᾶσιν, τοῦτ' ἔστιν ἀνασταυρωθῆναι, ἵνα πάντες ὑμᾶς
θεωρήσωσιν.⁴²) καὶ οὕτως εἰπόντος ἐπευφήμησαν⁴³) αὐτὸν πάντες,
καὶ οἱ μὲν κάκιστοι φονεῖς⁴⁴) ἀνασταυροῦνται ἐπὶ τῷ τάφῳ
Δαρείου.

CAP. 22.

Ὁ δὲ Ἀλέξανδρος ἀποκαταστήσας ἐν εἰρήνη πᾶσαν τὴν χώ-
ραν λέγει αὐτοῖς· τίνα βούλεσθε σατράπην εἶναι τῆς πόλεως
ὑμῶν; οἱ δὲ εἶπον· Λίτην τὸν τοῦ Δαρείου ἀδελφόν. ὁ δὲ προσ-
έταξεν τοῦτον γενέσθαι. ἦν δὲ καταλιπὼν τὴν μητέρα Δαρείου
καὶ τὴν γυναῖκα καὶ τὴν θυγατέρα¹) αὐτοῦ ἐν τῇ * πόλει ἀπε-
χούσῃ²) διάστημα ἡμερῶν δύο· γράφει οὖν πρὸς αὐτὰς οὕτως·
Βασιλεὺς Ἀλέξανδρος Στατείρᾳ³) καὶ Ῥοδογούνῃ⁴) καὶ Ῥωξάνῃ⁵)
τῇ⁶) ἐμῇ⁷) γυναικὶ⁸) χαίρειν. ἀντιταξάμενοι Δαρείῳ οὐκ ἡμυνά-
μεθα⁹), μᾶλλον δὲ τὸ ἐναντίον ηὐχόμην ἐγὼ ζῶντα αὐτὸν ὑπὸ

---

28) ὃς 29) ἐταράχθεισαν 30) ὑπεστράτευσεν 31) αἰτήσειται 32)
ὤμνημοι 33) ὁμώσαντος 34) ἀρειοβαρζάνης, 35) προσελθὼν 36)
προσδοκόντες 37) ὡς vor προσδοκῶντες 38) ὤμωσας 39) ἀπολογοῦ
με· *) wol einige worte ausgefallen. 40) φήσονται· 41) ἐπιόρκησα·
42) θεωρίσωσιν· 43) ἐπεφήμησαν 44) φωνεῖς **22.** 1) θυγατέραν
*) vielleicht τινι 2) ἀπέχουσαν 3) στατῆρα· 4) ῥοδῶ· 5) ῥωξάνην
6) τὴν 7) ἐμὴν 8) γυναῖκα 9) ἡμινάμεθα·

τὰ ἐμὰ βασίλεια (sic) κατέχειν· ἐςχάτως[10]) δὲ τοῦτον κατέλαβον ἔχοντα, ὃν ἐλεήςας τῇ ἐμῇ χλαμύδι περιέςτειλα. ἐπυθόμην[11]) δὲ
fol. 239ᵃ παρ' αὐτοῦ μαθεῖν τίς ἐςτιν ὁ πλήξας· ἀλλ' ὅμως οὐδέν μοι εἶπεν πλὴν τοῦτο· παρατίθημί ςοι τὴν ἐμὲ τεκοῦςαν καὶ τὴν ἐμὴν ςύμβιον, ἐξαιρέτως δὲ ῾Ρωξάνην τὴν ἐμὴν θυγατέρα καὶ ςύμβιόν ςου· περὶ δὲ τῶν ςυμβάντων αὐτῷ οὐκ ἔφθαςέ[12]) μοι ὁμιλῆςαι. τοὺς μὲν οὖν αἰτίους τῆς ἀπωλείας[13]) αὐτοῦ ἡμυνάμην[14]) ἀξιοπρεπῶς. προςέταξεν δὲ ἡμῖν τοῦτον κηδεῦςαι παρὰ τοὺς τῶν πατέρων αὐτοῦ τάφους· ὃ καὶ γέγονεν· οἶμαι δὲ καὶ ὑμᾶς ταῦτα πάντα ἀκηκοέναι. παύςαςθε οὖν τῆς λύπης αὐτοῦ· ἐγὼ γὰρ ἀποκαταςτήςω ὑμᾶς εἰς τὰ ὑμέτερα βαςίλεια. πρὸς τὸ παρὸν δὲ διατρίψατε ἐν τῷ τόπῳ ἐν ᾧ ἐςτε[15]), μέχρις ἂν καὶ τὰ ἐνταῦθα καλῶς διαθῶμεν· κατὰ δὲ τὴν πρόςταξιν Δαρείου ῾Ρωξάνην τὴν ἐμὴν γυναῖκα ςύνθρονόν μοι εἶναι βούλομαι, εἰ καὶ ὑμῖν τοῦτο ἀρεςτόν ἐςτι· προςκυνεῖςθαι[16]) δὲ ἀπὸ τοῦ νῦν ὡς ᾽Αλεξάνδρου γυναῖκα βούλομαι καὶ κελεύομαι. ἔρρωςθε.[17])
Δεξάμεναι δὲ τὰ γράμματα ᾽Αλεξάνδρου ἀντέγραψαν αὐτῷ ῾Ροδογούνη[18]) καὶ Cτάτειρα[19]) ταῦτα· ᾽Αλεξάνδρῳ βαςιλεῖ χαίρειν.
fol. 239ᵇ ηὐξάμεθα οὖν τοῖς κλίναςι τοῦ Δαρείου ὄνομα καὶ τὸ τῶν Περςῶν καύχημα, ςὲ[20]) αἰώνιον βαςιλέα τῆς οἰκουμένης ἀναδεῖξαι[21]), λογιςμῷ καὶ φρονήςει καὶ δυνάμει ἀνάπλεον. οἴδαμεν δὲ ὑπὸ τὰς ςὰς ἀγκάλας οὖςαι, ὅτι[22]) ὡς αἰχμαλώτοις[23]) οὐκ ἐχρήςω ἡμῖν[24])· ἐπευχόμεθα οὖν τῇ ἄνω προνοίᾳ, καὶ ἔτη κάλλιςτα παραςχεῖν ςοι τοῦ δεςπόζειν χρόνοις ἀναριθμήτοις. ἐλέγχει δέ ςοι τὰ ἔργα, ὅτι ἐξ ὑπερεχούςης φυλῆς γεγενημένος ὑπάρχεις.[25]) νῦν δὲ ἡμεῖς οὐκέτι[26]) ἐςμὲν ὡς αἰχμάλωτοι[27])· καὶ οἴδαμεν ᾽Αλέξανδρον νέον Δαρεῖον γεγονέναι[28]) ἡμῖν. ᾽Αλέξανδρον προςκυνοῦμεν τὸν μὴ καταιςχύνοντα ἡμᾶς. ἐγράψαμεν δὲ πανταχοῦ· τὸ τῶν Περςῶν ἔθνος, ἰδοὺ νῦν Δαρεῖος τελευτήςας εὗρεν ᾽Αλέξανδρον μέγιςτον βαςιλέα· ἡ γὰρ τύχη ῾Ρωξάνην ἄγει πρὸς γάμον ᾽Αλεξάνδρου, (ὃς) βαςιλεὺς πάςης τῆς οἰκουμένης. πάντες οὖν προςάγετε ᾽Αλεξάνδρῳ εὐχαριςτίας[29]) ἀξίας[30]), ὅτι τὸ τῶν Περςῶν καύχημα μειζόνως νῦν ὑψώθη. ἀγάλλεςθε[31]) οὖν ςὺν ἡμῖν μέγιςτον βαςιλέα ᾽Αλέξανδρον ἀναγορεύςαντες. καὶ ταῦτα μὲν πρὸς τοὺς Πέρςας ἐδηλώςαμεν.[32]) ἔρρωςο.
fol. 240ᵃ   ῾Ο δὲ ᾽Αλέξανδρος δεξάμενος τὰ γράμματα αὐτῶν ἀντέγραψεν αὐταῖς[33]) οὕτως· ᾽Επαινῶ ὑμῶν τὸ φρόνημα· ἀγωνίςαςθαι[34]) δὲ βούλομαι ἄξια τῆς ἀγάπης ὑμῶν, ἐπεὶ κἀγὼ ἄνθρωπος φθαρτός εἰμι. ἔρρωςθε.[35])
᾽Εν ἑτέρῳ δὲ ἔγραψεν καὶ ῾Ρωξάνη[36]) τὰ δόξαντα αὐτῷ· γρά-

---

10) ἔςχατον   11) ἐπειθύμην   12) ἔφθαςαί   13) ἀπολείας   14) ἡμινάμην   15) ἐςταί·   16) προςκυνήςθω   17) ἔρρωςθαι:·   18) ῥοδώ   19) ςτατῆρα   20) ὅτι ςὲ   21) ἀνέδειξεν·   22) ὅτι hinter οἴδαμεν δὲ·   23) αἰχμάλωτας   24) ἡμᾶς·   25) ὑπάρχων·   26) οἰκέται   27) αἰχμάλωται·   28) γεγοναίνε   29) εὐχαριςτείας   30) ἀξίους·   31) ἀγάλλεςθαι   32) δηλώςαντες·   33) αὐτοῖς   34) ἀγωνήςαςθαι   35) ἔρρωςθαι:·   36) ῥωξάνη

φει ³⁷) δὲ καὶ Ὀλυμπιάδι τῇ μητρὶ αὐτοῦ οὕτως· Ἀλέξανδρος βασιλεὺς τῇ γλυκυτάτῃ μου μητρὶ χαίρειν. ἔγραψά σοι τοῦ ἀποστεῖλαί μοι τὸν γυναικεῖον κόσμον καὶ τὸν ἱματισμὸν [τῆς μητρὸς Δαρείου καὶ τῆς αὐτοῦ γυναικὸς καὶ τὸν κόσμον τὸν βασιλικόν] ὑπὲρ Ρωξάνης τῆς θυγατρὸς Δαρείου καὶ ἐμῆς συζύγου. δεξαμένη οὖν ἡ μήτηρ αὐτοῦ τὰ γράμματα ἀπέστειλεν αὐτῷ ³⁸) πᾶσαν τὴν βασιλικὴν αὐτῆς ἐσθῆτα καὶ πάντα κόσμον ἐκ χρυσοῦ καὶ λίθων τιμίων κατεσκευασμένον. ³⁹) δεξάμενος δὲ Ἀλέξανδρος ταῦτα ἐν ἑτοίμῳ πεποίηκεν τοὺς γάμους ἐν τοῖς βασιλείοις Δαρείου· καὶ τίς ἱκανῶς ⁴⁰) διηγήσεται τὴν ἐκεῖ τότε γενομένην ⁴¹) χαράν;

Cap. 23.

Μετὰ δὲ ταῦτα γράφει ¹) Ἀλέξανδρος πρὸς τὴν μητέρα αὐτοῦ οὕτως· Βασιλεὺς Ἀλέξανδρος τῇ ἐμῇ περιποθήτῳ μητρὶ καὶ Ἀριστοτέλει ²) τῷ τιμιωτάτῳ μου καθηγητῇ χαίρειν. ἀναγκαῖον ἡγη- fol. 240ᵇ σάμην γράψαι ὑμῖν περὶ τῆς γενομένης ³) μοι πρὸς Δαρεῖον μάχης. ἀκούσας γὰρ ὄντα περὶ τὸν Ἰσσιακὸν ⁴) κόλπον μετὰ πλήθους στρατοπέδων καὶ βασιλέων ἑτέρων συλλαβὼν αἶγας πλείστας καὶ συνδήσας λαμπάδας ἐν τοῖς κέρασιν αὐτῶν ἐξῆλθον καὶ ἐβάδιζον νυκτός. οἱ δὲ ἰδόντες τὰς λαμπάδας μακρόθεν ὑπέλαβον εἶναι στρατὸν ἀναρίθμητον, ὅθεν καὶ εἰς δειλίαν τραπέντες ἡττήθησαν. καὶ οὕτως τὴν κατ᾽ αὐτῶν νίκην ἐποιησάμην, ἐν ᾧ τόπῳ ἔκτισα ³) [τὴν] ⁴) πόλιν, Αἴτὰς αὐτὴν προσονομάσας· ἑτέραν δὲ πόλιν ἔκτισα ³) ἐν τῷ Ἰσσιακῷ ⁶) κόλπῳ, Ἀλεξάνδρειαν αὐτὴν ὀνομάσας. καταλειφθεὶς δὲ Δαρεῖος συνελήφθη καὶ ἐτραυματίσθη παρὰ τῶν αὐτοῦ σατραπῶν. ἐγὼ δὲ λίαν ἐλυπήθην περὶ αὐτοῦ· νικήσας γὰρ αὐτὸν οὐκ ἐβουλόμην φονεῦσαι, ἀλλ᾽ ἔχειν αὐτὸν ὑπὸ τὰ ἐμὰ σκῆπτρα. ἔμπνουν δὲ τοῦτον καταλαβών, περιελὼν [δὲ] τὴν περικειμένην μοι χλαμύδα τοῦτον ἐσκέπασα· εἶτα ὑπονοήσας τὸ τῆς ἀδήλου τύχης ἐπὶ τὸ τοῦ Δαρείου ὑπόδειγμα τοῦτον ἐθρήνησα. κηδεύσας οὖν βασιλικῶς ἐκέλευσα ἀποτμηθῆναι ῥῖνας καὶ ὠτία τῶν φυλασ- fol. 241ᵃ σόντων αὐτοῦ τὸν τάφον, τῇ κατὰ τὴν χώραν συνηθείᾳ ⁷) ἐξακολουθῶν. τοὺς δὲ ἀνελόντας Δαρεῖον ἐκέλευσα ἀνασταυρωθῆναι ἐν τῷ τάφῳ Δαρείου. ἐκεῖθεν δὲ ἐξελθὼν κατεκράτησα Ἀρειοβαρζὰν καὶ Μαναζακοῦ βασιλείαν· Μηδίαν τε καὶ Ἀρμενίαν † ἐβεσίαν † καὶ πᾶσαν τὴν Περσικὴν χώραν, ἧς ⁸) ἐβασίλευεν Δαρεῖος, ὑπέταξα.

Cap. 32. *)

Ἐκεῖθεν οὖν παραλαβὼν ὁδηγοὺς ἐβουλήθην εἰσελθεῖν εἰς τὰ ἐνδότερα μέρη τῆς ἐρήμου, καὶ οὐ συνεβούλευόν ¹) μοι ἀπελθεῖν

---

37) ἐγράφη   38) αὐτὸν   39) κατεσκευασμένων·   40) ἱκανὸς (vielleicht ἱκανὸς διηγήσασθαι)   41) γεναμένην   23. 1) Γράφη   2) Ἀριστοτέλη   3) γεναμένης   4) ἠσιακὸν   5) ἔκτησα   *) τινὰ?   6) νησιακῶ   7) συνήθει (vielleicht τὰ κατὰ τ. χ. συνήθη)   8) οἷς   32. cap. 23 extr. bis 31 fehlen wie in B so auch in L.   1) οὐκ ἐσυνεβούλευόν

ἐκεῖσε διὰ τῶν θηρίων τὸ πλῆθος τῶν ἐνοικούντων τοῖς τόποις ἐκείνοις. ἀλλ᾿ ὅμως μὴ προσσχὼν[2]) τοῖς λόγοις αὐτῶν ἠρξάμην τῆς ὁδοῦ. ἤλθομεν οὖν εἴς τινα τόπον φαραγγώδη, ἢ[3]) ἦν ὁδὸς λίαν στενὴ καὶ φαραγγώδης, ἣν καὶ ὡδεύσαμεν[4]) ἡμέρας ὀκτώ. εἴδομεν[5]) (δὲ) ἐν τοῖς τόποις ἐκείνοις θηρία ἀλλογενῆ, οἷα οὐκ οἴδαμεν πώποτε.[6]) διελθόντες δὲ τὸν τόπον ἐκεῖνον ἤλθομεν εἰς ἕτερον θρηνωδέστερον τόπον· εὕραμεν δὲ ἐκεῖ πολλὴν ὕλην δένδρων καλουμένων ἀναφάνδα[7]), καρπὸν ἔχοντα ξένον καὶ παρηλ-
Γοὶ. 241[b] λαγμένον· ἦσαν γὰρ μῆλα παμμεγέθη[?]), οἷον πέπονες[9]) μέγιστοι.[10]) ἦσαν δὲ καὶ ἄνθρωπος ἐν τῇ ὕλῃ ἐκείνῃ πίθηκοι[11]) λεγόμενοι, ἔχοντες[12]) ὕψει πήχεις εἴκοσι τέσσαρας, μακροὺς τραχήλους ἔχοντες ὡς ἕνα πῆχυν καὶ ἥμισυ, ὁμοίως καὶ πόδας μακροὺς ἔχοντες[13]), οἱ[14]) δὲ ἀγκῶνες[15]) αὐτῶν πρίοσιν[16]) ἦσαν παρεμφερεῖς καὶ αἱ χεῖρες. ἰδόντες[17]) δὲ ἡμᾶς ὥρμησαν[18]) ἐπὶ τὸ στρατόπεδον. ἐγὼ δὲ ἰδὼν ταῦτα ἐξέστην[19]) τῇ διανοίᾳ· ἐκέλευσα οὖν συλληφθῆναι ἕνα ἐξ αὐτῶν. ὁρμησάντων δὲ ἡμῶν πρὸς αὐτοὺς μετὰ φωνῶν καὶ σαλπίγγων ἔφυγον· ἐφονεύσαμεν δὲ ἐξ αὐτῶν τριάκοντα δύο· αὐτοὶ δὲ ἀνεῖλον[20]) ἐξ ἡμῶν στρατιώτας ρ̄. ἐμείναμεν οὖν ἐκεῖ τρώγοντες τοὺς καρποὺς τῶν δένδρων.

CAP. 33.

Κἀκεῖθεν ἀπάραντες ἤλθομεν εἴς τινα χλοερὰν χώραν, ἐν ᾗ[1]) ἦσαν ἄνθρωποι ἄγριοι γίγασιν ὅμοιοι, στρογγύλοι, πυρρὰς[2]) ὄψεις ἔχοντες, ὡς λέοντες φαινόμενοι. ἦσαν δὲ καὶ ἕτεροι μετ᾿ αὐτῶν λεγόμενοι Ὀχλῖται[3]), μὴ ἔχοντες τρίχας τὸ σύνολον, τὸ μῆκος[4]) ἔχοντες πήχεων[5]) τεσσάρων καὶ πλάτος ὡσεὶ λόγχη. καὶ ἰδόντες ἔδραμον πρὸς ἡμᾶς· ἦσαν δὲ περιεζωσμένοι δέρματα λεόντων,
Γοὶ. 242[a] ἰσχυροὶ λίαν καὶ ἑτοιμότατοι πολεμεῖν ἄνευ ὅπλων· ἡμεῖς δὲ ἐτύπτομεν αὐτούς, αὐτοὶ δὲ ξύλοις ἔτυπτον ἡμᾶς, ὡς καὶ πολλοὺς ἀνεῖλον ἐξ ἡμῶν. ἐγὼ δὲ φοβηθεὶς μήπως τροπώσωνται[6]) ἡμᾶς ἐκέλευσα πυρὰν ἅψαι ἐν τῇ ὕλῃ· οἱ δὲ ἰδόντες τὸ πῦρ ἔφυγον οἱ ἀκμαιότατοι ἐκεῖνοι ἄνδρες· ἀνεῖλον[7]) δὲ ἐξ ἡμῶν στρατιώτας ἑκατὸν ὀγδοήκοντα.

Τῇ δὲ ἐπιούσῃ ἡμέρᾳ ἠβουλήθην ἀπελθεῖν εἰς τὰ σπήλαια[?]) αὐτῶν καὶ εὕρομεν θηρία προσδεδεμένα ταῖς θύραις αὐτῶν ὡς λέοντες· ἦσαν δὲ τριόφθαλμοι. εἴδομεν[8]) δὲ ψύλλους ἐκεῖ ὡς τοὺς παρ᾿ ἡμῶν βατράχους πηδῶντας.[10]) ἐκεῖθεν δὲ ἀναχωρήσαντες ἤλθομεν εἴς τινα τόπον, ἐξ οὗ ἐξήρχετο πηγὴ πλουσιωτάτη[11])· καὶ ἐκέλευσα ἐκεῖ στῆναι τὸ ἅρμα· ἐμείναμεν δὲ ἐκεῖ μῆνας δύο.

2) προσχὼν   3) οἳ   4) ὁδεύσαμεν   6) ἴδωμεν   6) πόπωτε·   7) im armenischen kannphnito (cf. C. ἀναφνήτων)   8) πανμεγέθη,   9) πέπονας   10) μεγίστους·   11) φυτοί (v. Zacher Pseudo-Call. p. 137)   12) ἔχοντα   13) ἔχοντας   14) αἱ   16) ἀγκόνες   16) πρίωσιν   17) ἰδόντα   18) ὁρμησαν   19) ἐξέστη   20) ἀνεῖλαν   33. 1) ὦ   2) πυρὰς   3) αrmen. ochaol, v. l. ochtol, Otol.   4) μῖκος   6) πήχυων   6) τροπόσονται·   7) ἀνεῖλαν   8) σπίλεα   9) ἴδομεν   10) πήδοτας   11) πλουσιοτάτη·

Ἐκεῖθεν δὲ ἀπάραντες ἤλθομεν ἕως τῶν Μηλοφάγων καὶ εἴδομεν⁹) ἐκεῖ ἄνδρα δασὺν¹²) ὅλῳ τῷ σώματι, παμμεγέθη¹³), καὶ ἐφοβήθημεν· καὶ κελεύω αὐτὸν συλληφθῆναι. ὁ δὲ συλληφθεὶς ἀγρίως ἡμᾶς κατώπτευεν.¹⁴) κελεύω δὲ γυναῖκα γυμνὴν προσενεχθῆναι αὐτῷ. ὁ δὲ ἁρπάσας αὐτὴν κατήσθιεν.¹⁵) συνδραμόντων fol. 242ᵇ δὲ τῶν στρατιωτῶν ἐξελεῖν αὐτὴν ἐβαττάρισεν¹⁶) τῇ γλώσσῃ αὐτοῦ. καὶ ἀκούσαντες οἱ λοιποὶ σύντοποι αὐτοῦ ἐξῆλθον πρὸς ἡμᾶς ἐκ τοῦ ἕλουc ἄνδρες ὡσεὶ μύριοι, τὸ δὲ στρατόπεδον ἡμῶν ἦν μυριάδες τέσσαρες· καὶ κελεύω ἀνάπτειν¹⁷) (πῦρ· οἱ δὲ ἰδόντες) τὸ πῦρ ἔφυγον. διώξαντες δὲ αὐτοὺς ἐκρατήσαμεν ἐξ αὐτῶν τρεῖς, οἳ καὶ μὴ μετασχόντες τροφῆς μέχρις ἡμερῶν ὀκτὼ ἐτελεύτηςαν. εἶχον δὲ λογισμὸν οὐκ ἀνθρώπινον, ἀλλ᾽ ὡς οἱ κύνες ὑλάκτουν.¹⁸)

CAP. 36.

Ἐκεῖθεν δὲ ἀναχωρήσαντες ἤλθομεν εἴς τινα ποταμόν. ἐκέλευcα οὖν παρεμβολὴν γενέσθαι καὶ καθοπλισθῆναι τῇ συνηθείᾳ τὰ στρατόπεδα. ἦν δὲ ἐν τῷ ποταμῷ δένδρα, καὶ ἅμα τῷ¹) ἡλίῳ²) ἀνατέλλοντι³) καὶ τὰ δένδρα ηὔξανον μέχρις ὥρας ἕκτης, ἀπὸ δὲ ὥρας ἑβδόμης ἐξέλειπον⁴) ὥστε μηδ᾽ ὅλως φαίνεσθαι. δάκρυα δὲ εἶχον ὡς Περσικὴν στακτήν, πνοὴν δὲ πάνυ ἡδυτάτην καὶ χρηστήν. ἐκέλευcα οὖν κόπτεσθαι τὰ δένδρα καὶ σπόγγοις ἐκλέγεσθαι αὐτῶν τὰ δάκρυα.⁵) αἰφνίδιον⁶) δὲ οἱ ἐκλέγοντες ἐμαστιγοῦντο ὑπὸ δαίμονος ἀοράτου· καὶ τῶν μὲν μαστιγουμένων τὸν ψόφον ἠκούομεν⁷) καὶ τὰς πληγὰς ἐπὶ τῶν νώτων ἐρχομένας ἐβλέπομεν, τοὺς fol. 243ᵃ δὲ τύπτοντας οὐκ ἐθεωροῦμεν. φωνὴ δὲ τις ἤρχετο λέγουσα μηδὲ ἐκκόπτειν μηδὲ συλλέγειν· εἰ δὲ οὐ παύσηςθε⁸), γενήσεται ἄφωνον τὸ στρατόπεδον. ἐγὼ οὖν φοβηθεὶς ἐκέλευcα μήτε ἐκκόπτειν μήτε συλλέγειν τινὰ ἐξ αὐτῶν. ἦσαν δὲ ἐν τῷ ποταμῷ λίθοι μέλανες· ὅσοι οὖν ἥπτοντο τῶν λίθων τούτων, τὴν ἴσην χρόαν ἐλάμβανον τοῖς λίθοις. ἦσαν δὲ καὶ δράκοντες πολλοὶ ἐν τῷ ποταμῷ καὶ ἰχθύων πολλὰ γένη, ἅτινα πυρὶ οὐκ ὠπτῶντο⁹), ἀλλ᾽ ἐν ὕδατι ψυχρῷ πηγαίῳ. εἷς οὖν τῶν στρατιωτῶν λαβὼν καὶ πλύνας καὶ βαλὼν εἰς ἄγγος ἀφῆκεν καὶ εὗρε τὸν ἰχθὺν ὠπτημένον.¹⁰) ἦσαν δὲ ἐν τῷ ποταμῷ ὄρνεα παρεμφερῆ¹¹) τῶν παρ᾽ ἡμῖν ὀρνέων· εἴ τις οὖν αὐτῶν ἐθίγγανε¹²), πῦρ ἐξέβαινεν ἐξ αὐτῶν.¹³)

CAP. 37.

Τῇ δὲ ἐπιούςῃ ἡμέρᾳ ὡδεύσαμεν πλαζόμενοι.¹) ἔλεγον δέ μοι οἱ ὁδηγοί· οὐκ οἴδαμεν ποῦ ὑπάγομεν, δέσποτα βασιλεῦ Ἀλέξανδρε· ὑποστρέψωμεν²) μὴ εἰς τόπους χείρονας ἐμπέσωμεν. ἐγὼ δὲ

12) δασὺ ἐν   13) πανμεγεθῆ   14) καθόπτευεν·   15) κατέσθιεν·
16) Gildem.; cod. ἐταρτάρηςεν   17) ἀναπτῆναι   18) ἡλάκτουν·   **86.**
1) τοῦ   2) ἡλίου   3) ἀνατέλοντος,   4) ἐξέλιπον   5) τῶν δακρύων·
6) αἰφνήδιον   7) ἠκούαμεν·   8) παύσητε·   9) ὀψῶντο   10) ὀψημένον·
(ἐψημένον?)   11) παρεμφεροῖ·   12) ἐθήγγανε   13) αὐτοῦ·   **87.** 1)
πελαζόμενοι·   2) ὑποστρέψομεν

οὐκ ἠβουλήθην ὑποστρέψαι. ὑπήντων δὲ ἡμῖν θηρία πολλὰ καὶ ἑξάποδα καὶ τριόφθαλμα καὶ πεντόφθαλμα, τὸ μῆκος ἔχοντα πήχεις δέκα, καὶ ἄλλα πολλὰ γένη θηρίων· καὶ ἃ μὲν ἀνεχώρουν [fol. 243ᵇ] φεύγοντα³), ἃ δὲ καὶ ἐφήλλοντο⁴) ἡμῖν. ἤλθομεν⁵) δὲ εἰς ἀμμώδη⁶) τινὰ τόπον, ὅθεν ἐξῆλθον θηρία ὅμοια ὀνάγρων, ἔχοντα ἀνὰ πήχεις⁷) κ΄, οὐκ⁸) εἶχον δὲ ἀνὰ δύο ὀφθαλμούς⁹), ἀλλὰ ἀνὰ ἕξ, τοῖς δὲ δυσὶ μόνοις ἔβλεπον. οὐκ ἦσαν δὲ μάχιμα¹⁰), ἀλλὰ ἤπια. καὶ ἄλλα δὲ πολλὰ κατέβαλον τόξοις οἱ στρατιῶται. ἐκεῖθεν δὲ ἀναχωρήσαντες ἤλθομεν εἴς τινα τόπον, ἔνθα ἦσαν ἄνθρωποι ἀκέφαλοι, λαλοῦντες δὲ ἀνθρωπίνως τῇ ἰδίᾳ γλώσσῃ, δασεῖς, δερματοφόροι, ἰχθυοφάγοι· θαλασσίους δὲ ἰχθῦς¹¹) ἀγρεύοντες ἐκόμιζον ἡμῖν ἐκ τῆς παρακειμένης αὐτοῖς¹²) θαλάσσης, ἄλλοι δὲ ἐκ τῆς γῆς ὕδνα¹³) ἔχοντα ἀνὰ λίτρας¹⁴) κε΄. φώκας δὲ πλείστας καὶ μεγάλας εἴδομεν¹⁵) ἑρπούσας ἐπὶ τῆς γῆς. πολλὰ δὲ οἱ φίλοι ἡμῶν συνεβουλεύσαντο ὑποστρέψαι, ἐγὼ δὲ οὐκ ἠβουλήθην, θέλων ἰδεῖν τὸ τέλος τῆς γῆς.

Cap. 38.

Ἐκεῖθεν οὖν ἀναλαβόντες ἔρημον ὡδεύσαμεν¹) ἐπὶ θάλασσαν, μηκέτι μηδὲν ὁρῶντες, μήτε πετεινὸν²) μήτε θηρίον, εἰ μὴ τὸν οὐρανὸν καὶ τὴν γῆν· τὸν δὲ ἥλιον οὐκέτι ἐθεωροῦμεν, ἀλλὰ μαῦρον τὸν ἀέρα ἐπὶ ἡμέρας δέκα. ἐλθόντες δὲ εἴς τινα τόπον παραθαλάσσιον καὶ τὰς σκηνὰς ἡμῶν καὶ τὴν παρεμβολὴν διαθέντες ἐμείναμεν ἡμέρας πλείστας. ἦν δὲ νῆσος ἐν μέσῳ τῆς θαλάσσης ἐκείνης. ἐπιθυμίαν δὲ εἶχον τὰ ἐν ἐκείνῳ τῷ τόπῳ ἔσωθεν ἱστορῆσαι. προσέταξα δὲ κατασκευάσαι πλοιάρια πλεῖστα. ἀνῆλθον [fol. 244ᵃ] δὲ³) ἐν ἐκείνοις τοῖς πλοιαρίοις ἄνδρες ὡσεὶ χίλιοι καὶ κατεπλεύσαμεν εἰς⁴) ἐκείνην⁵) τὴν⁶) νῆσον⁷), οὐ μακρὰν δὲ οὔσης⁸) τῆς γῆς· ἐφ᾽ ἧς ἠκούσαμεν λαλιὰς ἀνθρώπων Ἑλληνικῇ διαλέκτῳ λεγόντων·⁹)

Ὁ παῖς Φιλίππου, Αἰγύπτου δὲ τὸ σπέρμα,
κλῆσιν ἔσχηκας σημαίνουσαν¹⁰) τὸ μέλλον
ὑπὸ σοῦ πραχθὲν εὐτύχημα γενναίως·
ἀπὸ μήτρας γὰρ Ἀλέξανδρος ἐκλήθης·
ἤλεξας ἄνδρας ὡς τούτους ἐκδιώκων,
καὶ ἀποσοβῶν βασιλεῖς ἐξ οἰκείων·
† Ἀλεξάνδρου (Ἀλέξανδρος?) δὲ παντὸς τάχους ἐγένου, †
συμπληρουμένου σοῦ δευτέρου στοιχείου
τοῦ ὀνόματος, ὃ κλῆσιν¹¹) ἔσχε λάβδα.

Καὶ τούτους μὲν τοὺς λόγους ἠκούομεν¹²), τοὺς δὲ λαλοῦντας οὐκ ἐθεωροῦμεν. τινὲς δὲ στρατιῶται παραβουλευσάμενοι κολύμβῳ

---

3) φέγγοντες   4) ἐφ᾽ ἕλλοντο   5) ἤλθωμεν   6) ἀμώδη   7) πήχας
8) οὐχ   9) ὀφθαλμῶν·   10) μάχημα   11) ἰχθύ   12) αὐτῆς   13) ἤδνα
14) ἀναλύτρας   15) ἴδωμεν   **38.** 1) ὁδεύσαμεν   2) πετηνόν·   3)
ἀνελθόντα   4) ἐν   5) ἐκείνῃ   6) τῇ   7) νήσω·   8) οὔσης   9) λέγοντα
10) σημαίνουσα   11) κλῖσις   12) ἠκούαμεν·

διήλθον ἀπὸ τῶν πλοίων εἰς τὴν γῆν τῆς νήσου ἱcτορῆcαι, καὶ
εὐθέωc καρκίνοι ἐξελθόντεc εἵλκυcαν αὐτοὺc εἰc τὸ ὕδωρ καὶ
ἀνεῖλον. φοβηθέντεc οὖν ὑπεcτρέψαμεν εἰc τὴν γῆν.
Ἐξελθόντων δὲ ἡμῶν ἀπὸ τῶν πλοίων καὶ ἐκπεριπατούντων
ἐπὶ τὴν ὄχθην [13]) τῆc θαλάccηc εὕρομεν καρκίνον ἐξελθόντα τοῦ
ὕδατοc ἐπὶ τὴν ξηράν. ἦν δὲ τὸ μέγεθοc αὐτοῦ ἴcον θώρακοc, οἱ
δὲ ἐμπρόcθιοι πόδεc οἱ λεγόμενοι χαλοὶ (χηλαὶ?) τὸ μῆκοc ἀνὰ
ὀργυίαc [11]) μιᾶc ἕκαcτοc. ἰδόντεc δὲ αὐτὸν καὶ λαβόντεc δόρατα fol. 244ᵇ
ἀνείλομεν αὐτὸν μετὰ βίαc· cίδηροc γὰρ οὐκ εἰcήρχετο εἰc τὸ [15])
ὄcτρακον αὐτοῦ· τοῖc γὰρ ἐμπροcθίοιc ποcὶν cυνέτριβε τὰ δόρατα
ἡμῶν. ἀνελόντεc [16]) δὲ τοῦτον καὶ ἀναπτύξαντεc [17]) εὕρομεν ἐντὸc
τοῦ ὀcτράκου αὐτοῦ μαργαρίταc ζ' μεγάληc τιμῆc ἀξίουc· οὐδεὶc
ἀνθρώπων τοιούτουc μαργαρίταc ἑώρακεν πώποτε. τούτουc ἰδὼν
ἐγὼ ὑπέλαβον ἐν τῷ τῆc ἀπλεύcτου θαλάccηc (βυθῷ) ταῦτα γενέ-
cθαι. ὅθεν ὑπενόηcα κλωβὸν [18]) cιδηροῦν [19]) μέγαν γενέcθαι καὶ
ἔνδοθεν τοῦ κλωβοῦ [20]) ἐπενεχθῆναι αὐτῷ πίθον [21]) ὑέλινον [22]) παμ-
μεγέθη ἔχοντα πάχει [23]) ἕνα [24]) πῆχυν καὶ ἥμιcυ, καὶ ἐκέλευcα γενέ-
cθαι ἐν τῷ πυθμένι [25]) τοῦ πίθου [26]) τρυμαλιάν [27]), ὡc χωρεῖν [ᵇ) τοῦ
ἀνθρώπου τὴν χεῖρα, βουλόμενοc κατελθεῖν καὶ ἀναμαθεῖν τί ἐcτιν
ἐν τῷ πυθμένι [ᵐ]) τῆc τοιαύτηc θαλάccηc· ἔχειν δὲ κεκλειcμένην
ἔνδοθεν [ᵐ]) τῆc τρυμαλιᾶc [31]) τὴν ὀπὴν τὴν οὖcαν ἐν τῷ πυθμένι [ᵐ])
τοῦ πίθου [ᵐ]), κατελθόντα δέ με εὐθέωc ἀνοῖξαι [ᵐ]) ἐξάγειν [ᵐ]) τε διὰ
τρυμαλιᾶc [31]) τὴν χεῖρα καὶ λαβεῖν ἐκ τῆc παρακειμένηc αὐτοῦ [ᵐ])
ψάμμου τὸ εὑρεθὲν ἐν τῷ πυθμένι [ᵐ]) τῆc τοιαύτηc θαλάccηc καὶ
πάλιν εἰcενεγκεῖν τὴν χεῖρα καὶ παραχρῆμα ἐμφράξαι τὴν τρυμα-
λιάν. [ᵐ]) ὃ καὶ πεποίηκα. ἐκέλευcα οὖν γενέcθαι ἅλυcιν [ᵐ]) ὀργυιῶν [ᵐ])
τη' καὶ προcέταξα μή τιc [37]) ἀνελκύcη με [ᵐ]) πρὶν ἢ ἡ ἅλυcιc [ᵐ]) ταραχθῇ· fol. 245ᵃ
ἐγὼ γὰρ κατελθὼν ἐν τῷ πυθμένι [ᵐ]) εὐθὺc ταράξω [40]) τὸν πίθον [41]),
καὶ ὑμεῖc ἀναγάγετέ [41]) με. μετὰ οὖν τὸ καταcκευάcαι πάντα εἰcῆλ-
θον ἐν τῷ ὑαλίνῳ [42]) πίθῳ [43]) βουλόμενοc ἐπιχειρεῖν ἀδύνατα. εἰcελ-
θὼν οὖν διὰ μολυβδίνου [44]) cκεύουc εὐθὺc ἐκλείcθη ἡ εἴcοδοc. [45]) κα-
τελθὼν δὲ πήχειc [46]) ρκ' ἰχθὺc διελθὼν διὰ τῆc κέρκου κρούcαc τὸν
κλωβόν [18]), ἀνήγαγόν με διὰ (τὸ) τὴν ἅλυcιν [ᵐ]) ταραχθῆναι. ἐγὼ δὲ
πάλιν (κατελθὼν) τὸ αὐτὸ πέπονθα τρίc. καὶ κατελθὼν ὡcεὶ πή-
χειc [46]) τη' ἔβλεπον ἰχθύαc περικυκλώcαντάc [47]) με πάμπολλα [48])
γένη. καὶ ἰδοὺ ἐλθὼν παμμεγεθέcτατοc ἰχθὺc ἔλαβέν [49]) με cὺν τῷ
κλωβῷ [50]) ἐν τῷ cτόματι αὐτοῦ καὶ ἀνήγαγέ με ἐπὶ τὴν γῆν μακρό-
θεν, μίλιον ἕν. ἦcαν δὲ [51]) ἐν τοῖc πλοίοιc οἱ καταγαγόντεc με
ἄνδρεc τε΄ καὶ πάντεc εἵλκυcαν ἐν τοῖc τέccαρcι πλοιαρίοιc. φθά-

---

13) ὄχθαν 14) οὐργίαc 15) τὸν 16) ἀνελόντα 17) ἀπόπτήξαντεc·
18) κλοβὸν 19) cιοηρὸν 20) κλοβου 21) πόθον 22) ὑέλλινον 23)
πάχοι 24) μίαν 25) πιθμένι 26) πύθου 27) τριμαλιάν 28) χωροῦν
29) πιθμένη 30) ἔδοθεν 31) τριμαλιᾶc 32) ἀνῆλξε· 33) ἐξάγει 34)
αὐτῆc 35) ἅλυcον 36) οὐργίαc 37) μηδέν 38) μαι 39) ἅλυcοc
40) ταράξει 41) ἀναγάγεταί 42) ὑαλλίνω 43) πύθω· 44) μολιβδύνου
45) εἴcοδοc· 46) πήχαc 47) περικυκλώcαντέc 48) πάμπολα 49) ἔλαβόν
50) κλοβῷ 51) γὰρ

cᾱc δὲ [τὴν κλωβὸν ⁵²) ἐπὶ τὴν Ξηρὰν] καὶ τοῖc⁵³) ὀδοῦcιν³⁴) αὐτοῦ
τὴν κλωβὸν ¹⁹) cυντρίψαc ἔρριψεν ἐπὶ τὴν Ξηράν. ἐγὼ δὲ ἐγενόμην
ἡμίπνουc⁵¹) καὶ νενεκρωμένοc⁸⁵) ἀπὸ τοῦ φόβου καὶ πεcὼν προc-
εκύνηcα τῇ ἄνω προνοίᾳ τῇ διαφυλαξάcῃ ⁵⁸) με ζῶντα ἀπὸ τοῦ
φοβεροῦ θηρίου. εἶπον δὲ εἰc ἐμαυτόν· ἀπόcτα, Ἀλέξανδρε,
ἀδυνάτοιc ἐπιχειρεῖν⁵⁷), μήπωc ἀνιχνεύων⁵⁸) βυθὸν cτερηθῇc⁵⁹)
ful. 245ᵇ καὶ τοῦ ζῆν. καὶ εὐθὺc προcέταξα τὸν cτρατὸν ἐκεῖθεν ἀπᾶραι καὶ
ἐπὶ τὰ⁶⁰) ἔμπροcθεν πορεύεcθαι.

CAP. 39.

Καὶ πάλιν ὀδεύcαντεc ἤλθομεν διὰ δύο ἡμερῶν εἰc τόπουc
ὅπου ·ἥλιοc οὐ λάμπει. ἐκεῖ οὖν ἐcτιν ἡ καλουμένη μακάρων
χώρα. καὶ θέλοντόc μου ἱcτορῆcαι καὶ ἰδεῖν τοὺc τόπουc ἐκείνουc
ἐπεχείρηcα λαβεῖν τοὺc ἰδίουc μου δούλουc καὶ εἰcελθεῖν πρὸc
αὐτούc. Καλλιcθένηc δὲ ὁ ἐμὸc φίλοc cυνεβούλευcέ μοι εἰcελθεῖν
cὺν φίλοιc μ᾽ καὶ παιcὶν ἑκατὸν καὶ cτρατιώταιc ¹) ,αc᾽ μόνοιc γνη-
cίοιc. καταλείψαc οὖν τὸν πεζὸν λαὸν μετὰ τῶν γερόντων καὶ
τῶν γυναικῶν αὐτὸc [οὖν] παραλαβὼν πάνταc νέουc cτρατιώταc
ἐκλεκτοὺc ἐπορεύθην cὺν αὐτοῖc, παραγγείλαc μὴ cυμπορευθῆναι
μεθ᾽ ἡμῶν γέροντα. εἰc δέ τιc γέρων περίεργοc ἔχων δύο υἱοὺc
γενναίουc καὶ ἀληθεῖc cτρατιώταc λέγει ²) πρὸc αὐτούc· τεκνία,
ἀκούcατε τῆc φωνῆc τοῦ πατρὸc ὑμῶν καὶ λάβετέ με μεθ᾽ ὑμῶν,
καὶ οὐχ ³) εὑρεθήcομαι ὑμῖν κενὸc ἐν τῇ ὁδῷ· ἰδοὺ γὰρ ἐν καιρῷ
περιcτάcεωc ζήτηcιc μέλλει γενέcθαι (γέροντοc) παρ᾽ Ἀλεξάνδρου
τοῦ βαcιλέωc. εἰ οὖν εὑρεθῆτέ με ἔχοντεc ⁴), μεγάλωc τιμηθήcεcθε.
οἱ δὲ λέγουcιν αὐτῷ· φοβούμεθα, πάτερ, τὴν ἀπειλὴν τοῦ βαcι-
ful. 246ᵃ λέωc, μήπωc εὑρεθῶμεν παραβάντεc τὸ πρόcταγμα αὐτοῦ καὶ
cτερηθῶμεν⁵) † ἐπὶ τῇ cτρατιᾷ † καὶ τοῦ ζῆν. ὁ δὲ γέρων· ἀνα-
cτάντεc κείρατέ μου τὸν πώγωνα⁶) καὶ ἀλλάξαcθε⁷) τὸ cχῆμα καὶ
πορεύcομαι μεθ᾽ ὑμῶν⁸) ἀνὰ μέcον τοῦ cτρατοῦ καὶ ἐν καιρῷ δέ-
οντι⁹) μεγάλωc ὑμᾶc ὠφελήcω.¹⁰) οἱ δὲ ἐποίηcαν τὸ κελευcθὲν
ὑπὸ τοῦ πατρὸc αὐτῶν. ἐκεῖθεν οὖν ὀδεύcαντεc ἡμέραc γ᾽ εὕρο-
μεν τόπον ὁμιχλοειδῆ. μὴ δυναμένων δὲ ἡμῶν πορρωτέρω ¹¹) προ-
βῆναι διὰ τὸ ἄβατον καὶ ἀcτίβητον ¹²) τὸν τόπον εἶναι, ἐπήξαμεν
ἐκεῖ τὰc cκηνὰc ἡμῶν. τῇ δὲ ἐπιούcῃ λαβὼν χιλίουc ἐνόπλουc
εἰcῆλθον μετ᾽ αὐτῶν ἱcτορῆcαι, μήπωc ἐνταῦθά ἐcτιν τὸ τέλοc
τῆc γῆc. εἰcελθόντεc οὖν ἐν τοῖc ἀριcτεροῖc μέρεcιν, ἦν γὰρ ἐκεῖνο
τὸ μέροc φωτεινότερον, ὠδεύcαμεν ¹³) τόπουc πετρώδειc καὶ κρη-
μνώδειc ¹⁴) ἕωc ἡμέραc ἡμίcουc· τοῦτο δὲ ἐκ τοῦ ἡλίου οὐκ ἐπέ-
γνων ¹⁵), [τὴν ὁδόν·] ἀλλὰ cχοίνοιc ¹⁶) μετρῶν κατὰ τὴν γεωμετρίαν

52) τοὺc   53) ὀδόντας ‹ 54) ἡμήπνους   55) νενεκρομένος   56)
διαφυλαξάcει   57) ἐπιχειροῖν·   58) ἀνιχνεῦον   59) cτεριθεὶc   60) τοῖc
39. 1) cτρατιώταc   2) λέγων   3) οὐκ   4) ἔχοντα   5) ὑcτερηθῶμεν
6) πώγονα   7) ἀλλάξαcθαι   8) ἡμῶν .   9) δέοντοc (δὲ ὄντοc)   10)
ὀφελήcω· ·   11) παρ᾽ ἑτέρω   12) ἀcτείβητον   13) ὀδεύcαμεν   14)
κρυμνώδειc·   15) ἐπέγνω   16) cχοίνους

ἐπέγνων¹⁵) τὴν ὁδὸν καὶ τὴν ὥραν. μετὰ δὲ ταῦτα φοβηθέντες ὑπεστρέψαμεν διὰ τὸ τὴν ὁδὸν ἄβατον εἶναι. ἐξελθόντες δὲ ἠβουλήθημεν ἐν τοῖς δεξιοῖς μέρεσιν. ἦν δὲ πεδίον λίαν ὁμαλόν, πλὴν ζοφῶδες καὶ σκοτεινόν. ἐγὼ δὲ ἐν ἀμηχανίᾳ ἐγενόμην, ὅτι οὐδεὶς fol. 246 ᵇ τῶν νέων cυνεβούλευcέ μοι εἰcελθεῖν ἐν τῷ τόπῳ ἐκείνῳ, μήποτε [γὰρ] τῶν ἵππων (διὰ τοῦ ϲκότουϲ) καὶ τῆϲ μακρᾶϲ ὁδοῦ διαϲκορπιϲθέντων οὐ δυνάμεθα ὑποϲτρέψαι. ἐγὼ δὲ εἶπον πρὸϲ αὐτούϲ· ὦ γενναῖοι πάντεϲ ὑμεῖϲ ἐν πολέμῳ, νῦν ἐγνώκατε ὅτι ἄνευ βουλῆϲ ¹⁷) καὶ ϲυνέϲεωϲ οὐδέν ἐϲτιν γενναιότατον· εἰ γὰρ ἦλθεν γηραιόϲ, ϲυνεβούλευϲεν ἂν ἡμῖν πῶϲ δεῖ εἰϲελθεῖν ἐν τῷ ζοφώδει¹⁸) τούτῳ¹⁹) τόπῳ. ἀλλ' οὖν τίϲ ἐν ὑμῖν γενναῖοϲ, ὃϲ ἀπελθὼν ἐν τῇ παρεμβολῇ ἐνέγκῃ²⁰) μοι γέροντα; καὶ παρ' ἐμοῦ λήψεται χρυϲοῦ λίτραϲ²¹) δέκα. οὐδεὶϲ οὖν εὑρέθη τοῦτο ποιῆϲαι διὰ τὸ τῆϲ ὁδοῦ μῆκοϲ καὶ διὰ τὸ τὸν ἀέρα ἀφεγγῆ εἶναι. προϲελθόντεϲ οὖν οἱ υἱοὶ τοῦ γέροντοϲ λέγουϲί μοι· ἐὰν ἀνεικάκωϲ ἀκούϲῃϲ, δέϲποτα, ἐροῦμεν (τι) πρὸϲ ϲέ. κἀγὼ δέ· εἴπατε ὅ τι δ'²²) ἂν βούληϲθε.²³) ὄμνυμι²⁴) γὰρ τὴν ἄνω πρόνοιαν τοῦ μὴ ἀδικῆϲαι ὑμᾶϲ. οἱ δὲ εὐθέωϲ διηγήϲαντό μοι τὰ περὶ τοῦ πατρὸϲ αὐτῶν καὶ ποδαπῶϲ ἤγαγον αὐτόν, καὶ δραμόντεϲ παρέϲτηϲαν αὐτὸν τὸν γέροντα. ἐγὼ δὲ ἰδὼν κατηϲπαϲάμην αὐτὸν καὶ βουλὴν ᾐτουν δοθῆναι ἡμῖν. ὁ δὲ γέρων λέγει· Ἀλέξανδρε βαϲιλεῦ, ἔξεϲτίν ϲοι τοῦτο γνῶναι, ὅτι εἰ μὴ²⁵) μεθ' ἵππων εἰϲέληθιϲ οὐκέτι τὸ φῶϲ ὄψει. ἐπίλεξαι οὖν ἵππουϲ θηλείαϲ²⁶) ἐχούϲαϲ πώλουϲ· καὶ τοὺϲ μὲν πώλουϲ fol. 247 ᵃ ἔαϲον²⁷) ἐνταῦθα, ὑμεῖϲ δὲ εἰϲέλθετε²⁸) μετὰ τῶν ἵππων, καὶ αὗται²⁹) ἐξάξουϲιν ὑμᾶϲ³⁰) διὰ τοὺϲ αὐτῶν πώλουϲ. ζητήϲαϲ οὖν ἐν παντὶ τῷ ϲτρατῷ οὐχ εὕρομεν εἰ μὴ³¹) ρ' ἵππουϲ θηλείαϲ³²) ἐχούϲαϲ πώλουϲ. λαβὼν οὖν ταύταϲ καὶ ἑτέρουϲ ἵππουϲ ρ' ἐπιλέκτουϲ, ὁμοίωϲ καὶ ἑτέρουϲ ἵππουϲ βαϲτάζονταϲ τὰ πρὸϲ τὴν χρείαν, εἰϲήλθομεν κατὰ τὴν βουλὴν τοῦ γέροντοϲ, καὶ ἐάϲαμεν τοὺϲ πώλουϲ ἔξω.

Ὁ δὲ γέρων παρήγγειλεν τοῖϲ υἱοῖϲ αὐτοῦ, ὅ τι δ'¹¹) ἂν εὕρωϲιν μετὰ τὸ εἰϲελθεῖν ἐπὶ τῆϲ γῆϲ κείμενον ϲυλλέγειν αὐτὰ καὶ βαλεῖν ἐπὶ τοῖϲ μαρϲίποιϲ αὐτῶν. εἰϲῆλθον οὖν τριακόϲιοι ἑξήκοντα ϲτρατιῶται (καὶ) ἐκέλευϲα προπορεύεϲθαι τοὺϲ ἑξήκοντα πεζούϲ. καὶ οὕτωϲ εἰϲήλθομεν ὁδὸν ὡϲεὶ ϲχοίνουϲ³³) ιε' καὶ εὕρομεν τόπον καὶ ἦν ἐν αὐτῷ πηγὴ διαυγήϲ, ἧϲ τὸ ὕδωρ ἤϲτραπτεν ὡϲ ἀϲτραπή, καὶ ἕτερα πλεῖϲτα ὑδάτων. ἦν δὲ καὶ ὁ ἀὴρ τοῦ τόπου ἐκείνου εὐώδηϲ, καὶ οὐ πάνυ ϲκοτεινόν. πρόϲπεινοϲ δὲ γενόμενοϲ ἠθέληϲα δέξαϲθαι ἄρτον, καὶ καλέϲαϲ τὸν μάγειρον [Ἀνδρέαν ὀνόματι³⁴)] εἶπον αὐτῷ· εὐτρέπιϲον ἡμῖν προϲφάγιον.³⁴)

---

17) βούλου (ϲυμβούλου?)   18) ζοφώδῃ   19) τοῦτο   20) ἐνέγκει   21) λύτραϲ   22) εἰ τιὸ'   23) βούλεϲθαι·   24) ὤμνημοι   26) μί   26) θηλίαϲ — am ende der seite bemerkt: καὶ ἐν ἑτέρῳ λόγῳ· ὄνουϲ θηλίαϲ ἐχούϲαϲ πωλάρια εἰϲ τὴν παρεμβολὴν τῶν φωϲάτων (oder τοῦ φουϲάτου?) παρακρατηθῆναι·   27) ἔαϲαϲ   28) εἰϲέλθατε   29) αὐτὰι   30) ἡμᾶϲ·   31) ἢ τοιὸ'   32) ϲχοινίουϲ   33) ὀνϋτϊ die eingeklammerten worte von gleichzeitiger hand am rande bemerkt.   34) προϲφάγειον·

ὁ δὲ τάριχον λαβὼν ἐπορεύθη ἐπὶ τὸ διαυγὲς ὕδωρ τῆς γῆς πλύ-
fol. 247ᵇ ναι τὸ ἔδεσμα. καὶ εὐθέως βραχὲν ἐν τῷ ὕδατι ἐψυχώθη καὶ ἔφυγε
τὰς χεῖρας τοῦ μαγείρου. ἐκεῖνος δὲ φοβηθεὶς οὐκ ἀνήγγειλέ μοι
τὸ γεγονός³⁵)· αὐτὸς δὲ λαβὼν ἐξ αὐτοῦ τοῦ ὕδατος ἔπιεν καὶ
ἔλαβεν ἐν ςκεύει τινὶ ἀργυρῷ καὶ ἐφύλαξεν· ἦν γὰρ πᾶς ὁ τόπος
βρύων ὕδατα πολλά, ἐξ ὧν ὑδάτων πάντες ἐπίομεν.³⁶) ὦ τῆς ἐμῆς
δυςτυχίας³⁷), ὅτι οὐκ ἔκειτό μοι πιεῖν ἐκ τῆς ἀθανάτου ἐκείνης
πηγῆς τῆς ζωογονούσης τὰ ἄψυχα, ἧς ὁ ἐμὸς μάγειρος τετύχηκεν.

Cap. 40.

Μετὰ δὲ τὸ λαβεῖν βρώςεως ἀναστάντες ὡδεύσαμεν¹) ὡςεὶ
ςχοίνους ςλ' πλεῖον ἢ ἔλαττον· λοιπὸν ὡδεύσαμεν ἰδόντες αὐγὴν²)
ἄνευ ἡλίου καὶ ςελήνης καὶ ἄστρων. καὶ εἶδον δύο ὄρνεα πετό-
μενα³) καὶ μόνον ἔχοντα ὄψεις ἀνθρωπίνας, Ἑλληνικῇ (δὲ) δια-
λέκτῳ ἐκραύγαζον· τί χώραν πατεῖς, Ἀλέξανδρε, τὴν θεοῦ μόνου;
ἀνάστρεφε, δείλαιε, ἀνάστρεφε· μακάρων νήςους πατεῖν οὐ δυ-
νήςει. ἀνάστρεψον, ἄνθρωπε, καὶ τὴν δεδομένην ςοι γῆν πάτει
καὶ μὴ κόπους πάρεχε ςεαυτῷ. ςύντρομος δὲ γενόμενος κάλλιστα
ὑπήκουσα τῇ φωνῇ ὑπὸ τῶν ὀρνέων μοι δεδομένῃ.⁴) τὸ δὲ ἕτερον
ὄρνεον πάλιν ἐφθέγξατο Ἑλληνικῇ διαλέκτῳ· ἐγκαλεῖταί (ἐκκα-
fol. 248ᵃ λεῖταί?) ςε, φηςίν, ἡ ἀνατολὴ καὶ ἡ Πώρου βασιλεία νίκη⁵) ὑπο-
ταγήςεταί ςοι. καὶ ταῦτα εἰπόν⁶) τὸ ὄρνεον ἀνέπτη.⁷) ἐγὼ δὲ
ἐξιλεωςάμενος καὶ † κρατῶν τὸν ὁδηγόν, τὰς ἵππους ἔμπροσθεν
βαλόντες, † πάλιν κατὰ τὴν ἄμαξαν τῶν ἀστέρων δι' ἡμερῶν κβ'
ἐξήλθομεν πρὸς τὴν φωνὴν τῶν πώλων καὶ τῶν μητέρων αὐτῶν.
πολλοὶ οὖν τῶν ςτρατιωτῶν ἐβάςταςαν ἕκαστος δ εὗρε. ἐξαιρέτως
δὲ οἱ τοῦ γέροντος υἱοὶ ἔπληςαν τοὺς μαρςίπους αὐτῶν κατὰ τὴν
τοῦ πατρὸς αὐτῶν παραγγελίαν.

Cap. 41.

Καὶ ἐξελθόντων ἡμῶν πρὸς τὸ φῶς εὑρέθηςαν χρυςίον δόκι-
μον λαβόντες καὶ μαργαρίτας μεγάλους τιμῆς ἀξίους. τοῦτο δὲ
ἰδόντες μετεμελήθηςαν οἱ μὲν λαβόντες ὅτι μὴ πλέον ἔλαβον, οἱ
δὲ μὴ λαβόντες ὅτι οὐκ ἔλαβον. ὑπερευχόμεθα οὖν πάντες τῷ
γέροντι τῷ δόντι ἡμῖν τοιαύτην βουλήν.
Μετὰ δὲ τὸ ἐξελθεῖν ἡμᾶς διηγήςατο ὁ μάγειρος τὸ¹) ςυμβὰν
αὐτῷ ἐπὶ τῆς πηγῆς. ἐγὼ δὲ τοῦτο²) ἀκούςας ςυνεχύθην³) λύπῃ
καὶ τοῦτον δεινῶς ἐκόλαςα. ὁ μὲν (οὖν) εἶπεν⁴) πρὸς ἐμαυτόν·
τί ςοι τὸ ὄφελος, Ἀλέξανδρε, μεταμεληθῆναι⁵) ἐπὶ πράγματι πα-

---

35) γεγονώς·   36) ἐπίωμεν·   37) δυςτιχείας   **40.** 1) ὁδεύσαμεν
2) αὐτὴν 3) πετώμενα 4) δεδομένην· 5) νίκη 6) εἰπὼν 7) ἀνέπτη-
ςεν·   *) der armenischen übersetzung liegt etwa folgender griechische
text zu grunde: καὶ λαβόντες οὖν ὁδηγὸν τὸν ἀςτέρα τὸν ἐπὶ τῷ πόλῳ
οὕτως ἐξήλθομεν κτλ.   **41.** 1) τῷ   2) τούτω   3) ςυνεχέ͇θη τῇ   4)
εἶπον 5) μεταμεληθείς

ρελθόντι; οὐκ ᾔδειν⁶) δὲ ὅτι ἐκ τοῦ ὕδατος ἔπιεν ἢ ὅτι ἐφύλαξεν·
τοῦτο γὰρ οὐχ⁷) ὡμολόγησεν⁹), εἰ μὴ⁸) ὅτι ἐψυχώθη τὸ τάριχος. ¹⁰)
προσελθὼν δὲ ὁ μάγειρος τῇ ἐμῇ θυγατρὶ τῇ ¹¹) ἐκ τῆς παλλακῆς ¹²) fol. 248 ᵇ
Οὔννας ¹³) ὀνόματι Καλῆ ¹⁴) ἐπλάνησεν καί τι ὑποσχόμενος ¹⁵) αὐτῇ ¹⁶)
δοῦναι ἐκ τῆς ἀθανάτου πηγῆς· ὃ καὶ πεποίηκεν. ἐγὼ δὲ τοῦτο
μαθὼν — ἐρῶ τὸ ἀληθές — ἐφθόνησα ¹⁷) τῇ ἀθανασίᾳ αὐτῶν. καὶ
τὴν ἐμὴν θυγατέρα ¹⁸) προσκαλεσάμενος εἶπον αὐτῇ· λαβοῦσά ¹⁹)
σου τὸν ἱματισμὸν ἔξελθε τοῦ προσώπου μου· ἰδοὺ γὰρ γέγονας
δαίμων ἀπαθανατισθεῖσα. ²⁰) Καλὴ μὲν τῷ ὀνόματι ²¹) ἐκλήθης·
ἀρτίως δὲ καλέσω σε Καλὴν τῶν ὀρέων, ὅτι ἐν αὐτοῖς τοῦ λοιποῦ
κατοικήσεις ²²)· ἔςῃ ²³) δὲ κεκλημένη Νηραΐδα ²⁴), ὡς ἐκ τοῦ νηροῦ ²⁵)
τὰ ἴδια δεξαμένη, τουτέστιν τὰ ἀθάνατα. καὶ ταῦτα εἰπὼν προσ-
έταξα ²⁶) τοῦ λοιποῦ μὴ οἰκεῖν ἐν ἀνθρώποις, ἀλλ᾽ ἐν τοῖς ὄρεσιν.
ἡ δὲ κλαίουσα καὶ ὀδυρομένη ἐξῆλθε τοῦ προσώπου μου καὶ ἀπῆλ-
θεν οἰκῆσαι μετὰ δαιμόνων ἐν ἐρήμοις τόποις. τὸν δὲ μάγειρον
προσέταξα δεθῆναι μύλον ἐν τῷ τραχήλῳ αὐτοῦ καὶ ῥῖψαι αὐτὸν
ἐν τῇ θαλάσσῃ. ὁ δὲ ῥιφεὶς ²⁷) ἐγένετο δαίμων καὶ ἀπελθὼν κατώ-
κησεν ἔν τινι τόπῳ τῆς θαλάσσης, ἀφ᾽ οὗ καὶ τὸ ὄνομα ἐκλήθη
Ἀνδρέας. καὶ ταῦτα μὲν περὶ τοῦ ἐμοῦ μαγείρου καὶ τῆς ἐμῆς θυ-
γατρός. ἐγὼ δὲ ὑπέλαβον ²⁸) διὰ πάντων τούτων, ὅτι ἐνταῦθά ἐστι
τὸ τέλος τῆς γῆς. προσέταξα δὲ κτισθῆναι ἁψῖδα ἐν τῷ τόπῳ fol. 249 ᵃ
ἐκείνῳ μεγίστην καὶ γράψαι διὰ γλυφίδος οὕτως· οἱ βουλόμενοι
εἰσελθεῖν ἐν τῇ μακάρων χώρᾳ, δεξιᾷ πορεύεσθε ²⁹), μήποτε ἀπό-
λησθε. ³⁰)
Πάλιν οὖν διενοήθην ἐν ἑαυτῷ λέγων εἰ πάντως ³¹) ἐνταῦθά
ἐστιν τὸ τέρμα τῆς γῆς καὶ ὁ οὐρανὸς ἐνταῦθα κλίνεται. ἠβουλή-
θην οὖν ἱστορῆσαι τὴν ἀλήθειαν. προσέταξα οὖν συλληφθῆναι ἐκ
(τῶν ὀρνέων) τοῦ τόπου ἐκείνου δύο. ἦσαν γὰρ ὄρνεα μέγιστα
λευκά, ἀλκιμώτατα πάνυ καὶ ἥμερα· βλέποντα γὰρ ἡμᾶς οὐκ ἔφευ-
γον. τινὲς δὲ τῶν στρατιωτῶν ἐπέβαινον τοῖς τραχήλοις αὐτῶν,
καὶ ἀνέπτοντο ³²) βαστάζοντες αὐτούς. ἐσθίουσιν ³³) δὲ θήρας ἀγρίας,
ἔνθεν καὶ πλεῖστοι τῶν τοιούτων ὀρνέων ³⁴) ἦλθον πρὸς ἡμᾶς διὰ
τοὺς θνήσκοντας ἵππους. δύο οὖν ἐξ αὐτῶν κρατήσας προσέταξα
μέχρις ἡμερῶν τριῶν μὴ δοθῆναι αὐτοῖς ³⁵) βρῶσιν. τῇ δὲ τρίτῃ
ἡμέρᾳ προσέταξα κατασκευασθῆναι ξύλον ὅμοιον ζυγῷ καὶ .... *)
(καὶ) ταύτην ³⁵) προσδεθῆναι ἐν μέσῳ ³⁷) τοῦ ζυγοῦ· ταύτην δὲ
κατεσκεύασα ὥσπερ σπυρίδα ³⁸), κρατῶν δύο δόρη ³⁹) ὡσεὶ ἑπτὰ
πηχῶν τὸ μῆκος καὶ ἔχοντα ἐπάνω ἧπαρ ἵππων. ⁴⁰) εὐθὺς οὖν

---

6) εἴδην 7) οὐκ 8) ὁμολόγησεν· 9) μι 10) τάριχον 11) τὴν
12) παλακῆς 13) οὖν ναc (dazwischen scheinen 2 buchstaben zu fehlen)
14) καλὴν 15) ὑποσχώμενος 16) αὐτῆς 17) ἐφθώνησα 18) θυγατέραν
19) λαβῶν 20) ἀπαθανατηθεῖσοι· 21) ὀνόμτι 22) κατοικήσης· 23) ἔςυ
24) νεραῖδα· 25) νεροῦ 26) προσέταξεν 27) ῥιφῆς 28) ὑπέλαβα
29) πορεύεσθαι· 30) ἀπωλεῖσθαι· 31) πάντος 32) ἀνήπτοντο (ἀνί-
πταντο?) 33) ἐσθίουσαν 34) ὀρνέων 35) αὐτὰ *) ein wort oder
einige ausgefallen. 36) ταῦτα 37) μέσον 38) σπυρίδα· 39) δόρυ
40) ἱππέων

ἀνέπτη τὰ ὄρνεα τοῦ καταφαγεῖν⁴¹) τὸ ἧπαρ καὶ ἀνῆλθον⁴²) μετ'
fol. 249ᵇ αὐτῶν ἐν τῷ ἀέρι⁴³), ὡς νομίζειν με πληcίον τοῦ οὐρανοῦ ὑπάρ-
χειν. ὅλωc δὲ ἔτρεμον⁴⁴) διὰ τὴν ὑπερβάλλουcαν⁴⁵) τοῦ ἀέροc
ψυχρότητα ἐκ⁴⁶) τῶν πτερύγων τῶν ὀρνέων γεγενημένην. εἶτα
cυναντᾷ με πετεινὸν ἀνθρωπόμορφον καὶ λέγει πρόc με· ὦ Ἀλέ-
ξανδρε, ὁ τὰ ἐπίγεια μὴ καταλαβὼν τὰ ἐπουράνια ἐπιζητεῖc; ὑπό-
cτρεφε οὖν διὰ τάχουc ἐπὶ τῆc γῆc, μήπωc τοῖc ὀρνέοιc τούτοιc
βρῶμα γενήcῃ.⁴⁷) καὶ πάλιν φηcὶ πρόc με· πρόccχεc⁴⁸), Ἀλέξαν-
δρε, ἐπὶ τὴν γῆν κάτω. ἐγὼ δὲ μετὰ φόβου προccχὼν⁴⁹) καὶ ἰδὼν
καὶ ἰδοὺ ὄφιc μέγαc κύκλῳ καὶ μέcον τοῦ ὄφεωc ἅλωνα cμικροτά-
την. καὶ λέγει μοι ὁ cυναντήcαc⁵⁰) μοι· ἐπίcτρεψον οὖν τὸ δόρυ
ἐπὶ τὴν ἅλωνα, ἥτιc⁵¹) ἐcτὶν ὁ κόcμοc· ὁ γὰρ ὄφιc ἡ θάλαccα [ἦν*]
ἡ κυκλοῦcα τὴν γῆν. ἐγὼ δὲ ὑποcτρέψαc βουλήcει τῆc ἄνω προ-
νοίαc κατῆλθον ἐπὶ τῆc γῆc μακρόθεν τοῦ cτρατοπέδου ἡμερῶν ζ'·
ἤμην⁵²) δὲ εἰc τέλοc νενεκρωμένοc καὶ ἡμίθνητοc (ἡμιθνήc?). εὗρον
δὲ ἐκεῖ cατράπην ὑπὸ τὴν ἐμὴν ἐξουcίαν (καὶ) λαβὼν παρ' αὐτοῦ
τριακοcίουc ἱππεῖc ἦλθον εἰc τὸ cτρατόπεδον. οὐκέτι οὖν προc-
εθέμην ἀδύνατα ἐπιχειρεῖν. ἔρρωcο.⁵³)

---

41) καταcφαγεῖν 42) ἀνῆλθα 43) ἀέρι· 44) ἔτρεμα 45) ὑπερ-
βάλουcαν 46) καὶ 47) γενήcει· 48) πρόcχεc 49) προcχὼν 50)
cυναντίcαc 51) εἴτιc *) ἦν? 50) εἴμην 51) ἐρρωcον··

ΒΙΒΛΙΟΝ Γ΄.

Cap. 1.

Μετὰ δὲ ταῦτα πάντα τὴν ὁδοιπορίαν ἐποιεῖτο Ἀλέξανδρος, ἀναλαβὼν τὴν δύναμιν αὐτοῦ, πρὸς Πῶρον βασιλέα τῶν Ἰνδῶν. πολλὴν¹) οὖν ἔρημον ὁδεύcαντεc καὶ τόπουc ἀνύδρουc καὶ φάραγ- fol. 250ᵃ γώδειc ἔλεγον οἱ ἔξαρχοι τῶν cτρατευμάτων πρὸc τὰ cτρατόπεδα· ἀρκετὸν ἡμῖν μέχρι Περcίδοc ποιήcαcθαι τὸν πόλεμον καὶ ὑποτά- ξαι τὸν Δαρεῖον ὡc ἀπαιτοῦντα τοὺc Ἕλληναc φόρουc· τί οὖν κάμνομεν⁸) πορευόμενοι πρὸc Ἰνδούc, πρὸc θηριώδειc τόπουc μὴ προcήκονταc τῇ Ἑλλάδι; ἐὰν Ἀλέξανδροc τῇ ἰδίᾳ μεγαλοφροcύνῃ πολεμιcτὴc⁹) τυγχάνῃ¹) καὶ θέλῃ⁵) ὑποτάccειν βαρβάρων ἔθνη, τί αὐτῷ ἡμεῖc ἀκολουθοῦμεν; πορευέcθω μόνοc καὶ πολεμείτω. ἀκούcαc δὲ ταῦτα Ἀλέξανδροc διαχωρίcαc⁶) τὸ Περcικὸν cτρά- τευμα καὶ (τὸ) τῶν Μακεδόνων καὶ ἄλλων Ἑλλήνων, εἶπε πρὸc τοὺc Μακεδόναc καὶ Ἕλληναc· ἄνδρεc cυcτρατιῶται καὶ cύμμαχοι Μακεδόνεc καὶ πάντεc οἱ τῶν Ἑλλήνων δυνάcται· οὗτοι γὰρ οἱ Πέρcαι πολέμιοι ὑμῶν εἰcι καὶ ἐμοῦ· * * καὶ νῦν τί διαγογγύζετε; διετάξατέ⁷) με μόνον πορεύεcθαι πρὸc τὸν πόλεμον καὶ πολεμεῖν βαρβάροιc. τοῦτο μέντοι ὑμᾶc ὑπομνήcω, ὅτι ὡc⁸) κἀκείνουc τοὺc πολέμουc μόνοc ἐγὼ ἐνίκηcα, καὶ ὅcουc βούλομαι λαβεῖν τῶν βαρβάρων⁹) πάλιν μόνοc νικήcω· ἐμοῦ γὰρ ἓν βούλημα πρὸc τὸν fol. 250ᵇ πόλεμον τὰc ψυχὰc ὑμῶν¹⁰) πάντων ἐθεράπευcε ἤδη¹¹) ἀδρανούν- των¹²) πρὸc τὰ Δαρείου πλήθη. οὐκ ἐγὼ πρῶτοc τῆc cτρατείαc ἐν τοῖc πολέμοιc ὑπερήcπιζον, οὐκ ἐγὼ ἐμαυτοῦ ἄγγελοc εἰcῆλθον πρὸc Δαρεῖον; οὐ παραβουλευcάμην τοῖc κινδύνοιc; εἶτα δὲ βου- λεύcαcθε καὶ πορεύεcθε εἰc Μακεδονίαν μόνοι καὶ διαcώcατε ἑαυ- τοὺc καὶ μὴ ἀμφιcβητήcητέ τι εἰc ἀλλήλουc, ἵνα¹³) μάθητε ὡc οὐδὲν δύναται cτρατεία δίχα φρονήcεωc βαcιλέωc. καὶ οὕτωc εἰπόντοc τοῦ Ἀλεξάνδρου ἱκέτευον αὐτὸν λῆξαι τῆc ὀργῆc, ἔχειν δὲ αὐτοὺc ἕωc τέλουc μεθ᾽ ἑαυτοῦ.

Cap. 2.

Καὶ παραγενομένου (αὐτοῦ) cὺν πάcῃ τῇ δυνάμει αὐτοῦ εἰc τοὺc ὅρουc τῆc Ἰνδικῆc χώραc ὑπήντηcαν αὐτῷ γραμματηφόροι¹)

III. 1. 1) πολὴν   2) κάμνωμεν   3) πολεμηcτὴc   4) τυγχάνει· 5) θέλει   6) διαχωρήcαc   7) διετάξετέ   8) ὡc ὅτι   9) περcῶν   10) ἡμῶν   11) ἤδε   12) ἀδρανοῦντας   13) ἵναι   2. 1) γραμματιφόροι·

сталέντεс παρά Πώρου βαcιλέωс Ἰνδῶν καὶ ἐπέδωκαν αὐτῷ τὰ
γράμματα Πώρου. καὶ λαβὼν Ἀλέξανδροс ἀνέγνω ἐπὶ τῶν cτρα-
τοπέδων αὐτοῦ περιέχοντα οὕτωс· Βαcιλεὺс Πῶρος Ἰνδῶν Ἀλε-
ξάνδρῳ πόλειс λεηλατοῦντι. προcτάccω coι ἀναχωρεῖν· ἄνθρωπος
γὰρ ὢν τί δύναcαι πρὸс θεόν; τί δὲ τοῖс cυνοῦcίν coι χειμαcίαν²)
fol. 251ᵃ παρέχειс ἀcθενέcτεροс ὢν πρὸс μάχην, δοκῶν cθεναρώτερός μου
εἶναι; ἐγὼ οὖν ἀήττητός εἰμι· οὐ μόνον ἀνθρώπων τυγχάνω βα-
cιλεύc, ἀλλὰ καὶ † Διόνυcον ἔχων ἀπειλοῦντά coι ἐνταῦθα ὃν
λέγουcι θεόν· † ὥcτε οὖν οὐ μόνον cυμβουλεύω ἀλλὰ καὶ κελεύω
coι διὰ τάχουс cε ἀπαίρειν εἰc τὴν Ἑλλάδα. οὐ γὰρ φοβήcει με ἡ
πρὸc Δαρεῖόν coυ μάχη οὐδὲ τῶν ἄλλων ἐθνῶν, ὅcα κατὰ τὴν
ἐκείνων ἀδρανίαν ἐγένετο τυχηρά²)· cὺ γὰρ δοκῶν cθεναρώτεροс
ὑπάρχει. ὥcτε οὖν ἄπαραι⁴) εἰc τὴν Ἑλλάδα. εἰ γὰρ χρείαν εἴχο-
μεν τῆс Ἑλλάδοс, πάλαι (ἂν) πρὶν Ξέρξου κατεδουλωcάμεθα αὐ-
τὴν Ἰνδοί, νῦν δὲ ὡс ἀχρεῖον⁵) ἔθνοс τυγχάνον⁶) (καὶ) παρ᾽ αὐ-
τοῖс μηδὲν ἄξιον βαcιλικῆс θεωρίαс ὑπάρχον οὐκ ἐπεcτράφημεν·
πᾶс γὰρ τὸ κρεῖττον ἐπιθυμεῖ (ἔχειν).

Οὕτωс οὖν δημοcίᾳ ἀναγνοὺс Ἀλέξανδροс τῷ⁷) cτρατοπέδῳ⁸)
αὐτοῦ τὰ γράμματα Πώρου εἶπε πρὸс αὐτούс· ἄνδρεс cυcτρατιῶ-
ται, μὴ πάλιν ὑμᾶς⁹) ταραccέτω τὰ ἀναγνωcθέντα Πώρου γράμ-
ματα. μέμνηcθε δὲ καὶ ὧν ἔγραψε Δαρεῖοс· ἀληθῶс γὰρ μία φρό-
νηcίс ἐcτι τοῖс βαρβάροιс ἡ ἀναιcθηcία. ὥcπερ γὰρ τὰ ὑπ᾽ αὐτοὺс
fol. 251ᵇ ζῶα, τίγρειс, λέοντεс, ἐλέφαντεс, γαυρούμενοι τῇ περὶ ἑαυτοὺς
γενναιότητι, ῥαδίωс ὑπὸ ἀνθρωπίνηс φύcεωс κυνηγοῦνται, οὕτω
καὶ οἱ βαcιλεῖс τῶν βαρβάρων γαυρούμενοι τῷ πλήθει τῆс cτρα-
τείαс ῥαδίωс ὑπὸ τῆс φρονήcεωс τῶν Ἑλλήνων χειροῦνται. καὶ
οὕτωс ἀποφηνάμενοс Ἀλέξανδροс πρὸс τὸ θαρcῦναι τὴν cτρα-
τείαν αὐτοῦ ἀντιγράφει Πώρῳ·

Βαcιλεὺс Ἀλέξανδροс βαcιλεῖ Πώρῳ χαίρειν. ἔτι μᾶλλον
περιccοτέρωс ἡμᾶς προθύμουс ἐποίηcαс πρὸс μάχην coι ὀτρυνθῆ-
ναι, λέγων τὴν Ἑλλάδα μηδὲν ἄξιον ἔχειν βαcιλικῆс θεωρίαс, ἀλλ᾽
ὑμᾶς τοὺс Ἰνδοὺс πάντα¹⁰) κεκτῆcθαι¹¹) καὶ χώραс τε καὶ πόλειс·
οἶδαс¹²) δὲ ὅτι πᾶc ἄνθρωποс τὸ κρεῖττον ἐπιθυμεῖ¹³) λαβεῖν καὶ
οὐ τὸ ἔλαττον ἔχειν. ἐπεὶ οὖν οἱ Ἕλληνεс ταῦτα οὐκ ἔχομεν,
ὑμεῖс δὲ οἱ βάρβαροι κέκτηcθε αὐτά, ἐπιθυμοῦμεν τῶν κρειττόνων
καὶ θέλομεν αὐτὰ ἀφ᾽ ὑμῶν κεκτῆcθαι.¹⁴) γράφειс δέ μοι καὶ θεὸν
ἑαυτὸν εἶναι καὶ ἀπάντων ἀνθρώπων βαcιλέα, ὥcτε καὶ τοῦ θεοῦ
cε μείζονα δύναcθαι.¹⁵) ἐγὼ δὲ πρὸс ἄνθρωπον κομπηγόρον cυν-
άπτω τὸν πόλεμον καὶ μάλιcτα βάρβαρον καὶ οὐχὶ θεόν· θεοῦ
γὰρ μίαν πανοπλίαν οὐ δύναται ὑπενεγκεῖν ἅπαcα ἡ οἰκουμένη,
fol. 252ᵃ βροντῆс ἠχιcμῶ ἢ ἀcτραπῆс φωτιcμὸν ἢ κεραυνοῦ ὀργήν. ἐμὲ
οὖν οὐ θαμβοῦcι τὰ ὑπ᾽ ἐμοῦ πολεμηθέντα ἔθνη, οὔτε δειλὸν ποι-
οῦcιν οἱ ὑπὸ coῦ κομπώδειс λόγοι.

2) über χειμαcίαν übergeschrieben cυμαχίαν   3) cτυγηρόν·   4)
ἄπαρε   5) ἀρχεῖον   6) τυγχάνων·   7) τῶν   8) cτρατοπέδων   9) ἡμᾶc
10) πάντας   11) κέκτηcθε·   12) οἶδα   13) ἐπιθυμεῖν   14) κεκτεῖcθαι·
15) δύναcθι·

CAP. 3.

Πῶρος δεξάμενος τὰ γράμματα Ἀλεξάνδρου καὶ ἀναγνοὺς ὠτρύνθη[1]) σφόδρα καὶ εὐθέως cυνήγαγε τὰ πλήθη τῶν βαρβάρων καὶ ἐλέφαντας καὶ ἔτερα πολλὰ θηρία, ἅτινα cυνεμάχοντο τοῖc Ἰνδοῖc. ὡς δὲ ἦλθον ἐγγὺς οἱ Μακεδόνες[2]) καὶ Πέρcαι, ἰδὼν ὁ Ἀλέξανδρος τὴν παράταξιν τοῦ Πώρου ἐφοβήθη, οὐ τοὺς ὄχλους, ἀλλὰ τὰς θήρας· θεωρήσας γὰρ τὸ ξένον τῶν θηρίων ἐθαύμασεν· ἀνθρώποις γὰρ εἶχεν ἔθος μάχεσθαι καὶ οὐ θηρίοις. Γίνεται οὖν πάλιν Ἀλέξανδρος ἑαυτοῦ ἄγγελος καὶ εἰσῆλθεν εἰς τὴν πόλιν ἔνθα ἦν Πῶρος, στρατιωτικῷ σχήματι ὀψώνια ἀγοράζων. οἱ δὲ Ἰνδοὶ τοῦτον θεασάμενοι εὐθέως παρέστησαν αὐτὸν Πώρῳ τῷ βασιλεῖ. καὶ λέγει αὐτῷ Πῶρος· πῶς ὁ Ἀλέξανδρος; ὁ δὲ εἶπεν· Ζῆ καὶ ὑγιαίνει[3]) καὶ ἐπιθυμεῖ ἰδεῖν τὸν τοιοῦτον βασιλέα Πῶρον. καὶ ἐξελθὼν μετὰ Ἀλεξάνδρου ἔδειξεν αὐτῷ τῶν θηρίων τὸ πλῆθος καὶ εἶπε τῷ Ἀλεξάνδρῳ· πορευθεὶς εἰπὲ τῷ Ἀλε- fol. 252ᵇ ξάνδρῳ, ὅτι ἐγὼ τοὺς ὁμοίους cου θήρας ἐξάγω cοι πολεμεῖν. ὁ δὲ Ἀλέξανδρος ἀπεκρίθη· Πῶρε βασιλεῦ, πρὸ τοῦ με ἀπελθεῖν πρὸς Ἀλέξανδρον αὐτὸς ἀκήκοεν τὰ παρὰ[4]) cοῦ ῥηθέντα. ὁ δὲ Πῶρος· παρὰ τίνος; ὁ δέ· παρὰ Πώρου· θεοῦ γὰρ υἱὸς ὢν οὐκ ἀγνοεῖ τὰ λεγόμενα. φιλοτιμήσας οὖν αὐτὸν Πῶρος ἐξαπέστειλεν.

Ἐξελθὼν δὲ Ἀλέξανδρος ἀπὸ τοῦ Πώρου θεασάμενος τὴν παράταξιν τῶν θηρίων καὶ ἐξετάσας τὸν ἴδιον λογισμόν, πολλὴν σκέψιν[5]) ποιησάμενος, τί λοιπὸν ποιεῖ ὁ φρενήρης; ὅσους ἂν εἶχεν[6]) ἀνδριάντας χαλκοῦς καὶ τῶν στρατιωτῶν τὰ καταφράγματα στήσας τρόπαια, τούτους ἐκέλευσεν πυρωθῆναι ἐπιμελῶς ὡς εἶναι μόνον πῦρ τὸ χάλκωμα, καὶ ἐκέλευσεν αὐτοὺς ἔμπροσθεν εἶναι ὡσεὶ τεῖχος τῆς παρατάξεως τοῦ πολέμου. καὶ ἐσάλπισαν τὸ πολεμικὸν μέλος. ὁ δὲ Πῶρος ἐκέλευσεν εὐθέως λυθῆναι τὰς θήρας. τὰ οὖν θηρία τῇ ὁρμῇ ἐχόμενα ἐπεπήδων[7]) καὶ ἐδράσσοντο[8]) τῶν ἀνδριάντων, καὶ εὐθέως τὰ στόματα αὐτῶν ἀνήπτοντο καὶ οὐκέτι οὐδενὸς ἥπτοντο. οὕτως οὖν τὴν ὁρμὴν τῶν θηρίων κατέπαυσεν ὁ νουνεχὴς Ἀλέξανδρος. οἱ δὲ Πέρσαι κατεδυνάστευον τοὺς fol. 253ᵃ Ἰνδοὺς καὶ τούτους ἐπεδίωκον τοξοβολίαις[9]) καὶ ἱππομαχίαις. πολλὴ[10]) δὲ ἦν ἡ μάχη ἀναιρούντων καὶ ἀναιρουμένων. πίπτει δὲ ὁ Ἀλεξάνδρου ἵππος ὁ Βουκέφαλος ἐξασθενήσας τῇ γνώμῃ· καὶ τούτου γενομένου ἀμελήσας τοῦ πολέμου ὁ Ἀλέξανδρος, εἴκοσι ἡμέρας ἔμειναν πολεμοῦντες μετ' ἀλλήλων. οἱ δὲ Ἀλεξάνδρου φοβηθέντες ἑαυτοὺς προεδίδοσαν.[11])

CAP. 4.

Νοήσας οὖν ὁ Ἀλέξανδρος, ὅτι μέλλει[1]) προδίδοσθαι, σιγὴν κελεύσας γενέσθαι τοῦ πολέμου ἀπεφήνατο πρὸς Πῶρον βασιλέα λέγων· τοῦτο[2]) οὐκ ἔστι βασιλέως δύναμις, (ἐὰν) ἵνα ὁπότερος

---

8. 1) ὠτρύνθη   2) μακέδοναι   3) ὑγειαίνει·   4) περὶ   5) σκέψην   6) ἦχεν   7) ἐπεπήδουν   8) ἐδράσοντο   9) τοξοβελίαις   10) πολὴ   11) προεδίδωσαν·   **4.** 1) μέλλη   2) τούτω

ἡμῶν νικήσῃ⁸) μεταξὺ ἡμῶν τὰ στρατόπεδα¹) ἀπολοῦνται⁵), ἀλλὰ τοῦτο γενναιότης ἐστὶ τοῦ ἰδίου cώματος, ἐὰν ἑκάτερος⁶) ἡμῶν ἀναπαυσάμενος τῆς cτρατείας ἔλθωμεν εἰς μονομαχίαν περὶ τῆς βασιλείας. ἐχάρη δὲ Πῶρος καὶ ὑπέσχετο Ἀλεξάνδρῳ μονομαχῆσαι πρὸς αὐτόν, ὁρῶν τὸ cῶμα Ἀλεξάνδρου μὴ ἀναλογοῦν πρὸς τὸ ἑαυτοῦ cῶμα. ἦν γὰρ Πῶρος πηχέων ε΄, ὁ δὲ Ἀλέξανδρος οὐδὲ τριῶν. ἔcτηcαν οὖν ἑκάτερα μέρη ἐπὶ θεωρίᾳ Πώρου καὶ Ἀλεξάν-
ful. 253ᵇ δρου. θόρυβος οὖν γίνεται ἄφνω εἰς τὸ τοῦ βασιλέως Πώρου cτρατόπεδον. ὁ οὖν Πῶρος θροηθεὶς ἐcτράφη εἰς τὰ ὀπίcω ἰδεῖν τί ὁ θόρυβος. ὁ δὲ Ἀλέξανδρος κοιλάνας τοὺς πόδας Πώρου ἐμπηδᾷ εἰς αὐτὸν καὶ ἐντίθηcι τὸ ξίφος αὐτοῦ διὰ τῆς λαγόνος⁷) αὐτοῦ καὶ παραυτὰ⁸) ἀναιρεῖ Πῶρον τὸν βασιλέα Ἰνδῶν. ἤρξαντο οὖν τὰ στρατεύματα ἀμφότερα εἰς ἀλλήλους πολεμεῖν. ὁ δὲ Ἀλέξανδρος λέγει πρὸς τοὺς Ἰνδούς· τάλανες Ἰνδοί, τί⁹) πολεμεῖτε τοῦ βασιλέως ὑμῶν¹⁰) ἀναιρεθέντος; (οἱ δὲ εἶπον·) ἵνα μὴ αἰχμαλωτιcθῶμεν, πολεμοῦμεν. ὁ δὲ Ἀλέξανδρος λέγει αὐτοῖς· παύcαcθε πολεμοῦντες καὶ ἀναcτρέψαντες εἰcέλθετε¹¹) εἰς τὴν πόλιν ὑμῶν ἐλεύθεροι ὄντες· οὐ γὰρ ὑμεῖς ἐτολμήcατε εἰς τὸ cτρατόπεδόν μου ἐπιβῆναι ἀλλὰ Πῶρος. ταῦτα δὲ εἶπεν εἰδὼς ὅτι οὐκ ἀναλογεῖ τὸ cτρατόπεδον αὐτοῦ πρὸς τὸ τῶν Ἰνδῶν μάχεcθαι. εὐθέως οὖν ἐκέλευσε τὸν βασιλέα Πῶρον θάπτεcθαι βασιλικῶς. τὰ δὲ τίμια¹²) πάντα τοῦ παλατίου αὐτοῦ λαβὼν τὴν ὁδοιπορίαν ἐποιεῖτο πρὸς τοὺς Βραχμᾶνας ἤτοι τοὺς Ὀξυδόρκας, οὐχ ὡς ὄντας πολεμιcτὰς τῷ πλήθει, ἀλλὰ γυμνοcοφιcτὰς ὑπὸ καλύβας καὶ cπήλαια οἰκοῦντας.

Cap. 5.

fol. 254ᵃ   Οἱ δὲ Βραχμᾶνες¹) μαθόντες²) πρὸς αὐτοὺς παραγίνεcθαι τὸν βασιλέα Ἀλέξανδρον τοὺς ³) ἀρίστους αὐτῶν φιλοσόφους ἔπεμψαν πρὸς αὐτὸν μετὰ γραμμάτων. καὶ δεξάμενος καὶ ἀναγνοὺς Ἀλέξανδρος εὗρεν οὕτως περιέχοντα τὰ γράμματα αὐτῶν·

Γυμνοcοφιcταὶ Ἀλεξάνδρῳ ἀνθρώπῳ ἐγράψαμεν· εἰ μὲν γὰρ παραγίνει⁴) πρὸς ἡμᾶς πολεμῆcαι, οὐδὲν ὀνήσει⁵)· οὐ γὰρ ἔχεις παρ' ἡμῶν τι βαστάcαι· (εἰ δὲ θέλεις ἃ ἔχομεν βαστάcαι,) οὐ δέεται ταῦτα πολέμου ἀλλὰ δεήcεως· οὐ πρὸς ἡμᾶς, ἀλλὰ πρὸς τὴν ἄνω πρόνοιαν· ἐὰν δὲ βούλῃ) μαθεῖν τίνες ἐcμὲν ἄνθρωποι, γυμνοὶ φιλοσοφεῖν εἰωθότες οὐκ ἀφ' ἑαυτῶν ἀλλ' ἐκ τῆς ἄνω προνοίας δημιουργηθέντες· coὶ⁷) γὰρ ἔπεται πολεμεῖν, ἡμῖν φιλοcοφεῖν.

Ταῦτα ἀναγνοὺς Ἀλέξανδρος ὁ βασιλεὺς εἰρηνικῶς πρὸς αὐτοὺς ἐπορεύετο, καὶ ἐθεώρησεν ὕλας πολλὰς καὶ δένδρα πολλὰ

---

3) νικήcας·   4) cτρατόπαιδα   5) ἀπωλοῦνται·   6) ὁ πότερος   7) λαγῶνος   8) παρ' αὐτῷ   9) τίνα (ἵνα τί?)   10) ἡμῶν   11) εἰcέλθατε   12) ταμυῖα (ταμιεία)   **5.** 1) βραχμᾶνε   2) μαcθόντες   3) τὰς   4) παραγένει (παραγένῃ?)   5) ὠνήcει·   6) βούλει   7) cὺ (vou jüngerer hand corrigiert cé)

καὶ ὑπέρκαλα μετὰ καρπῶν παντοδαπῶν, ποταμὸν δὲ περικυ-
κλοῦντα ὅλην τὴν γῆν ἐκείνην, οὗ ἦν τὸ ὕδωρ διαφανές, λευκὸν
ὡςεὶ γάλα, (καὶ) φοίνικας πολυπληθεῖς ⁹) καρπῶν ⁸) γέμοντας, τὸ
δὲ τῆς ἀμπέλου κλῆμα ἔχον βότρυας χιλίους ¹⁰) καλοὺς λίαν εἰς
ἐπιθυμίαν· καὶ εἶδεν αὐτοὺς Ἀλέξανδρος γυμνοπεριβόλους ὑπὸ
καλύβας καὶ σπήλαια κατοικοῦντας. ἔξω δὲ μακρὰν ἀπὸ διαστήμα-
τος [αὐτῶν] πολλοῦ εἶδε ¹¹) τὰς γυναῖκας καὶ τὰ παιδία αὐτῶν ὡς fol. 254 b
ποίμνια νεμόμενα. ¹²)

Cap. 6.

Ἐζήτηςε δὲ ἀπ᾽ αὐτῶν Ἀλέξανδρος λέγων· τάφους οὐκ ἔχετε;
οἱ δὲ εἶπον· τοῦτο τὸ χώρημα (ἔνθα) μένομεν, ἐςτὶν ἡμῶν καὶ
τάφος· ὧδε γὰρ ἀναπαυόμεθα ἐπὶ τὴν γῆν ταφίζοντες ἑαυτοὺς εἰς
ὕπνον· γῆ γὰρ ἡμᾶς γεννᾷ, γῆ τρέφει, ὑπὸ γῆν δὲ τελευτήςαντες
κείμεθα (κοιμώμεθα?) τὸν αἰώνιον ὕπνον. ἕτερον δὲ ἐπηρώτη-
cεν· ¹) τίνες ἄρα πλείονές εἰσιν, οἱ ζῶντες ἢ οἱ νεκροί; οἱ δὲ εἶπον·
οἱ μὲν τετελευτηκότες πλείονες, ἀλλὰ μηκέτι ὄντες ἀμέτρητοι²)· οἱ
γὰρ ὁρώμενοι πλείονές εἰσι τῶν μὴ φαινομένων. ἕτερον δὲ ἐρωτᾷ
ἐρώτημα· τί ἄρα ἰσχυρότερον, θάνατος ἢ ζωή; οἱ δὲ εἶπον· ἡ ζωή,
ὅτι ὁ ἥλιος ἀνατέλλων τὰς ἀκτῖνας ἔχει λαμπράς, δύνων δὲ ἀσθε-
νέςτερος ὁρᾶται. ἔτι ἠρώτηςεν· τί πλεῖον, ἡ γῆ ἢ ἡ θάλασσα; οἱ
δὲ εἶπον· ἡ γῆ. καὶ γὰρ αὐτὴ ἡ θάλασσα ὑπὸ τῆς γῆς κατέχεται.
ἕτερον δὲ ἠρώτηςε ³)· τί ἄρα πάντων τῶν ζώων ἐςτὶ πανουργότε-
ρον; οἱ δὲ εἶπον· ὁ ἄνθρωπος. ὁ δέ φησιν· πῶς; οἱ δὲ εἶπον·
τοῦτο ἀπὸ ςεαυτοῦ πείθου· cὺ γὰρ θὴρ ὑπάρχων ἰδὲ πόσα θηρία
μετὰ coῦ ἔχεις, ἵνα τὴν τῶν ἑτέρων θηρίων ζωὴν μόνος ὑφαρπά-
cῃς. ὁ δὲ οὐκ ὠργίςθη ⁴), ἀλλ᾽ ἐμειδίαςεν. ἄλλο δὲ εἶπεν· τί ἐςτι fol. 255 a
βαςιλεία; οἱ δὲ εἶπον· πλεονεξίας δύναμις ἄδικος, τόλμη καιροῦ
cυνίςχοντος, χρυςοῦν φορτίον. ἕτερον δὲ εἶπεν· τί πρῶτον ἐγέ-
νετο, νὺξ ἢ ἡμέρα; οἱ δὲ εἶπον· ἡ νύξ· καὶ γὰρ τὰ γενόμενα ἐν
τῷ σκότει τῆς γαςτρὸς αὐξάνονται, εἶτα εἰς τὴν αὐγὴν ἀποκύει
λαβεῖν τὸ φῶς. ἕτερον δὲ εἶπεν· ποῖα κρείττονά ἐςτι μέρη, τὰ
δεξιὰ ἢ τὰ εὐώνυμα; οἱ δὲ εἶπον· τὰ δεξιά· καὶ γὰρ αὐτὸς ὁ ἥλιος
τοῖς δεξιοῖς ἀνατέλλει καὶ τοῖς εὐωνύμοις μέρεςι τοῦ⁵) οὐρανοῦ⁶)
περιπολεύει· θηλάζει (δὲ) πρῶτον ἡ γυνὴ τῷ δεξιῷ μαζῷ. ἔπειτα
δὲ αὐτοὺς ἐπηρώτηςεν¹) Ἀλέξανδρος· ἔχετε ἀνάκτορα⁷); οἱ δὲ
εἶπον· ναὶ ἔχομεν ἡγούμενον. ὁ δὲ εἶπεν· ἤθελον αὐτῶν ἀςπά-
cαςθαι. οἱ δὲ ὑπέδειξαν αὐτῷ τὸν Δανδάμην⁸) εἰς τὴν γῆν ἀνα-
κείμενον. (ἦcαν δὲ ἐςτρωμένα αὐτῷ φύλλα δένδρων πολλὰ καὶ
παρατεθειμένα⁹) ἔμπροσθεν αὐτοῦ ἐκ σικύων πέπονες ¹⁰) καὶ λοιπὴ
ὁπώρα. ἰδὼν δὲ τοῦτον Ἀλέξανδρος ἠςπάςατο αὐτόν. κἀκεῖνος
δὲ εἶπεν τῷ Ἀλεξάνδρῳ· χαίροις, οὐκ ἀνέςτη δέ, οὐκ ἐτίμηςεν
αὐτὸν ὡς βαςιλέα. ἐπηρώτηςεν¹) δὲ αὐτὸν Ἀλέξανδρος, εἰ ἔςτιν

---

8) πολυπαθεῖς   9) καρπὸν   10) χιλίας   11) ἴδε   12) νεμώμενα·
6. 1) ἐπερώτηςεν·   2) μετρητοί·   3) ἐρώτηςε·   4) ὀργίςθη   5) τοῦτο
6) οὖν   7) ἀνάκτωρα;   8) δαδάμην·   9) παραθέμενα   10) πέπονας

αὐτοῖς κτῆμα. ὁ δὲ εἶπεν· κτήματα ἡμῖν γῆ, δένδρα καρποφόρα,
fol. 255ᵇ φῶς, ἥλιος, σελήνη, ἀστέρων χορός, ὕδωρ· ὅταν ¹¹) οὖν πεινάςω-
μεν, πορευόμεθα εἰς τὰ κατάκομα δένδρα καὶ ἐςθίομεν ¹²) καρποὺς
αὐτομάτους· κατὰ γὰρ γένναν σελήνης ὅλα τὰ παρ᾽ ἡμῖν ¹³) δένδρα
κυΐςκει ¹⁴) καρπούς. ἔχομεν δὲ καὶ τὸν μέγαν ποταμὸν τὸν Εὐφρά-
την, καὶ ὁπόταν διψῶμεν, ἀπερχόμεθα πρὸς αὐτὸν καὶ πίνομεν ¹⁵)
ὕδωρ καὶ εὐφραινόμεθα. ἔχομεν δὲ ἕκαστος τὴν ἰδίαν αὐτοῦ γυ-
ναῖκα καὶ κατὰ σεληνιακὴν ¹⁶) γένναν πορεύεται ἕκαστος καὶ πλη-
σιάζει τῇ ἰδίᾳ συνεύνῳ, ἕως ἂν τέκῃ ¹⁷) δύο παῖδας· καὶ λογιζόμεθα
τὸν ¹⁸) μὲν ἕνα ἀντὶ τοῦ πατρός, τὸν ¹⁹) δὲ ἄλλον ἀντὶ τῆς μητρός.
ταῦτα ἀκούςας Ἀλέξανδρος εἶπε πᾶσιν· αἰτήςατέ με τί θέλετε καὶ
δώςω ¹⁹) ὑμῖν. ἐξεβόηςαν δὲ πάντες λέγοντες· δὸς ἡμῖν ἀθανα-
ςίαν. ὁ δὲ Ἀλέξανδρος εἶπεν· τούτου ἐγὼ ἐξουςίαν οὐκ ἔχω,
κἀγὼ (γὰρ) θνητὸς ὑπάρχω. οἱ δὲ εἶπον· τί τοίνυν θνητὸς
ὑπάρχων τοςαῦτα πολεμεῖς, ἵνα πάντα ἄρῃς καί που ἀπενέγκῃς;
οὐ πάλιν καὶ σὺ ἑτέροις αὐτὰ καταλιμπάνεις; Ἀλέξανδρος εἶπεν·
ταῦτα ἐκ τῆς ἄνω προνοίας διοικεῖται, ἵνα ἡμεῖς δοῦλοι καὶ διά-
fol. 256ª κονοι γενώμεθα τῆς ἐκείνων ἐπιταγῆς. οὐ γὰρ κινεῖται θάλασσα,
εἰ μὴ ἄνεμος πνεύςῃ, οὐδὲ σαλεύεται δένδρα, εἰ μὴ ῥιπίςῃ πνεῦμα·
οὐ γὰρ ἐνεργεῖται ἄνθρωπος, εἰ μὴ ἐκ τῆς ἄνω προνοίας. κἀγὼ
δὲ παύσαςθαι θέλω τοῦ πολεμεῖν, ἀλλ᾽ οὐκ ἐᾷ με ²⁰) ὁ τῆς γνώμης
μου δεσπότης. εἰ ²¹) γὰρ πάντες ὁμόγνωμοι ἦμεν ²²), ἀργὸς ἐτύγχα-
νεν (ἂν) ὁ κόσμος· θάλασσα οὐκ ἐπλέετο, γῆ οὐκ ἐγεωργεῖτο,
γάμοι οὐκ ἐπετελοῦντο, παιδοποιία οὐκ ἦν· πόσοι γὰρ ἐν τοῖς
γενομένοις ²³) ὑπ᾽ ἐμοῦ πολέμοις ἐδυςτύχηςαν ²⁴) ἀπολέςαντες ²⁵)
ἄνδρας καὶ παιδία; ἄλλοι δὲ εὐτύχηςαν ἐκ τῶν ἀλλοτρίων· πάντες
γὰρ τὰ πάντα λαμβάνοντες ἑτέροις παραχωροῦςιν, καὶ οὐδενὶ
οὐδὲν ὑπάρχει.
    Ταῦτα εἰπὼν Ἀλέξανδρος προςήνεγκε τῷ Δανδάμῃ χρυσίον
καὶ ἄρτους καὶ οἶνον καὶ ἔλαιον· λάβε ταῦτα, πρεσβῦτα, εἰς μνή-
μην ἡμῶν. ὁ δὲ Δανδάμης γελάςας εἶπε· ταῦτα ἡμῖν ἄχρηστά
ἐστιν, ἀλλ᾽ ἵνα οὖν μὴ δόξωμεν ²⁶) ὑπερηφανεύεςθαι, ληψόμεθα
ἀπὸ ςοῦ τὸ ἔλαιον. καὶ ποιήςας ςωρὸν ξύλων ἐξῆψεν εἰς αὐτὸν ²⁷)
πῦρ καὶ κατέχεεν ἔμπροςθεν Ἀλεξάνδρου τὸ ἔλαιον εἰς τὸ πῦρ. ·

Cap. 17.

Καὶ τούτου γενομένου ὑπεχώρηςεν ἀπ᾽ αὐτῶν ὁ Ἀλέξανδρος.
fol. 256ᵇ ὑποστρέψας οὖν τὴν κατὰ φύςιν ὁδὸν τὴν φέρουςαν εἰς τὴν Πρα-
ςιακήν, ἥτις δοκεῖ μητρόπολις εἶναι τῆς Ἰνδικῆς χώρας, ἔνθα ἦν
Πῶρος βασιλεύων, καὶ πάντες οἱ τοῦ Πώρου ἀπεδέξαντο τὸν Ἀλέ-
ξανδρον. (Müller p. 123ᵃ) καὶ πάντα κατὰ φύςιν διοικονομήςαντος
καὶ τῶν Ἰνδῶν προθύμως ςυνελθόντων, ἔλεγόν τινες τῷ Ἀλεξάν-

---

11) ὅ τ᾽ ἂν   12) ἐςθίωμεν   13) ἡμῶν   14) κυείςκει   15) πίνωμεν
16) κατασεληνακὴν   17) τέκει   18) τὸ   19) δόςω   20) ἐᾶμαι   21) οἱ
22) ὦμεν   23) γεναμένοις   24) ἐδυςτήχηςαν   25) ἀπωλέςαντες   26)
δόξομεν   27) αὐτῶν

ὁρῶ· μέγιστε βασιλεῦ, λήψει πόλεις θαυμαστὰς καὶ βασιλείας καὶ ὄρη εἰς ἃ οὐδεὶς τῶν ζώντων ἐπέβη ποτὲ βασιλεύς. τινὲς δὲ ἐκ τῶν πολυϊδρίων¹) ἐλθόντες ἔλεγον Ἀλεξάνδρῳ· βασιλεῦ, ἔχομέν σοί τι δεῖξαι παράδοξον ἄξιόν σου· δείξομέν σοι γὰρ φυτὰ ἀνθρωπίνῳ στόματι λαλοῦντα. εἰσήνεγκαν οὖν Ἀλέξανδρον, ἔνθα ἦν ἱερὸν τοῦ ἡλίου καὶ σελήνης· κατὰ δὲ αὐτοὺς ἦν φρουρὰ καὶ δύο δένδρα παραπλήσια κυπαρίσσοις.²) κύκλῳ δὲ ἦν αὐτοῖς δένδρα παρόμοια τῇ ἐν Αἰγύπτῳ καλουμένῃ μυροβαλάνῳ³)· ὁ καρπὸς αὐτῶν (ὁμοίως). προσηγόρευον οὖν τὰ δύο δένδρα τὰ ἐν μέσῳ τοῦ παραδείσου τὸ μὲν ἀρρενικὸν ἀρρενικῷ λογισμῷ, τὸ δὲ θηλυκὸν θηλυκῷ. ὄνομα δὲ ἦν τοῦ ἀρρενικοῦ ἥλιος, τοῦ δὲ θήλεος⁴) σελήνη· ἃ ἔλεγον τῇ ἰδίᾳ φωνῇ μου θεάματου. τούτοις δὲ τοῖς fol. 257 δυσὶ δένδροις περιεβέβλητο δορὰ παντοίων θηρίων, τῷ⁵) μὲν ἄρρενι ἀρρένων, τῷ δὲ θήλει θηλυκῶν· παρ' αὐτοῖς δὲ σίδηρος οὐχ ὑπῆρχεν οὔτε χαλκὸς οὔτε κασσίτερος⁶), ἀλλ' οὐδὲ⁷) πηλὸς εἰς πλάσιν. τοῦ δὲ Ἀλεξάνδρου ἐρωτῶντος⁷), τίνος αἱ δοραί εἰσιν αἱ σκέπουσαι αὐτά, ἔφησαν λέγοντες, λεόντων⁹) εἶναι καὶ παρδάλεων. περὶ δὲ τῶν δένδρων¹⁰) ἔτι ἀνεζήτει μαθεῖν Ἀλέξανδρος· οἱ δὲ ἔφησαν· πρωίας γενομένης ὅταν ὁ ἥλιος ἀνατέλλῃ¹¹), φωνὴ ἐκ τοῦ δένδρου γίνεται, καὶ ὅταν¹²) κατὰ μέσον τοῦ οὐρανοῦ γίνεται (γίνηται?) καὶ ὅταν¹²) μέλλῃ δῦναι, τοῦτο τρίτον. τὸ δ' αὐτὸ καὶ ἐπὶ τῆς σελήνης γίνεται. καὶ οἱ δοκοῦντες ἱερεῖς εἶναι προσῆλθον λέγοντες τῷ Ἀλεξάνδρῳ· εἴσελθε καθαρῶς καὶ προσκύνησον καὶ λήψει χρησμόν... οἱ δὲ ἱερεῖς ἔλεγον· Ἀλέξανδρε βασιλεῦ, σίδηρον οὐ καθήκει¹³) εἰσελθεῖν εἰς τὸ ἱερόν. προστάσσει οὖν τὰ ξίφη ἔξω ἀποθέσθαι τοῦ περιβόλου. συνεισῆλθον δὲ τῷ Ἀλεξάνδρῳ ἄνδρες ἱκανοί. καὶ κελεύει κατοπτεῦσαι¹⁴) τὸν τόπον κύκλῳ. προσκαλεῖται οὖν ἐκ τῶν συνακολουθησάντων αὐτῷ Ἰνδῶν, ἵνα ἑρμηνείας τύχῃ¹⁵) παρ' αὐτῶν. ὀμνύει δὲ αὐτοῖς, ὅτι ἐὰν δύνῃ¹⁶) ὁ ἥλιος καὶ fol. 257ᵇ φωνή μοι χρησμοῦ μὴ ἀκουσθῇ, ζῶντας ὑμᾶς ἐμπρήσω. ἐγένετο δὲ ἅμα τῷ¹⁷) δῦναι τὸν ἥλιον, φωνὴ ἠνέχθη Ἰνδικὴ ἀπὸ τοῦ δένδρου. οἱ δὲ συνόντες αὐτῷ Ἰνδοὶ φοβούμενοι οὐκ ἠθέλησαν μεθερμηνεῦσαι. σύννους¹⁸) δὲ γενόμενος ὁ Ἀλέξανδρος εἵλκυσεν αὐτοὺς κατὰ μόνας. καὶ πρὸς τὸ οὖς..... εἶπον αὐτῷ· Ἀλέξανδρε βασιλεῦ, ἐν τάχει ἀπολέσθαι¹⁹) ἔχεις ἀπὸ τῶν ἰδίων.²⁰) πάντων δὲ τῶν ἑστώτων ἀποτερατωθέντων²¹) ἐβουλήθη Ἀλέξανδρος πάλιν χρησμοδοτισθῆναι. ἀκούσας δὲ τὸ μέλλον εἰσῆλθεν καὶ ἠξίωσεν ἵνα ἀσπάσηται τὴν ἑαυτοῦ μητέρα Ὀλυμπιάδα. καὶ τῆς σελήνης ἀνατελλούσης φωνεῖ τὸ δένδρον Ἑλληνικῇ διαλέκτῳ· Ἀλέξανδρε βασιλεῦ, ἐν Βαβυλῶνι δεῖ σε ἀποθανεῖν καὶ ὑπὸ τῶν ἰδίων ἀναιρεθῇς καὶ οὐ δυνήσῃ²²) ἀνακομισθῆναι πρὸς Ὀλυμπιάδα

---

17. 1) Πολιδρύων   2) κηπαρίσσοις·   3) ἐναργύπτω καλουμένη· μυροβαλάνω. vielleicht μυροβάλανος ausgefallen. 4) θήλεως· 5) τὸ 6) κασσίτηρος·   7) οὔτε 8) ἐρωτόντος,   9) λεῶντων 10) θηρίων 11) ἀνατέλη· 12) ὅτ' ἂν 13) καθείκει 14) καθοπτεῦσαι 15) τύχει 16) δύνει 17) τὸ 18) σύνουc 19) ἀπωλέσθαι 20) ἰνδῶν· 21) ἀποτερα-θέντων, 22) δυνήσοι

τὴν μητέρα cou. τοῦ Ἀλεξάνδρου δὲ θαυμάcαντοc ἐβουλήθη cτε-
φάνουc καλλίcτουc παραθεῖναι²³) τοῖc δένδροιc. τῶν δὲ ἱερέων
λεγόντων· οὐκ ἔξεcτι τοῦτο γενέcθαι· εἰ δὲ βιάζειc, πρᾶξον ὃ
βούλει· βαcιλεῖ γὰρ πᾶc νόμοc ἄγραφοc, περίλυποc δὲ γενόμενοc
fol. 258ᵃ Ἀλέξανδροc ἀναcτὰc ὄρθρου cὺν τοῖc ἱερεῦcι καὶ φίλοιc αὐτοῦ
καὶ τοῖc Ἰνδοῖc πάλιν εἰc τὸ ἱερὸν εἰcῆλθε, καὶ προcευξάμενοc
προcῆλθε cὺν τῷ ἱερεῖ. καὶ ἐπιθεὶc τὴν χεῖρα αὐτοῦ τῷ δένδρῳ
ἐπηρώτηcεν, εἰ ἄρα πεπλήρωται αὐτοῦ τὰ τῆc ζωῆc ἔτη, τοῦτο
βουλόμενοc μαθεῖν. ἅμα δὲ τῷ²⁴) γενέcθαι τὴν ἀνατολὴν τοῦ
ἡλίου καὶ βάλλειν τὴν αὐγὴν εἰc τὴν κορυφὴν τοῦ δένδρου, φωνή
τιc (ἐξῆλθεν) ὀξεῖα διαρρήδην λέγουcα· πεπλήρωταί cou τὰ ἔτη
τῆc ζωῆc, καὶ ἀνακομιcθῆναι οὐκ ἔχειc πρὸc Ὀλυμπιάδα τὴν μη-
τέρα cou, ἀλλ᾽ ἐν Βαβυλῶνι ἔχειc ἀπολέcθαι.¹⁹) μετὰ δὲ ὀλίγον
·   χρόνον καὶ ἡ μήτηρ cou καὶ ἡ γυνή cou κάκην κακῶν (sic) ἀπο-
λοῦνται²⁵) ἀπὸ τῶν ἰδίων.²⁰) καὶ περὶ τούτων μηκέτι ἀξίου, οὐ
γὰρ ἀκούceιc²⁶) ἔτι τί ποτε.   ·
     Ταῦτα ἀκούcαc περίλυποc ἐγένετο καὶ ἐξελθὼν ἐκεῖθεν ἐκί-
νηcεν ἀναχωρῶν ἀπὸ τῆc Ἰνδικῆc. καὶ παραγίνεται ἐν Περcίδι.

Cap. 18.

Καὶ ἐπείγετο¹) ἐπὶ τὰ Cεμιράμεωc²) βαcίλεια θεάcαcθαι· ἦcαν
γὰρ περίφημα. ἐβαcίλευcε δὲ ὅληc τῆc χώραc ἐκείνηc γυνὴ ἔχουcα
κάλλοc ὑπερήφανον, μέcηc ἡλικίαc τυγχάνουcα. πέμπει οὖν πρὸc
αὐτὴν γράμματα Ἀλέξανδροc περιέχοντα οὕτωc· Βαcιλεὺc Ἀλέ-
fol. 258ᵇ ξανδροc βαcιλίccῃ Κανδάκῃ τῇ ἐν Μερόῃ³) καὶ τοῖc ὑπ᾽ αὐτὴν
τυράννοιc χαίρειν. πορευόμενοc εἰc Αἴγυπτον ἤκουcα παρὰ τῶν⁴)
ἐκεῖ ἱερέων⁵) περὶ τῶν οἰκητηρίων ὑμῶν καὶ τῶν τάφων καὶ ὅτι
χρόνον τινὰ ἐκυριεύcατε⁶) Αἰγύπτου· διὸ ἔπεμψα πρὸc ὑμᾶc. βου-
λευcάμενοι δὲ πέμψατε ἡμῖν ὃ ἂν φαίνηται⁷) ὑμῖν. ἔρρωcθε.
     Ἀντιγράφει⁸) δὲ ἡ Κανδάκη οὕτωc· Βαcίλιccα Μερόηc⁹) Καν-
δάκη καὶ πάντεc οἱ τύραννοι βαcιλεῖ Ἀλεξάνδρῳ χαίρειν. μὴ κατα-
γνῷc τοῦ χρωτὸc ἡμῶν· ἐcμὲν γὰρ ταῖc ψυχαῖc λαμπρότεροι τῶν
παρὰ coὶ λευκοτάτων. ὑπάρχομεν δὲ εἰc πλῆθοc cκυταλοὶ π΄ ἐν
ἑτοίμῳ πρὸc τοὺc¹⁰) ἐπιόνταc κακοποιεῖν. κομίζουcι δέ cοι οἱ παρ᾽
ἡμῶν cταλέντεc πρέcβειc χρυcοῦ πλίνθουc¹¹) ὁλοcφυρήτουc¹²) ρ΄,
Αἰθίοπαc ἀνήβουc¹³) φ΄, cφίγγαc c΄ καὶ cτέφανον διὰ cμαράγδων
λιτρῶν¹⁴) χιλίων χρυcίου, μαργαριτῶν ἀμετρήτων ὁρμαθοὺc δέκα
ἐcφραγιcμένουc, cτατῆραc δέκα, γλωccόκομα ἐλεφάντινα·π΄, καὶ
θηρίων γένη διάφορα τῶν παρ᾽ ἡμῖν· ἐλέφανταc ε΄, παρδάλειc
ἡμέρουc ι΄, καὶ ἐν ταῖc γαλεάγραιc κύναc ἀνθρωποφάγουc λ΄, ταύ-
ρουc μαχίμουc¹⁵) λ΄, ὀδόνταc ἐλεφάντων τ΄, δορὰc παρδάλεων τ΄,

---

23) παραθῆναι   24) τοῦ   25) ἀπωλοῦνται   26) ἀκούcηc   18. 1)
ἐπήγετο   2) cεμιράμεωc   3) βερόῃ   4) ἀρετῶν   5) ἱερῶν,   6) ἐκηριεύ-
cατε   7) φαίνητε   8) ἀντιγράφη   9) βερόηc   10) τοῦ   11) πλήνθουc
12) ὁλοφυρίταc·   13) ἀμίβουc   14) λυτρῶν   15) μαχήμουc

ῥάβδουc ἐβενίνουc ¹⁶) γ'. πέμψον οὖν οὒc βούλει τοὺc παραληψο- fol. 259·
μένουc αὐτὰ εὐθέωc, καὶ γράψον ἡμῖν τὰ περὶ cοῦ, ὅτι πόcηc τῆc
οἰκουμένηc ἐβαcίλευcαc. ἔρρωco. ¹⁷)

CAP. 19.

Δεξάμενοc δὲ Ἀλέξανδροc τὰ γράμματα Κανδάκηc τῆc βαcι-
λίccηc καὶ ἀναγνοὺc ἔπεμψε Κλεομένην Αἰγύπτιον ταῦτα παραλα-
βεῖν. ἡ δὲ Κανδάκη ¹) ταῦτα ἀκούcαcα περὶ Ἀλεξάνδρου τὸ πῶc
χειροῦται τοὺc τηλικούτουc βαcιλεῖc, ἕνα τῶν ²) ἑαυτῆc φωνήcαcα
Ἕλληνα Ζωγράφον ὄντα ἐκέλευcεν πορευθῆναι εἰc ἀπάντηcιν αὐ-
τοῦ ἀγνωcτὶ Ζωγραφῆcαι τὸ Ἀλεξάνδρου ὁμοίωμα. καὶ ἐποίηcεν
οὕτωc. ἡ δὲ Κανδάκη λαβοῦcα τὸ αὐτοῦ ὁμοίωμα ἔθετο ἐν ἀπο-
κρύφῳ τόπῳ.

Ἐγένετο δὲ μεθ' ἡμέραc (τινὰc) τὸν υἱὸν τῆc Κανδάκηc ὀνόματι
Κανδαύλην ³) μετ' ὀλίγων ἱπποτῶν ⁴) βίαν ὑπομεῖναι ὑπὸ τοῦ τυράν-
νου Βεβρύκων. καὶ κατατρέχει εἰc τὰc cκηνὰc Ἀλεξάνδρου φεύγων
ὁ Κανδαύληc ὁ υἱὸc τῆc Κανδάκηc. οἱ δὲ φύλακεc cυλλαβόντεc
αὐτὸν παριcτῶcι Πτολεμαίῳ τῷ καλουμένῳ Cωτῆρι ἔχοντι τὰ δεύ-
τερα τῆc βαcιλείαc Ἀλεξάνδρου· ἐκοιμᾶτο δὲ Ἀλέξανδροc ὁ βαcι-
λεύc. καὶ ἐξήταcεν ⁵) αὐτὸν ὁ Πτολεμαῖοc· τίc τυγχάνειc καὶ οἱ cὺν
coὶ ὄντεc· ὁ δὲ εἶπεν· υἱόc εἰμι Κανδάκηc τῆc βαcιλίccηc. καὶ λέγει fol. 259ᵇ
αὐτῷ ⁶) ὁ Πτολεμαῖοc· τί οὖν ὧδε ἐλήλυθαc; ὁ δὲ εἶπεν αὐτῷ·
μετὰ τῆc γυναικόc μου καὶ ὀλίγηc cτρατείαc ἠρχόμην ἐνιαύcιον
τελέcαι μυcτήριον παρὰ τὰc ⁷) Ἀμαζόναc. ⁸) ὁ δὲ τύραννοc τῶν
Βεβρύκων ἰδών μου τὴν γυναῖκα καὶ ἐξελθὼν μετὰ πλείcτηc δυνά-
μεωc ἥρπαcεν αὐτὴν καὶ τοὺc πλείονάc μου cτρατιώταc ἀνεῖλεν.
ὑποcτρέφω οὖν ὅπωc πλείονα δύναμιν παραλαβὼν κατακαύcω
τὴν τῶν Βεβρύκων ⁹) χώραν. ἀκούcαc δὲ ταῦτα ὁ Πτολεμαῖοc εἰc-
ῆλθε πρὸc Ἀλέξανδρον καὶ διύπνιcεν ¹⁰) αὐτὸν καὶ διηγήcατο αὐτῷ
ἅπερ ἤκουcε παρὰ τοῦ υἱοῦ τῆc Κανδάκηc. ἀκούcαc δὲ Ἀλέξαν-
δροc εὐθέωc ἐγείρετο καὶ ἄραc τὸ ἑαυτοῦ διάδημα ἔcτεψε τὸν
Πτολεμαῖον καὶ τὴν χλαμύδα αὐτοῦ περιέβαλεν ¹¹) αὐτῷ καὶ λέγει
αὐτῷ· καθέζου ὡc τυγχάνων Ἀλέξανδροc καὶ εἰπὲ τῷ ῥεφερενδα-
ρίῳ ¹²) οὕτωc· φώνηcόν μοι Ἀντίγονον τὸν μέγαν ὑπεραcπιcτήν.
καὶ ὅταν ἔλθω, διήγηcαί μοι ἅπερ εἶπέc μοι καὶ εἰπέ μοι· τί βου-
λευώμεθα περὶ τούτου; δόc μοι cυμβουλίαν.

Προκαθίζεται οὖν Πτολεμαῖοc τῷ βαcιλικῷ cχήματι ἠμφιε-
cμένοc· ὃν ¹³) θεαcάμενα τὰ cτρατεύματα cυνεφοράζοντο ¹⁴) (cυνε- fol. 260·
φράζοντο ?), τί πάλιν ἐνθυμεῖται Ἀλέξανδροc. ὁ δὲ υἱὸc τῆc Καν-
δάκηc ἰδὼν αὐτὸν ἐν τῇ ¹⁵) βαcιλικῇ ¹⁶) ἐcθῆτι ἐφοβήθη, μὴ κελεύcει
αὐτὸν ἀναιρεθῆναι· αὐτὸν γὰρ ὑπώπτευεν ¹⁷) εἶναι Ἀλέξανδρον.
εἶτα κελεύει Πτολεμαῖοc· Ἀντίγονόν μοι καλέcατε τὸν μέγιcτον

---

16) ἐβελίνουc 17) ἔρρωcον. **19.** 1) κανδάκηc 2) τὸν 3) καν-
δαύλον· 4) ἱππαcίων· 5) ἐξέταcεν 6) αὐτὸν 7) ταῖc 8) ἀμαζόνεc·
9) βεβρίκων 10) διύπνηcεν 11) ἔβαλεν 12) φερενδαρίῳ 13) ὧν· 14)
cυνεφωράζοντο, 15) τὴν 16) βαcιλικὴν· 17) ὑπόπτευεν

ὑπερασπιστήν μου. ἐλθόντος δὲ τοῦ Ἀλεξάνδρου εἶπεν αὐτῷ ὁ Πτολεμαῖος· Ἀντίγονε, οὗτός ἐστιν ὁ υἱὸς Κανδάκης τῆς βασιλίς-ςης· ἡρπάγη δὲ ἡ γυνὴ αὐτοῦ ὑπὸ τοῦ τυράννου τῶν Βεβρύκων· τί οὖν μοι συμβουλεύεις ποιῆσαι; ὁ δὲ εἶπεν· συμβουλεύω σοι, Ἀλέξανδρε βασιλεῦ, καθοπλίσαντά σου τὴν στρατείαν πολεμῆσαι τοῖς Βέβρυξιν, ἵνα λυτρωσώμεθα αὐτοῦ τὴν γυναῖκα καὶ παραδῶ-μεν αὐτῷ εἰς τιμὴν τῆς μητρὸς αὐτοῦ. ὁ δὲ Κανδαύλης ὁ υἱὸς τῆς Κανδάκης ἔχαιρε ταῦτα ἀκούσας. εἶπε δὲ Πτολεμαῖος· εἰ τοῦτο βούλει, Ἀντίγονε, τοῦτο καὶ ποίησον ὡς ὑπερασπιστής μου. κέ-λευσον ἑτοιμάζεσθαι τὴν στρατείαν.

Cap. 20.

Καὶ τοῦ Πτολεμαίου κελεύσαντος Ἀντιγόνῳ [1]) ὡς ἐκείνου Ἀλεξάνδρου τυγχάνοντος τοῦτο γέγονεν. ἔφθασεν δὲ ἐπὶ τὸν τό-πον Ἀντίγονος τοῦ τυράννου παρὰ μίαν ἡμέραν σὺν Πτολεμαίῳ (καὶ εἶπεν Ἀντίγονος τῷ Πτολεμαίῳ)· Ἀλέξανδρε βασιλεῦ, μὴ

fol. 260 b ὀφθῶμεν τοῖς Βέβρυξιν ἡμέρας, μήποτε μαθὼν ὁ τύραννος ἀναι-ρήσει τὴν γυναῖκα. ὥστε οὖν νυκτὸς εἰσβάλωμεν εἰς τὴν πόλιν καὶ ἀνάψωμεν τὰς οἰκίας, καὶ αὐτοὶ ἡμῖν οἱ ὄχλοι ἀναστάντες τὴν γυναῖκα παραδώσουσι Κανδαύλου· οὐ γάρ ἐστιν ἡ μάχη ἡμῶν περὶ βασιλείας, ἀλλὰ περὶ ἀπαιτήσεως γυναικός. καὶ οὕτως εἰπόντος τοῦ Ἀντιγόνου προσέπεσεν αὐτῷ ὁ Κανδαύλης καὶ εἶπεν· ὦ τῶν φρενῶν σου, Ἀντίγονε· εἴθε σὺ ἦς Ἀλέξανδρος [2]) καὶ μὴ ὑπερ-ασπιστὴς Ἀλεξάνδρου. καὶ δὴ [3]) νυκτὸς εἰσβάλλουσιν εἰς τὴν πόλιν, κοιμωμένων αὐτῶν, καὶ ἀνάπτουσι τὰ προάστεια. τῶν δὲ διυπνι-σθέντων καὶ πυνθανομένων, τί τὸ αἴτιον τοῦ ἐμπυρισμοῦ, ἐκέλευ-σεν Ἀλέξανδρος ἐκβοᾶν· Κανδαύλης ἐστὶν ὁ βασιλεὺς μετὰ πλείστης δυνάμεως [4]), κελεύων ὑμῖν ἀποδοῦναι τὴν γυναῖκα, πρὶν ὅλην ὑμῶν τὴν πόλιν καταφλέξω. οἱ δὲ περιληφθέντες [5]) πάντες γενό-μενοι [6]) εἰς τὰ τοῦ τυράννου μέλεθρα τῇ δυνάμει τοῦ πλήθους ἤνοιξαν τὰ βασίλεια καὶ σύγκοιτον [7]) οὖσαν τὴν γυναῖκα Κανδαύλου τῷ τυράννῳ [7]) ἀπέσπασαν καὶ παρέδωκαν τῷ Κανδαύλῃ· τὸν δὲ τύραννον ἀνεῖλον. ὁ δὲ Κανδαύλης τῇ συμβουλίᾳ καὶ ἐπινοίᾳ Ἀν-

fol. 261 a τιγόνου εὐχαριστήσας περιπλακεὶς Ἀντιγόνῳ εἶπεν· Πίστευσον σεαυτὸν ἐμοί, ὅπως ἄρω σε πρὸς τὴν ἐμὴν μητέρα Κανδάκην, ἵνα σοι δώσω βασιλικὰ δωρήματα [8]) ἀντάξιά [10]) σου. ὁ δὲ Ἀλέξανδρος περιχαρὴς γενόμενος εἶπεν αὐτῷ· αἴτησαί με παρὰ τοῦ βασιλέως Ἀλεξάνδρου· κἀγὼ γὰρ ἐπιθυμῶ τὴν [11]) χώραν [12]) ἐπιθεωρῆσαι. μετέδωκεν οὖν Ἀλέξανδρος τῷ Πτολεμαίῳ ἵνα αὐτὸν πέμψῃ [13]) σὺν αὐτῷ ὡς ἄγγελον αὐτοῦ. καὶ εἶπε Πτολεμαῖος τῷ Κανδαύλῃ· βούλομαί σου τὴν μητέρα διὰ γραμμάτων ἀσπάσασθαι. παραλαβὼν οὖν τὸν ἄγγελόν μου Ἀντίγονον ἄγαγε μετὰ σοῦ, πάλιν δὲ σωζό-μενον αὐτὸν ἄγαγε ὧδε πρός με, ὥσπερ καὶ σεαυτὸν καὶ τὴν

---

20. 1) ἀντιγόνου   2) ἀλέξανδρε·   3) δεῖ   4) δυνάμεας·   5) περι-λειφθέντες   6) γενάμενοι   7) σύνκοιτον   8) τυράννῳ   9) δωρύματα   10) ἀνάξιά   11) τῆς   12) χώρας   13) πέμψει

γυναῖκά cου πρὸϲ τὴν μητέρα cου cώουϲ ἀποκαθιϲτῶν. ὁ δὲ Κανδαύληϲ εἶπεν· βαϲιλεῦ, οὕτωϲ παραλαμβάνω τοῦτον τὸν ἄνδρα ὡϲ αὐτὸν τὸν Ἀλέξανδρον· ἐκπέμψω δέ ϲοι αὐτὸν μετὰ βαϲιλικῶν δώρων.

Cap. 21.

Καὶ δὴ πορευόμενοϲ Κανδαύληϲ ἔλαβε μεθ᾽ ἑαυτοῦ Ἀλέξανδρον καὶ ἱκανὴν ϲτρατείαν καὶ κτήνη καὶ ἀμάξαϲ καὶ δῶρα ἱκανά. ὁδεύων δὲ Ἀλέξανδροϲ ἐθαύμαζε τὰ ποικίλα ὄρη τῆϲ κρυϲταλλοφόρου¹) γῆϲ φθάνοντα²) ἕωϲ τῶν τοῦ οὐρανοῦ νεφῶν, καὶ τὰ δένδρα τὰ ὑψιπέτηλα³) καρποῖϲ καταγέμοντα, οὐχ ὡϲ παρ᾽ Ἕλλη- fol. 261ᵇ ϲιν, ἀλλ᾽ ὡϲ ἴδια θαύματα.⁴) μηλέαι⁵) γὰρ ἦϲαν χρυϲίζουϲαι τὸν ὄγκον τῆϲ ὀπώραϲ ἔχουϲαι ὡϲ τὰ [τῶν] παρ᾽ Ἕλληϲι κίτρα⁶), καὶ βότρυεϲ⁷) ϲταφυλῆϲ παμμεγέθειϲ, κάρυα δὲ ἔχοντα περίμετρον πεπόνων, πίθηκοι⁸) δὲ τέλειοι ὡϲ ἄρκοι, ἄλλα τε ζῷα ποικίλα τῇ χρόᾳ⁹) καὶ ξένα τῇ μορφῇ. ἔνιοι δὲ ἦϲαν τόποι τοίχουϲ πετρώδειϲ καταβάϲειϲ ἔχοντεϲ. εἶπεν δὲ ὁ Κανδαύληϲ· Ἀντίγονε, θεῶν οἰκητήρια τὰ ὧδε καλοῦνται. τὴν οὖν πορείαν ἐποιοῦντο καὶ ἔφθαϲαν εἰϲ τὰ βαϲίλεια, καὶ ὑπήντηϲεν αὐτῷ ἡ μήτηρ καὶ οἱ¹⁰) ἀδελφοὶ¹¹) αὐτοῦ. καὶ ὡϲ ἔμελλεν αὐτῷ περιπλέκεϲθαι¹²), ὁ Κανδαύληϲ εἶπεν· οὐ πρότερον¹³) ἐμὲ περιπλέκεϲθε¹⁴), εἰ μὴ πρῶτον τὸν ϲωτῆρά μου γενόμενον καὶ τῆϲ ἐμῆϲ γυναικὸϲ εὐεργέτην¹⁵) ἀϲπάϲαϲθε, Ἀντίγονον τὸν ἄγγελον Ἀλεξάνδρου τοῦ βαϲιλέωϲ. οἱ δὲ εἶπον αὐτῷ· τίνα¹⁶) ϲοι παρέϲχε ϲωτηρίαν; ὡϲ δὲ διηγήϲατο αὐτοῖϲ Κανδαύληϲ τὴν ἁρπαγὴν τῆϲ γυναικὸϲ αὐτοῦ τὴν γενομένην αὐτῷ ὑπὸ τοῦ τυράννου τῶν Βεβρύκων καὶ τὴν ὑπὸ Ἀλεξάνδρου γενομένην αὐτῷ βοήθειαν, περιεπλάκηϲαν αὐτῷ οἱ ἀδελφοὶ καὶ ἡ μήτηρ αὐτῶν Κανδάκη. λαμπρὸν δὲ κατὰ (τὰ) βαϲίλεια γίνεται δεῖπνον.

Cap. 22.

Τῇ οὖν ἑξῆϲ ἡμέρᾳ ἡ Κανδάκη προῆλθε βαϲιλικῷ διαδήματι fol. 262ᵃ ἐμφαίνουϲα, ὑπερμεγέθηϲ τὴν ἡλικίαν καὶ τὴν μορφὴν ἡμίθεον ἔχουϲα, ὡϲ δοκεῖν Ἀλεξάνδρῳ¹) εἶναι τὴν ἑαυτοῦ μητέρα Ὀλυμπιάδα. ἔβλεπε δὲ τὰ βαϲίλεια ἀϲτράπτοντα χρυϲορόφοιϲ²) ϲτέγαιϲ³) καὶ πετρώδεϲι⁴) τοίχοιϲ. ϲτρωμναὶ δὲ ϲηρικοῖϲ⁵) ὑφάϲμαϲι καὶ τέχναιϲ ποικίλαιϲ χρυϲίου ἐπὶ κλιντήρων τὰϲ βάϲειϲ ἐχόντων χρυϲᾶϲ· τὰ δὲ ἀνάκλιτα ἱμαντωμένα⁶) χρυϲῷ, τράπεζαι δὲ ἐλεφαντίνηϲ ὕληϲ ἡπλωμέναι, Μηδικοί τε κίονεϲ τὰϲ κεφαλίδαϲ ἐβενίνοιϲ⁷) χροιαῖϲ ἀπαϲτράπτοντεϲ· ἀνδριάντεϲ δὲ ἦϲαν ἀνάριθμητοι χαλκοῖ·

---

21. 1) κρυϲταλοφόρου 2) φθανόντων 3) ὑψηπέτηλα 4) ἐθήματα· 5) μηλαῖαι 6) κήτρα· 7) βότρυαϲ 8) πιθικοὶ 9) χρῶα 10) ὁ 11) ἀδελφόϲ 12) περιπλέκεϲθε 13) πρώτερον 14) περιπλέκεϲθαι. die worte ὁ Κανδαύληϲ εἶπεν· οὐ πρ. ἐμὲ περιπλ. am rande von jüngerer hand. 15) hinter εὐεργέτην interpanction. 16) τίϲ **22.** 1) ἀλέξανδρον 2) χρυϲορρόφοιϲ 3) ϲτέγεϲ· 4) πετρώδεϲ 5) ϲειρικοῖϲ 6) ἰμεντωμένα 7) ἐβελίνοιϲ

51*

ἅρματα δὲ δρεπανηφόρα τετορνευμένα ἐκ πορφυριτῶν ⁸) λίθων
cùν τοῖc πώλοιc ⁹), ὥcτε δοκεῖν αὐτοὺc τρέχειν ζῶνταc· ἐλέφαν-
τεc ¹⁰) δὲ ἐκ τοῦ ὁμοίου λίθου ¹¹) γλυφέντεc ¹²) τοῖc ποcὶ cυμπα-
τοῦντεc τοὺc πολεμίουc καὶ τοῖc προμυκτῆρcιν ¹³) εἱλίccοντεc τοὺc
ἀντιδίκουc· ὅλοι τε [οἱ] ναοὶ cὺν τοῖc κίοcιν ¹⁴) ἐκ μιᾶc ψήφου
γεγλυμμένοι ταῦτα οὖν ὁρῶν Ἀλέξανδροc ἀπεθαύμαζεν. ἦν δὲ
cυνεcθίων τοῖc ἀδελφοῖc Κανδαύλου. παρεκάλει δὲ ὁ Κανδαύληc
τὴν μητέρα καὶ ἠξίου διδόναι τῷ ἀγγέλῳ Ἀλεξάνδρου ἄξια τῆc
fol. 262ᵇ αὐτοῦ φρονήcεωc δῶρα καὶ ἀπολῦcαι αὐτόν. τῇ δὲ ἑξῆc ἡμέρᾳ
λαβοῦcα τῆc δεξιᾶc χειρὸc Ἀντιγόνου ἡ Κανδάκη ἐδείκνυεν αὐτῷ
κοιτῶναc διαυγεῖc ἐξ ἀερίτου ¹⁵) λίθου, ὥcτε τὸν ἥλιον διὰ τῶν
μαρμαρυγῶν ¹⁶) ὑπονοεῖν ἔνδον ἀνατέλλειν· ἐν αὐτοῖc δὲ τρίκλι-
νον ἐξ ἀμιάντων ξύλων· οἰκίαν δὲ οὐ παγεῖcαν τοῖc θεμελίοιc ἐπὶ
τῆc γῆc, ἀλλὰ μεγίcτοιc τετραγώνοιc ξύλοιc παγεῖcαν, ἐπὶ ¹⁷) τρο-
χῶν cυρομένην ὑπὸ εἴκοcι ἐλεφάντων καὶ ἔνθα ἐπορεύετο ὁ βαcι-
λεὺc πόλιν πολεμῆcαι, εἰc αὐτὴν κατέμενεν. εἶπε δὲ Ἀλέξανδροc
τῇ Κανδάκῃ· ταῦτα πάντα ἄξια ἦν θαυμάζειν, εἰ παρὰ τοῖc Ἕλλη-
cιν ἐτύγχανον καὶ οὐ παρὰ cοί, ὅτι ὄρη τοιαῦτα καὶ ποικίλα ¹⁸)
τυγχάνουcι. παροργιcθεῖcα ¹⁹) (δὲ) ἡ Κανδάκη εἶπεν· ἀληθῶc εἶπαc
Ἀλέξανδρε. ὁ δὲ φωνηθεὶc τῷ ὀνόματι Ἀλέξανδρε ἀντεcτράφη
λέγων· ἐγώ, κυρία, Ἀντίγονοc καλοῦμαι· ἄγγελόc εἰμι Ἀλεξάν-
δρου. εἶπεν δὲ ἡ Κανδάκη· ναί, εἰ καὶ Ἀντίγονοc ἐκλήθηc ²⁰), ἀλλ᾽
οὐ παρ᾽ ἐμοί· Ἀλέξανδροc ὁ βαcιλεὺc τυγχάνειc. ἄρτι δέ cοι
δείξω τὸ cυμβόλαιόν cου. καὶ καταcχοῦcα αὐτὸν τῆc χειρὸc εἰc-
φέρει εἰc κοιτῶνα καὶ φέρει αὐτῷ τὸ εἰκονίδιον ²¹) τοῦ ὁμοιώματοc
fol. 263ᵃ αὐτοῦ καὶ εἶπεν αὐτῷ· ἐπιγινώcκειc τὸν cεαυτοῦ χαρακτῆρα; ὁ δὲ
Ἀλέξανδροc ἐπιγνοὺc τὸ ἑαυτοῦ ἐκτύπωμα ἐταράχθη καὶ ἔτρεμεν.
εἶπεν δὲ αὐτῷ ἡ Κανδάκη· τί τρέμειc, Ἀλέξανδρε, καὶ τετάραξαι;
ὁ Περcολέτηc ²²), ὁ Ἰνδολέτηc ²³), ὁ καθελὼν τρόπαια Μήδων καὶ
Πάρθων καὶ ὅλην τὴν ἀνατολὴν καταβαλὼν νῦν χωρὶc πολέμου
καὶ cτρατείαc ὑποχείριοc γέγοναc Κανδάκηc. ὥcτε νῦν γίνωcκε,
Ἀλέξανδρε, ὅτι ὅcτιc δοκεῖ τῶν ἀνθρώπων ὑπερφρονεῖν μέγα,
καὶ ἄλλοc ²⁴) μείζονα τούτου φρονήcει· τὸ γὰρ τῆc Κανδάκηc φρό-
νημα ὑπερέβη τὸ cοῦ cόφιcμα, ὦ Ἀλέξανδρε. ἐθυμαίνετο δὲ ὁ
Ἀλέξανδροc καὶ ἔτριζε τοὺc ὀδόνταc αὐτοῦ. λέγει αὐτῷ ἡ Καν-
δάκη· τοὺc ὀδόνταc cου τρίζειc; τί δύναcαι ποιῆcαι ὁ τηλικοῦτοc ²⁵)
βαcιλεὺc γενόμενοc; νῦν ὑποχείριοc ἐγένου μιᾶc γυναικόc. ὁ δὲ
Ἀλέξανδροc ἠθέλεcε ξίφει ἑαυτὸν ἀνελεῖν καὶ τὴν (Κανδάκην·
εἶπε δὲ αὐτῷ ἡ) Κανδάκη· καὶ τοῦτο γενναῖον καὶ βαcιλικόν, (ἀλλὰ)
μηδὲν ἀγωνιάcῃc, τέκνον Ἀλέξανδρε· ὥcπερ δὲ cύ μου τὸν υἱὸν
καὶ τὴν τούτου γυναῖκα ὑπὸ τῶν Βεβρύκων διέcωcαc ληφθεῖcαν,
κἀγώ cε διαφυλάξω ἀπὸ τῶν βαρβάρων, Ἀντίγονόν cε καλοῦcα·

---

8) πορφυροτῶν   9) πόλιc·   10) ἐλέφανταc   11) λίθουc   12) γλυ-
φένταc·   13) προμυκεῖcιν   14) κίωcιν·   15) ἀρρήτου   16) μαρμάρου
17) ὑπὸ   18) ποίκηλα   19) παρωργιcθεῖcα   20) ἐκλήθειc   21) εἰκο-
νήδιον   22) περcωλέτηc·   23) ἰνδωλέτηc·   24) ἄλλωc   25) τηλικούτωc

ἐὰν (γὰρ) γνώcωcί cε ὄντα Ἀλέξανδρον, ἀναιροῦcί cε εὐθέωc, ὅτι
cὺ Πῶρον τὸν βαcιλέα Ἰνδῶν ἀνήρηcac· ἡ γὰρ γυνὴ τοῦ μικρο- fol. 263ᵇ
τέρου μου υἱοῦ θυγάτηρ ἐcτὶ Πώρου, ὅθεν Ἀντίγονόν cε καλέcω·
ἐγώ cου φυλάξω τὸ μυcτήριον.

CAP. 23.

Καὶ ταῦτα εἰποῦca ἡ Κανδάκη ἐξῆλθε cὺν αὐτῷ καὶ εἶπεν·
τέκνον Κανδαύλη καὶ cὺ θυγάτηρ Ἄρπιca, εἰ μὴ κατ’ εὔκαιρον¹)
εὕρετε²) τὴν cτρατείαν Ἀλεξάνδρου, οὔτε ἐγὼ ὑμᾶc ἀπελάμβανον,
οὔτε cὺ τὴν ἑαυτοῦ γυναῖκα εὕριcκεc· ὥcτε ἄξιοι γενώμεθα τοῦ
ἀγγέλου Ἀλεξάνδρου καὶ δῶμεν³) αὐτῷ δωρεάc. εἶπε δὲ αὐτῇ ὁ
ἕτεροc υἱὸc ὁ μικρότεροc· ἔcωcε τὸν ἀδελφόν μου καὶ τὴν τούτου
γυναῖκα Ἀλέξανδροc· ἄχθεται⁴) δὲ ἡ ἐμὴ γυνὴ τοῦ πατρὸc αὐτῆc
Πώρου ἀναιρεθέντοc ὑπὸ Ἀλεξάνδρου, καὶ τὸν ἐκείνου ἄγγελον
ὑποχείριον ὧδε ἔχουca ἀναιρῆcαι θέλει Ἀντίγονον. εἶπε δὲ ἡ
Κανδάκη· καὶ τί coι ὄφελοc, τέκνον; ἐὰν τοῦτον φονεύcηc⁵), νικᾷc
τὸν Ἀλέξανδρον; εἶπεν δὲ Κανδαύληc πρὸc τὸν ἑαυτοῦ ἀδελφόν·
ἐμὸc cωτὴρ ἐγένετο καὶ τῆc ἐμῆc γυναικόc, κἀγὼ τοῦτον διαcώcαc
πέμψω πρὸc Ἀλέξανδρον. οὐκοῦν ἕνεκα τούτου καὶ ἡμεῖc ὧδε
cυνάψωμεν μάχην πρὸc ἀλλήλουc. ὁ δὲ ἀδελφὸc αὐτοῦ ἔφη·
ἐγὼ μέν, ἀδελφέ μου, οὐ θέλω, εἰ δὲ cὺ τοῦτο βούλει, ἑτοιμότερόc fol. 264ᵃ
cού εἰμι. καὶ ταῦτα εἰπόντεc ἐτρέποντο μονομαχῆcαι εἰc ἀλλή-
λουc. ἡ δὲ Κανδάκη ἀγωνιάcaca περὶ τῶν τέκνων αὐτῆc, μὴ
ἔλθωcιν εἰc μάχην, λαβοῦca τὸν Ἀλέξανδρον λέγει αὐτῷ· φρε-
νήρηc τυγχάνων καὶ τοcαῦτα τρακτάτα (sic) δοὺc⁶) οὐδεμίαν δύ-
ναcαι ἀφορμὴν φρενῶν εὑρεῖν, ὅπωc μὴ διὰ cὲ πολεμήcουcί μου
τὰ τέκνα ἑαυτούc; ὁ δὲ Ἀλέξανδροc ἔφη· ἐγὼ ἐλθὼν εἰρηνεύcω⁷)
αὐτούc. καὶ ἐλθὼν μεταξὺ ἀμφοτέρων Ἀλέξανδροc λέγει· ἄκουε
Θώα‘) καὶ cὺ Κανδαύλη, ἐὰν ἐμὲ ὧδε ἀναιρήcετε, οὐδὲν μελήcει⁸)
Ἀλεξάνδρῳ· ἐγὼ γὰρ Ἀντίγονοc καλοῦμαι· οὔτε γὰρ οἱ ἄγγελοι
οἱ ἀποcτελλόμενοι πολύτιμοι τυγχάνουcι πρὸc μάχην βαcιλικήν.
ἐὰν οὖν ἐμὲ ὧδε ἀναιρήcητε¹⁰), ἔχει ἀγγέλουc πλείοναc Ἀλέξαν-
δροc· εἰ δὲ βούλεcθε παρ’ ἐμοῦ τὸν ἐχθρὸν ὑμῶν αἰχμάλωτον
λαβεῖν Ἀλέξανδρον, ὑπόθεcθέ¹¹) μοί τι μέροc δωρεᾶc δοῦναι ἐν-
ταῦθα, ἵνα καὶ πρὸc ὑμᾶc καταμείνω καὶ καταρτίcω τὸν Ἀλέξαν-
δρον ὧδε παραγενέcθαι, ὡc ὑμῶν βουλομένων ἃ ἡτοιμάcατε δῶρα
κατ’ ὄψιν αὐτοῦ ἀποδοῦναι· καὶ τότε τὸν ἐχθρὸν ὑμῶν ὑποχεί- fol. 264ᵇ
ριον λαβόντεc ἑαυτοὺc ἐκδικήcαντεc θεραπευθῆτε. ¹¹) ἐπείcθηcαν
δὲ οἱ ἀδελφοὶ αὐτῷ καὶ ἦλθον εἰc ἀγάπην. ἡ δὲ Κανδάκη θαυμά-
caca τῶν φρενῶν τοῦ Ἀλεξάνδρου εἶπεν αὐτῷ· Ἀντίγονε, ἤθελον
τοῦ εἶναί cε υἱόν μου, καὶ διὰ coῦ πάντων τῶν ἐθνῶν κατεκρά-
τηca· οὐ γὰρ πολεμῶν ἐχειρώcω τοὺc πολεμίουc καὶ τὰc πόλειc,

23. 1) εὐθὺ καιρόν 2) εὕρατε 3) δώcωμεν 4) übergeschrieben
λυπειται 5) φωνεύcηc, 6) δώcac· 7) εἰρηνεύcaι 8) θῶa 9) μελ-
λήcει 10) ἀναιρήcηται· 11) ὑπότεcθέ 12) θεραπευθεῖται·

ἀλλὰ ἀγχινοίᾳ πολλῇ. ἴcθι¹³) μὲν οὖν δωροφορούμενος, ἐγκρατῶς δὲ τῆς Κανδάκης φυλαccούcης 'Αλεξάνδρου τὸ μυcτήριον. καὶ μεθ' ἡμέρας δέκα πορευομένου αὐτοῦ δίδωcιν αὐτῷ ἡ Κανδάκη δῶρα βαcιλικά, καὶ cτέφανον ἀδαμάντινον πολύτιμον καὶ θώρακα δι' ὀνύχων¹⁴) καὶ βηρύλλων¹⁵) καὶ χλαμύδα ἀcτεροφεγγῆ διὰ χρυcοῦ ὁλοπόρφυρον. καὶ ἐκπέμπει αὐτὸν μετὰ παραδοχῆς πολλῆς καὶ τῶν ἰδίων cτρατιωτῶν.

Cap. 24.

'Οδοιπορήcας δὲ ἡμέρας τεταγμένας ἦλθεν ἐπ' ἐκεῖνον τὸν τόπον ἔνθα εἶπεν αὐτῷ ὁ Κανδαύλης τοὺς θεοὺς ἐκεῖ διαιτᾶcθαι. ¹) καὶ εἰcελθὼν ἔνδον μετ' ὀλίγων cτρατιωτῶν ὁρᾷ φανταcίαν εἰδώλων καὶ πυρὸς ἀcτραπήν. ὁ δὲ 'Αλέξανδρος ἐδειλίαcεν ἔμπροcθεν

fol. 265ᵃ (ἀπορίᾳ?) ληφθείς· ἐπέμενε δὲ ἰδεῖν τί τὸ ἀποβηcόμενον. ὁρᾷ δέ τινας ἄνδρας ἀνακειμένους ἀπαcτράπτοντας ἐκ τῶν ὀφθαλμῶν ὡς λυχνοφεγγεῖς, ἕνα δὲ λέγοντα αὐτῷ· χαίροις²) 'Αλέξανδρε· οἶδάς με τίς εἰμι ἐγώ; ἐγώ εἰμι ὅcπερ³) καὶ cὺ cήμερον· οὐ τοcοῦτον δὲ εὐτύχηcα ὅcον cύ· ἔχεις γὰρ ὄνομα ἀθάνατον κτίcας τὴν περιπόθητον ἐν Αἰγύπτῳ 'Αλεξάνδρειαν πόλιν. εἶπε δὲ αὐτῷ 'Αλέξανδρος· ἆρα πόcα ἔτη ζήcομαι· καὶ ἔφη αὐτῷ· καλὸν μὲν τὸν ὄντα μὴ εἰδέναι πότε τελευτᾷ· προcδεχόμενος γὰρ ἐκείνην τὴν ὥραν ἀπὸ πότε⁴) ἔμαθεν ἐτελεύτηcεν· † τὸ δὲ ἐν ἀγνοίᾳ εἶναι τὸν ὄντα τούτῳ λήθη παρέχει τὸ μὴ ἔχειν κατάγνωμην· εἰ καὶ ὅλως τελευτᾷ· † τὴν μέντοι γε κτίζεις πόλιν περιφανῆ πᾶcιν ἀνθρώποις· πολλοὶ βαcιλεῖς ἐπιβήcονται τῷ⁵) ἐδάφει⁶) αὐτῆς⁷)· οἰκήcεις⁴) δὲ αὐτὴν καὶ θανὼν καὶ μὴ θανών· τάφον γὰρ αὐτὴν ἕξεις ἣν κτίζεις πόλιν. καὶ οὕτως εἰπόντος αὐτοῦ ἐξέρχεται 'Αλέξανδρος.

Cap. 25.

Καὶ παραλαβὼν τοὺς ἰδίους τὴν ὁδοιπορίαν ἐποιεῖτο ἐπὶ τὰ ἴδια [ἐκ] cτρατεύματα. ὑπήντηcαν δὲ αὐτῷ οἱ cατράπαι καὶ ἔδωκαν αὐτῷ τὴν βαcιλικὴν ἐcθῆτα. καὶ ἐκεῖθεν τὴν ὁδοιπορίαν

fol. 265ᵇ ἐποιήcατο ἐπὶ 'Αμαζόνας. γενόμενος δὲ παρ' αὐτὰς ἀπέcτειλεν αὐταῖς γράμματα περιέχοντα οὕτως·

Βαcιλεὺς 'Αλέξανδρος 'Αμαζόcι χαίρειν. τὴν μὲν πρὸς Δαρεῖον μάχην οἴομαι ὑμᾶς ἀκηκοέναι. ἐκεῖθεν δὲ εἰς τοὺς 'Ινδοὺς ἐπεcτρατεύcαμεν καὶ ἡττήcαμεν τοὺς ἡγουμένους αὐτῶν καὶ κατεδουλώcαμεν αὐτοὺς διὰ τῆς ἄνω προνοίας. ἐκεῖθεν δὲ εἰς τοὺς Βραχμᾶνας ὡδεύcαμεν τοὺς καλουμένους γυμνοcοφιcτάς, καὶ λαβόντες φόρους παρ' αὐτῶν ἀφήκαμεν ἐπὶ τῶν ἰδίων τόπων καταμένειν παρακαλεcάντων ἡμᾶς καὶ ἐν εἰρήνῃ παρεάcαμεν.

'Εκεῖθεν οὖν ἀναζευγνύομεν¹) πρὸς ὑμᾶς· ὑμεῖς δὲ cυναντή-

---

13) ἴcθη   14) διόνιον   15) β(βρυλλον·   24. 1) αἰτήcαcθε   2) χαίρις   3) ὥcπερ   4) ἀπότε (ὁπότε?)   5) τοῦ   6) ἐδαφῆcαι   7) αὐτήν· 8) οἰκήcῃς   25. 1) ἀναζεύγνομεν

cατε ἡμῖν γηθοcύνωc· οὐ γὰρ ἐρχόμεθα κακοποιῆcαι, ἀλλ᾽ ὀψόμενοc τὴν χώραν, ἅμα δὲ καὶ ὑμᾶc εὐεργετῆcαι. ἔρρωcθε.
Δεξάμεναι δὲ τὰ γράμματα ᾿Αλεξάνδρου καὶ ἀναγνοῦcαι ἀντέγραψαν ᾿Αλεξάνδρῳ ταῦτα· ᾿Αμαζονίδων αἱ κράτιcται καὶ ἡγούμεναι ᾿Αλεξάνδρῳ χαίρειν. ἐγράψαμέν cοι ὅπωc εἰδῇc²) πρὸ τοῦ cε ἐπιβῆναι ἐπὶ τοὺc τόπουc ἡμῶν, ἵνα μὴ ἀδόξωc ἀναλύcῃc. διὰ δὲ τῶν γραμμάτων ἡμῶν διαcαφοῦμεν³) τὰ κατὰ τὴν χώραν ἡμῶν καὶ ἡμᾶc αὐτὰc οὔcαc cπουδαίαc τῇ διαίτῃ⁴)· ἔcωθεν γὰρ τοῦ fol. 266ᵃ ᾿Αμαζονικοῦ ποταμοῦ πέραν οἰκοῦμεν, ἐν μέcῳ δέ. ἔcτι (δὲ)⁵) τὸ περίμετρον τῆc γῆc ἡμῶν ἐνιαυτοῦ ἔχον⁶) κύκλευμα· ποταμὸc δὲ οὐκ ἔχων ἀρχήν. ἔcτι δὲ εἴcοδοc ἡμῖν μία. ἐcμὲν δὲ αἱ κατοικοῦcαι παρθένοι ἔνοπλοι μυριάδεc κζ᾽· ἄρρεν δὲ παρ᾽ ἡμῖν οὐδὲ ἓν ὑπάρχει· οἱ δὲ ἄνδρεc πέρα τοῦ ποταμοῦ κατοικοῦcι τὴν χώραν νεμόμενοι.⁷) ἡμεῖc δὲ κατ᾽ ἐνιαυτὸν ἄγομεν πανήγυριν, ἱπποφονίαν⁸), θύουcαι τῷ Διὶ καὶ Ποcειδῶνι καὶ Ἡφαίcτῳ καὶ ᾿Αρεῖ ἡμέραc λ΄. ὅcαι⁹) δὲ βούλονται ἐξ ἡμῶν διακορεῦcαι¹⁰), (ἡμέραc) τινὰc καταμένουcι πρὸc αὐτούc· καὶ τὰ θηλυκὰ ὅcα ἂν τίκτουcι, γινόμενα ἑπταετῆ διαβιβάζουcι πρὸc ἡμᾶc. ὅταν δὲ πολέμιοι¹¹) ἐπιcτρατεύουcιν ἐπὶ τὴν ἡμετέραν χώραν, ἐκπορευόμεθα ἐφ᾽ ἵππων μυριάδεc δώδεκα· αἱ δὲ λοιπαὶ τὴν νῆcον διαφυλάττουcι. καὶ ἐρχόμεθα εἰc cυνάντηcιν ἐπὶ (τὰ) ὅρια¹²)· οἱ δὲ ἄνδρεc ὄπιcθεν παρατεταγμένοι ἀκολουθοῦcιν ἡμῖν. καὶ εἴ τιc ἐν τῷ πολέμῳ τραυματίαc γένηται, προcκυνεῖται ὑπὸ [δια παρὰ] τῆc ἡμετέραc ἀγερωχίαc¹³) καὶ cτεφθεῖcα¹⁴) ἀείμνηcτοc ὑπάρχει· εἴ τιc δὲ ἐὰν πέcῃ ἐν πολέμῳ ὑπερμαχοῦcα ἢ ἐγγὺc οὖcα αὐτῇ¹⁵) χρήματα λαμ- fol. 266ᵇ βάνει οὐκ ὀλίγα ὄντα. ἐὰν δέ τιc cῶμα ἀγάγῃ¹⁶) τῶν ἐναντίων εἰc τὴν νῆcον, πρόκειται ἐπὶ τοῦτο¹⁷) χρυcίον καὶ ἀργύριον καὶ cιτηρέcια ἐπὶ τοῦ¹⁸) διαβιῶcαι (αὐτήν)· ὥcτε ἡμᾶc ἀγωνίζεcθαι¹⁹) ὑπὲρ τῆc ἰδίαc δόξηc. ἐὰν δὲ πολεμίων κρατήcωμεν ἢ πάλιν φύγωcιν, αἰcχρὸν εἰc αὐτοὺc καταλείπεται εἰc ἅπαντα χρόνον ὄνειδοc· ἐὰν δὲ ἡμᾶc νικήcωcιν, ἔcονται γυναῖκαc νενικηκότεc. ὅρα οὖν, βαcιλεῦ ᾿Αλέξανδρε, μὴ τὰ αὐτὰ cοὶ cυμβήcονται. βουλευcάμενοc οὖν ἀντίγραψον ἡμῖν καὶ εὑρήcειc²⁰) ἡμῶν τὴν παρεμβολὴν ἐπὶ τῶν ὁρίων.²¹) (ἔρρωcο.)

CAP. 26.

Ὁ δὲ ᾿Αλέξανδροc ἐντυχὼν τοῖc γράμμαcιν αὐτῶν καὶ μειδιάcαc ἀντέγραψεν αὐταῖc τάδε· Βαcιλεὺc ᾿Αλέξανδροc ᾿Αμαζόcι¹) χαίρειν. τὰ τρία μέρη τῆc οἰκουμένηc ἐκυριεύcαμεν καὶ οὐ διελί-

---

2) ἴδειc 3) διαcαφιοῦμεν 4) διέτῃ 5) ἐν μέcῳ δὲ ἐcτὶ τὸ περίμ. κτλ. 6) ἔχων 7) νεμώμενοι· 8) ἱπποφωνίαν 9) ὅcοι 10) διακουρεῦcαι (διακορεύεcθαι?)· wahrscheinlich hinter diesem wort ausgefallen: διαπερῶcι καὶ ἡμέραc. 11) πόλεμοι 12) ὄρη 13) ἀγεροχίαc· 14) cτεφθείc 15) ἢ ἐγγίζουcα· αὔτη 16) ἀγάγει 17) τοῦτον 18) τούτουc 19) ἀγωνίζεcθε 20) εὑρήcειν 21) ὀρέων· **26.** 1) ἀμαζόναιc

πομεν τρόπαια cυνιcτῶντεc κατὰ πάντων. αἰcχρὸν μὲν οὖν ἡμῖν
ἀπολειφθήcεται, ἐὰν μὴ ἐπιcτρατευcώμεθα ἐφ' ὑμᾶc. καὶ εἰ μὲν
οὖν θέλετε ἀπολέcθαι καὶ ἀοίκητον τὴν ἑαυτῶν χώραν ἕcεcθαι,
μείνατε ἐπὶ τῶν ὁρίων²)· εἰ δὲ βούλεcθε εἰc τὴν ἰδίαν γῆν κατοι-
κεῖν καὶ μὴ πεῖραν πολέμου λαβεῖν, διαβᾶcαι³) εἰc τὸν ποταμὸν
fol. 267ᵃ ὑμῶν [καὶ] ὄφθητε⁴) ἡμῖν. ὡcαύτωc καὶ οἱ ἄνδρεc μενέτωcαν ἐν
τῷ πεδίῳ. καὶ ἐὰν ταῦτα πράξητε, ὄμνυμι⁵) ἐγὼ ἐμὸν πατέρα καὶ
ἐμὴν μητέρα 'Ολυμπιάδα, μὴ ἀδικῆcαι ὑμᾶc· ἀλλὰ καὶ ὃν ὁ' ἂν
φόρον βούλεcθε, λήψομαι⁶) παρ' ὑμῶν καὶ οὐκ ἐλεύcομαι εἰc τὴν
ὑμετέραν γῆν. ἃc δὲ ἀνεκρίνατε ἐφίππουc⁷), ἐξαποcτείλατε πρὸc
ἡμᾶc. δίδομεν⁸) δὲ κατὰ μῆνα ἑκάcτῃ τῶν πεμπομένων παρ' ὑμῶν
ἀντιμίcθιον χρυcίου cτατῆρα καὶ τὰ cιτηρέcια. μετὰ δὲ τὸν ἐνιαυ-
τὸν αὗται⁹) μὲν ἀπελεύcονται, ἄλλαc δὲ ἀποcτείλατε. βουλευcά-
μεναι δὲ ἀντιγράψατε ἡμῖν. ἔρρωcθε.

Δεξάμεναι δὲ καὶ ἀναγνοῦcαι τὰ γράμματα 'Αλεξάνδρου ἐκκλη-
cίαν¹⁰) ἑαυταῖc ποιήcαcαι καὶ βουλευcάμεναι ἀντέγραψαν αὐτῷ
ταῦτα· 'Αμαζόνων αἱ κράτιcται καὶ ἡγούμεναι βαcιλεῖ 'Αλεξάνδρῳ
χαίρειν. δίδομέν cοι ἐξουcίαν ἐλθεῖν πρὸc ἡμᾶc¹¹) καὶ θεάcαcθαι
ἡμῶν τὴν χώραν. ταccόμεθά cοι δὲ διδόναι κατ' ἐνιαυτὸν χρυcίου
τάλαντα ρ', καὶ τὰc κρατίcταc ἐξ ἡμῶν φ' ἀπεcτάλκαμέν cοι εἰc
fol. 267ᵇ ὑπάντηcίν cου φερούcαc¹²) cοι καὶ τὰ χρήματα καὶ ἵππουc γεν-
ναίουc ρ'. αὗται¹³) οὖν ἔcονταί cοι τὸν ἐνιαυτόν. εἴ τιc δὲ ἐὰν
διακορευθῇ¹⁴) ὑπό τινοc ἀλλοδαποῦ¹⁵), μενέτω παρ' ὑμῖν¹⁶)· γρά-
φειc δὲ ἡμῖν ὅcαι ἐὰν καταμείνωcιν παρ' ὑμῖν. τὰc δὲ λοιπὰc
ἐξαποcτείλαc λήψει ἄλλαc. πειθαρχοῦμεν δέ cοι καὶ παρόντι καὶ
ἀπόντι· ἀκηκόαμεν γάρ cου τὰc ἀρετὰc καὶ ἀνδραγαθίαc¹⁷)· † ἡμεῖc
γὰρ ἐcμὲν παρὰ τὴν οἰκουμένην κατοικοῦντεc· † ἐπελήλυθαc δὲ
ἡμῖν ὁ δεcπότηc. ἔδοξε¹⁸) δὲ ἡμῖν γράψαι καὶ ἐπὶ τῆc οἰκείαc γῆc
οἰκεῖν ἡμᾶc καὶ πειθαρχεῖν cοι ὡc δεcπότῃ. ἔρρωcο.

CAP. 27.

Τούτων δὲ διαπεμφθέντων γράφει 'Αλέξανδροc τὰ πεπρα-
γμένα τῇ ἑαυτοῦ μητρὶ 'Ολυμπιάδι οὕτωc·
['Επιcτολὴ 'Αλεξάνδρου πρὸc τὴν μητέρα αὐτοῦ 'Ολυμπιάδα
ἔχουcα οὕτωc¹)·]
Βαcιλεὺc 'Αλέξανδροc τῇ γλυκυτάτῃ²) μου μητρὶ 'Ολυμπιάδι χαί-
ρειν. ταῖc 'Αμαζόcι³) παραταξάμενοc τὴν πορείαν ἐποιούμην ἐπὶ
τὸν Πρύτανιν ποταμόν. παραγενόμενοc δὲ παρὰ τὰ προάcτεια
εἶδον ποταμὸν ἐκεῖ θηριώδη ὄντα, cφόδρα δὲ εἰc ἀθυμίαν ἦλθον
οἱ cτρατιῶται. τῆc γὰρ ἡμέραc ἤδη⁴) μεcαζούcηc οὐκ ἐπαύcατο ὁ

_____

2) ὁρέων   3) διαβᾶτε   4) ὥφθητε   5) ὄμνυμιν   6) λήψωμαι   7)
ἐφ' ἵππουc·   8) δίδωμεν   9) αὗτοι   10) ἐκληcίαν   11) ὑμᾶc·   12)
φερούcα   13) αὐτὰ (αὐταί?)   14) διακουρευθῇ   15) ἀλλοδαποῦc·   16)
ὑμῶν·   17) ἀνδραγαθείαc·   18) ἔδοξεc   27. 1) das eingeklammerte
als überschrift mit rother tinte.   2) γλυκιτάτη   3) ἀμαζόναιc   4) ἤδει

ὑετὸς ἐπὶ τῆς γῆς, πολλοὶ δὲ τῶν πεζῶν τοὺς πόδας ἐξήλγησαν· ἐγένοντο δὲ καὶ βρονταὶ ὑπερμεγέθεις καὶ ἀcτραπαὶ καὶ κεραυνοὶ fol. 268ᵃ ἔπιπτον. μελλόντων δὲ ἡμῶν διαβαίνειν τὸν ποταμὸν τὸν καλούμενον Πρύτανιν, cυνέβη πολλοὺς ἀναιρεθῆναι τῶν ἐγχωρίων ὑπὸ τῶν cτρατιωτῶν. ἤλθομεν οὖν ἐπὶ τὸν ποταμὸν τὸν καλούμενον Θερμώδοντα⁵), ὃς ἐξέρχεται χώραν πεδινὴν καὶ εὐδαίμονα, ἐν ᾗ⁶) ᾤκουν Ἀμαζονίδες⁷) γυναῖκες τῷ μεγέθει ὑπερέχουcαι καθ' ὑπερβολὴν τῶν λοιπῶν γυναικῶν κάλλει τε καὶ εὐρωcτίᾳ, cπουδαῖαι⁸), ἐcθῆτα δὲ φοροῦcαι ἀνθινήν· ὅπλοις δὲ ἐχρῶντο ἀργυρέοις⁹) καὶ ἀξίναις, cίδηρος (δὲ) καὶ χαλκὸς οὐκ ἦν ἐν αὐταῖς, cυνέcει δὲ καὶ ἀγχινοίᾳ τεταγμέναι. παραβαλλόντων ¹⁰) δὲ ἡμῶν παρὰ τὸν ποταμὸν ἔνθα Ἀμαζόνες ¹¹) ᾤκουν — ἔcτι γὰρ (δὲ?) ποταμὸς μέγας καὶ ἀδιάβατος, ἔχει δὲ θηρίων πλῆθος — αὗται οὖν διαβᾶcαι παρετάξαντο ἡμῖν. ἡμεῖς δὲ δι' ἐπιcτολῶν ἡμῶν ἐπείcαμεν αὐτὰς ὑποταγῆναι ἡμῖν.

Cap. 28.

Καὶ λαβόντες παρ' αὐτῶν φόρους ἀνεχωρήcαμεν ἐπὶ¹) τὴν Ἐρυθρὰν θάλαccαν εἰς τὸν Τένοντα ποταμόν, καὶ ἀπ' ἐκεῖ ἤλθομεν ἐπὶ τὸν Ἄντλαν ποταμόν. ἐκεῖ δὲ οὐκ ἦν ὁρᾶν οὔτε γῆν οὔτε οὐρανόν· ἦcαν δὲ ἔθνη πολλὰ καὶ παντοδαπὰ (ἐκεῖ) κατοικοῦντα. εἴδομεν²) δὲ κυνοκεφάλους * * (ἀκεφάλους) ἀνθρώπους, οἵτινες fol. 268ᵇ ὀφθαλμοὺς εἶχον ἐν τῷ cτήθει καὶ τὸ³) cτόμα⁴), ἑτέρους δὲ ἄνδρας ἑξαχείρους καὶ ταυροπροcώπους καὶ τρωγλοδύτας⁵) καὶ ἱμαντόποδας ἀγριανθρώπους, ἄλλους δὲ δαcεῖς ὡς αἶγας καὶ λεοντοπροcώπους, καὶ θηρία παμποίκιλα καὶ διάφορα εἰς ὅραcιν. ἀπὸ δὲ τοῦ ποταμοῦ ἐκείνου ἀποπλεύcαντες ἤλθομεν εἰς νῆcόν τινα μεγάλην, ἀπέχουcαν ἀπὸ τῆς γῆς cταδίους ρκ' καὶ εὕρομεν ἐκεῖ πόλιν τοῦ Ἡλίου· πύργοι δὲ ἦcαν ιβ' ἀπὸ χρυcίου καὶ cμαράγδων ᾠκοδομημένοι⁶)· τὸ δὲ τεῖχος τῆς πόλεως ἐκείνης Ἰνδικὸν ἦν. ἐν δὲ μέcῳ ἦν βωμὸς χρυcίῳ καὶ cμαράγδῳ ᾠκοδομημένος, ἔχων ἀναβαθμοὺς ε' (ζ'?)· ἐπάνω δὲ ἵcτατο ἅρμα ἵππων καὶ ὁ ἱππηλάτης⁷) ἐκ χρυcίου καὶ cμαράγδων. ἰδεῖν δὲ αὐτὸ⁸) οὐκ ἦν ῥᾳδίως διὰ τὴν ὁμίχλην. ὁ δὲ ἱερεὺς τοῦ Ἡλίου Αἰθίοψ ἦν βύccον καθαρὰν ἐcτολιcμένος. ἐλάληcεν ἡμῖν βαρβαρικῇ φωνῇ ὥcτε ἀναχωρεῖν ἡμᾶς τῶν⁹) τόπων ¹⁰) ἐκείνων.¹¹) καὶ ἀναχωρήcαντες ἐκεῖθεν περιεπατήcαμεν ὁδὸν ἡμερῶν ζ'· εἶτα εὕρομεν¹²) cκότος, ἀλλ' οὐδὲ¹³) πῦρ ἐφαίνετο ἐν τοῖς τόποις ἐκείνοις. καὶ ἀναχωρήcαντες fol. 269ᵃ ἐκεῖθεν ἤλθομεν εἰς Λύccου λιμένα καὶ εὕρομεν ὄρος ὑψηλότατον, ἐν ᾧ ἤλθον καὶ εἶδον οἰκίας καλὰς χρυcίου¹⁴) καὶ ἀργυρίου¹⁵) γεμούcας. εἶδον δὲ καὶ περίβολον μέγαν¹⁶) cαπφείρου λίθου,

5) θερμοδὸν· 6) ᾧ 7) μαζονίδες 8) cπουδαια· 9) ἀργυρaíοις 10) παραλαβόντων 11) αἱ ἀζόνες 28. 1) ὑπὸ 2) [δομεν 3) τῶ 4) cτόματι· 5) τρογλωδίτας· 6) οἰκοδομουμένοι· (οἰκοδομούμενοι?) 7) ἱππελάτης 8) αὐτῷ 9) τὸν 10) τόπον 11) ἐκεῖνον· 12) εὔραμεν 13) οὔτε 14) χρυcίον (χρυcίων?) 15) ἀργύριον 16) μέγα

ἔχοντα ἀναβαθμοὺς ρη', καὶ ἄνωθεν ἱερὸν στρογγύλον ἔχον στύ-
λους σαπφειρίνους κύκλῳ ρ'. ἔcωθεν δὲ καὶ ἔξωθεν ἀνάγλυφοι
ἀνδριάντες ἡμιθέων?) γεγλυμμένοι· Βάκχαι, Cάτυροι,
Μύcτιδες αὐλοῦcαι καὶ βακχεύουcαι διφυεῖc· ὁ δὲ πρεcβύτης
Ἡμάρων ἐπὶ ὑποZυγίῳ¹⁷) ἦν. μέcον δὲ τοῦ ναοῦ ἔκειτο κλίνη
χρυcοcφύρητος (χρυcοcφυρήλατος?) ἐcτρωμένη, ἐν ᾗ ἦν ἀνὴρ
περιβεβλημένος cινδόνα βαμβυκίνην. καὶ τὴν μὲν μορφὴν αὐτοῦ
οὐκ εἶδον, ἦν γὰρ περικεκαλυμμένος, τὸ δὲ cθένος αὐτοῦ καὶ τὴν
ὁλκὴν (ἀλκὴν?) τοῦ cώματος αὐτοῦ ἔβλεπον. ἦν δὲ ἐν μέcῳ τοῦ
ἱεροῦ ἅλυcιc χρυcῇ ὡc λιτρῶν ¹⁸) ρ' [cτατήρων] καὶ cτέφανος χρυ-
coῦc ¹⁹) κρεμάμενος διαυγήc· ἀντὶ δὲ πυρὸc ἦν λίθος τίμιος φῶc
ἐκφαίνων ἐν ὅλῳ τῷ τόπῳ ἐκείνῳ. ἦν δὲ καὶ ὀρτυγοτροφεῖον²⁰)
χρυcοῦν κρεμάμενον ἐκ τῆc ὀροφῆc, ἐν ᾧ ἦν ὄρνεον θηλυκὸν
(ἡλίκον?) περιcτερά, καὶ ὥcπερ ἀνθρωπίνη φωνῇ Ἑλληνικῇ ἐβόηcέ
μοι καί φηcιν· Ἀλέξανδρε, παῦcαι λοιπὸν θεοῖc ἀντιταccόμενος
fol. 269ᵇ καὶ ὑπόcτρεφε εἰc τὰ ἴδια μέλαθρα καὶ μὴ προπετεύου ἀναβαίνειν
εἰc οὐρανίους ὁδούc. βουλομένου δέ μου καθελεῖν αὐτὸ²¹) καὶ
τὴν κρεμαμένην κανδήλαν ὅπως ἀποcτείλω cοι, καὶ εἶδον τὸν ἐπὶ
τῆc κλίνηc κινούμενον²²) ὡc δοκεῖν αὐτὸν ἀναcτῆναι. ἔφηcαν δέ
μοι οἱ φίλοι μου· παῦcαι βαcιλεῦ· ἱερὸν γάρ ἐcτιν. ἐξελθὼν δὲ
τὸν περίβολον εἶδον ἐκεῖ κειμένουc κρατῆρας χρυcοτορνεύτουc
δύο χωροῦντας ἀνὰ μετρητὰc Ε', οὓc καὶ ἐξεμετρήcαμεν ἐν τῷ
δείπνῳ. ἐκέλευcα δὲ τὴν παρεμβολὴν ἐκεῖ γενέcθαι πᾶcαν καὶ
εὐωχηθῆναι. ἦcαν δὲ ἐκεῖ οἶκος μέγας κατεcκευαcμένος· ἦcαν δὲ
ἐκεῖ ποτήρια ἐπίcημα πάcης εὐπρεπείαc ἄξια ἐκ λίθων τετορνευ-
μένα. ἐν δὲ τῷ²³) κατακλιθῆναι ἡμᾶc τε καὶ τὰ cτρατεύματα πρὸς
εὐωχίαν ἐπὶ δεῖπνον, ἐξαίφνης ὥcπερ βροντὴ βιαία αὐλῶν καὶ
κυμβάλων πλήθους²⁴) καὶ cυρίγγων καὶ caλπίγγων καὶ τυμπάνων
καὶ κιθάρας ἐγένετο. καὶ τὸ ὄρος ὅλον²⁵) ἐκαπνίζετο ὥcπερ
κεραυνοῦ πολλοῦ πεcόντος ἐφ' ἡμᾶc. ἡμεῖς οὖν φοβηθέντες ἀνε-
χωρήcαμεν ἐκ τῶν τόπων ἐκείνων καὶ ἤλθομεν ἐπὶ τὰ Κύρου βαcί-
fol. 270ᵃ λεια καὶ κατελαβόμεθα πόλεις πολλὰc ἐρήμους καὶ ἐπίcημον μίαν
πόλιν, ἐν ᾗ ἦν οἶκος μέγας, ἔνθα αὐτὸc ὁ βαcιλεὺc ἐχρημάτιZεν.
ἔφηcαν δέ μοι ἐκεῖ εἶναι ὄρνεον ἀνθρωπίνη φωνῇ ἑρμηνεῦον.
εἰcελθὼν δὲ εἰc τὸν οἶκον εἶδον πολλὰ θεάματα ἄξια θαύματος·
ἦν γὰρ ὁλόχρυcος. ἦν δὲ μέcον τῆc ὀροφῆc ὥcπερ ὀρτυγοτρο-
φεῖον²⁶) ὅμοιον τῷ πρώτῳ χρυcοῦν κρεμάμενον καὶ ἔcωθεν αὐτοῦ
ὄρνεον ὡc περιcτερὰ χρυcόχροος. ²⁸) τοῦτο ἔφαcαν ἑρμηνεύειν
τοῖc βαcιλεῦcι διὰ τὰc προcπιπτούcαc φωνάc. εἶδον δὲ ἐκεῖ καὶ
κρατῆρα μέγαν ¹⁶) χρυcοτόρνευτον — ταῦτα δὲ ἦcαν ἔcωθεν τῶν
βαcιλείων Κύρου — χωροῦντα μετρητὰc ἑκατὸν ἑξήκοντα. θαυμαcτὸν
δὲ ἦν τῇ καταcκευῇ πάνυ· εἶχε γὰρ εἰc τὸ κύκλευμα ἀνδριάντας²⁷)
καὶ ναυμαχίαν (εἰς τὸ) ἄνω διάζωμα²⁸)· τὸ δὲ μέcον αὐτοῦ εὐλο-

---

17) ἱπποZυγίῳ   18) λυτρων.   19) χρυcὸc   20) ὀρτυγοτροφίον   21)
καθελθεῖν αὐτὸν   22) κιμούμενον,   23) τὸ   24) πλῆθος   25) ὅλος
26) χρυcόχοος   27) ἀνδριάντα   28) διάζωνον·

γίαν· τό δὲ ἔξωθεν αὐτοῦ χρυσοτόρνευτον· τοῦτο δὲ ἔφησαν ἐξ
Αἰγύπτου εἶναι πόλεως Μέμφης, κἀκεῖθεν ἐνεχθῆναι ὅτε ἐπεκρά-
τησαν οἱ Πέρσαι. ἦν δὲ ὁ οἶκος κατεσκευασμένος εἰς τὸν[29]) Ἑλλη-
νικὸν ῥυθμόν[30]), ἔνθα αὐτὸς ὁ βασιλεὺς εἴθιστο χρηματίζειν. ἐν δὲ
τούτῳ γέγραπται ἡ ναυμαχία ἡ γενομένη[31]) Ξέρξου. ἔκειτο δὲ ἐν
τῷ οἴκῳ καὶ θρόνος χρυσοῦς λιθοκόλλητος[32]) καὶ λύρα αὐτομά- fol. 270 h
τως κρουομένη. κύκλῳ ἔκειτο ποτηροθήκη χρυσῇ, ἐξ καὶ δέκα
πήχεις ἔχουσα, ἀναβαθμοὺς[33]) δὲ εἶχεν ὀκτώ· ὑπεράνω δὲ ἕστηκεν
ἀετὸς ὑπερέχων ταῖς πτέρυξι τὸ[34]) ὅλον κυλικεῖον.[35]) ἦν δὲ καὶ
ἀναδενδρὰς χρυσῇ ἑπτάκλαδος, πάντα δὲ εἰργασμένα χρυσῷ. περὶ
δὲ τῶν λοιπῶν θεαμάτων τί σοι μέλλω λέγειν τοσαῦτα; τοιαῦτα
δέ ἐστιν ὥστε ἀπὸ τοῦ πλήθους μὴ δύνασθαι ἡμᾶς ἡμέρᾳ μιᾷ[36])
ἑρμηνεύειν τὴν ὑπερβάλλουσαν ἀρετήν. ἔρρωσθε.[*])

Cap. 30.

Γράφει δὲ καὶ ἕτερα γράμματα Ἀλέξανδρος τῇ μητρὶ αὐτοῦ
Ὀλυμπιάδι, γενόμενος ἐν Βαβυλῶνι τῇ μεγάλῃ, μέλλοντος αὐτοῦ
ἐκλιπεῖν τὸν ἀνθρώπινον βίον[1]), περιέχοντα οὕτως· Μεγάλην τινά
φασιν [ἔχειν] τῶν δαιμονίων τὴν προβλεψίαν.[2]) τῶν γὰρ ἐγχω-
ρίων γυναικῶν τις ἔτεκε βρέφος, τὰ μὲν ἄνω τοῦ σώματος ἕως
τῶν λαγόνων ἀνθρώπου πάντα κατὰ φύσιν, τὰ δὲ ἀπὸ τῶν μηρῶν
ἕως κάτω θηρίων προτομαί[3]), ὥστε εἶναι παρόμοιον τὸ παιδίον
τῇ καλουμένῃ Σκύλλῃ· ἦσαν γὰρ αἱ προτομαὶ[3]) λεόντων καὶ ἀγρίων
κυνῶν. καὶ τούτων[4]) ἦσαν αἱ μορφαὶ πᾶσιν εὔδηλοι, ὥστε γινώ-
σκειν τὸν ἑκάστου τύπον[5]), ἡ δὲ τοῦ παιδίου προτομὴ ἦν τεθνη-
κυῖα. ἅμα δὲ τῷ[6]) τεκεῖν τὴν γυναῖκα τὸ βρέφος, ἐμβαλοῦσα αὐτὸ
εἰς τὸ ῥάκιον[7]) καὶ κατακαλύψασα παραγίνεται ἐπὶ τὰ βασίλεια fol. 271 a
Ἀλεξάνδρου καὶ εἶπεν τῷ ἀγγέλῳ αὐτοῦ· μήνυσόν με τῷ βασιλεῖ
Ἀλεξάνδρῳ περί τινος πράγματος θαυμαστοῦ, ἐπειδὴ βούλομαι
αὐτῷ δεῖξαί τι. ὁ δὲ Ἀλέξανδρος ἐτύγχανεν ἀναπαυόμενος μέσον
ἡμέρας ἐν τῷ κοιτῶνι αὐτοῦ. ὡς δὲ ἠγέρθη, ἤκουσε περὶ τῆς γυ-
ναικὸς καὶ ἐκέλευσεν εἰσάγεσθαι αὐτήν. τῆς δὲ ἐλθούσης ἐκέλευσεν
ὁ βασιλεὺς ἀποστῆναι πάντας τοὺς παρόντας. καὶ ἐξελθόντων
πάντων ἔδειξεν αὐτῷ ἡ γυνὴ τὸ γεγεννημένον[*]) τέρας φάσκουσα
αὐτὴ αὐτὸ τετοκέναι. τοῦτο δὲ ἰδὼν Ἀλέξανδρος ἐθαύμασε καὶ
εὐθέως ἐκέλευσεν ἐνεχθῆναι σημειολύτας σοφούς τε καὶ μάγους.
καὶ τούτων ἐλθόντων μετὰ καὶ Χαλδαίων, ἐκέλευσε τὴν σύγκρισιν
ποιήσασθαι αὐτοὺς περὶ τοῦ σημείου τούτου τοῦ γεννηθέντος,
ἐπαγγειλάμενος αὐτοῖς θάνατον, ἐὰν μὴ εἴπωσιν αὐτῷ τὴν ἀλή-
θειαν. ἦσαν δὲ οἱ ἐπιδοξότατοι καὶ συνετώτατοι τῶν Χαλδαίων
πέντε, καὶ ὁ μὲν εἷς κατὰ τέχνην πολὺ διέφερεν πάντων, ὃς οὐκ
ἐτύγχανεν κατὰ τύχην παρεπιδημῶν. οἱ δὲ παρόντες ἔλεγον ἐσε-

---

29) τὸ   30) ῥεῖθρον·   31) γεναμένη   32) χρυσολιθοκόλητος·   33)
ἀναβάθους   34) τὸν   35) κύκλον.   36) ἡμέραν   *) cap. 29 fehlt.
30. 1) βίον am rande von derselben hand.   2) προσβλεψίαν·   3)
προνομαί   4) τούτου   5) τόπον   6) τοῦ   7) ῥακκίον   8) γεγενημένον

cθαι⁹) τοῖς πολέμοις¹⁰) τὸν Ἀλέξανδρον ἱcχυρότερον πάντων καὶ
fol. 271 ᵇ κατακυριεύcειν¹¹) πάντων τῶν ἀνθρώπων· τὰ δὲ Ζῶα τὰ ἀλκιμώ-
τατα¹²) ἔφαcαν εἶναι τὰ ἔθνη ὑποτεταγμένα τῷ ἀνθρωπίνῳ cώματι
καὶ τοῦτο cημαίνειν.¹³) μετ᾿ αὐτοὺς δὲ παρεγένετο καὶ ὁ ἕτερος
Χαλδαῖος πρὸς Ἀλέξανδρον καὶ ἰδὼν τὴν διάθεcιν τοῦ cημείου
ἀνεβόηcεν μεγάλωc δακρύων καὶ τὰ ἱμάτια αὐτοῦ διέρρηξεν¹⁴) δει-
νοπαθῶν. ὁ δὲ Ἀλέξανδρος ἰδὼν αὐτὸν περιπαθῆ γενόμενον ἠγω-
νίαcεν οὐ μετρίωc καὶ κελεύει αὐτὸν θαρροῦντα λέγειν τὰ ἐκ τοῦ
cημείου θεωρούμενα. ὁ δὲ λέγει¹⁵) αὐτῷ ταῦτα· βαcιλεῦ, οὐκέτι
cυγκρίνῃ τοῖς Ζῶcιν. τοῦ δὲ Ἀλεξάνδρου ἀπαιτοῦντος αὐτὸν τὰ
τῆς cυγκρίcεωc τοῦ cημείου ἀπεκρίθη αὐτῷ ταῦτα· κράτιcτε βαcι-
λεῦ πάντων ἀνθρώπων, ὁ μὲν τύπος ὁ ἀνθρώπινος cὺ εἶ, τῶν δὲ
θηρίων αἱ μορφαὶ οἱ περὶ cὲ ὄντες εἰcίν. καὶ εἰ μὲν οὖν τὸ ἄνω
μέρος ἔζη καὶ ἐν κινήcει ἦν καθάπερ καὶ τὰ Ζῶα τὰ ὑπὸ τούτῳ¹⁶)
ὄντα· — καὶ ὥcπερ οὖν τοῦτο μετέcτη¹⁷) ἐκ τοῦ Ζῆν, οὕτωc καὶ
cύ, βαcιλεῦ· καὶ ὃν τρόπον τὰ θηρία τὰ ὑπὸ τούτῳ¹⁸) ὄντα, οὕτωc
καὶ οἱ περὶ cέ. οὔτε γὰρ φρόνηcιν ἔχουcιν, ἀλλὰ γὰρ καὶ ἄγρια
τυγχάνουcι πρὸς τοὺς ἀνθρώπους· οὕτωc καὶ οἱ περὶ cὲ ὄντες
fol. 272ᵃ διάκεινται¹⁸) πρὸς cέ. καὶ ταῦτα εἰπὼν ὁ Χαλδαῖος ἐξῆλθε· τὸ δὲ
βρέφος αὖθις καῆναι¹⁹) εἶπεν ὁ Χαλδαῖος. καὶ ταῦτα ἀκούcας
Ἀλέξανδρος τὰ καθ᾿ ἑαυτὸν διετύπου πράγματα καθ᾿ ἡμέραν.

CAP. 31.

Τοῦ δὲ Ἀντιπάτρου ἐπαναcτάντος Ὀλυμπιάδι τῇ μητρὶ Ἀλε-
ξάνδρου ἐποίηcεν εἰc αὐτὴν ὅπερ ἐβούλετο. καὶ τῆς μητρὸc Ἀλε-
ξάνδρου πλεονάκις γραφούcης αὐτῷ περὶ τοῦ Ἀντιπάτρου —
ἤχθετο γὰρ ὡς μήτηρ περὶ Ἀλεξάνδρου — καὶ βουλομένης αὐτῆς
διελθεῖν εἰc τὴν ἤπειρον, διεκώλυεν¹) αὐτὴν Ἀντίπατρος. τοῦ δὲ
Ἀλεξάνδρου δεξαμένου τὰ γράμματα Ὀλυμπιάδος τῆς μητρὸς αὐ-
τοῦ καὶ γνοὺς δι᾿ αὐτῶν τὴν ἐνεcτηκυῖαν τῇ μητρὶ αὐτοῦ λύπην
ἀπέcτειλεν πρὸς τὸν Ἀντίπατρον Καρτερὸν τοὔνομα εἰc Μακεδο-
νίαν ἐπιμελητὴν αὐτῆς γενόμενον. αἰcθόμενος δὲ Ἀντίπατρος τὴν
ἐπίνοιαν Ἀλεξάνδρου καὶ ἄφιξιν²) Καρτεροῦ καὶ εἰδὼς³) τοὺς
cτρατιώτας ἀνακομίζοντα⁴) ἀπὸ Ἀλεξάνδρου εἰc Μακεδονίαν καὶ
Θετταλίαν ἕνεκεν αὐτοῦ, ἐφοβήθη καὶ ἦλθεν εἰc δολοφονίαc⁵)
Ἀλεξάνδρου, φοβούμενος περὶ ὧν ἔπραξεν εἰc Ὀλυμπιάδα, μή-
ποτε εἰc παραφυλακιcμὸν ἔλθῃ· ἤκουcε γὰρ τὸν Ἀλέξανδρον
fol. 272ᵇ ὑπερβεβηκέναι πολὺ πρὸς ὑπερηφανίαc⁶) διὰ τὰς ἐπιτελουμέναc
αὐτοῦ (αὐτῷ?) πράξεις. καὶ τοῦτο διαλογιζόμενος ἐcκεύαcε φάρ-
μακον δηλητήριον, ὃ οὐκ ἔφερεν ἀγγεῖον οὔτε χαλκοῦν⁷) οὔτε
ὑάλινον οὔτε κεράμιον, ἀλλ᾿ εὐθέως ἐρρήγνυτο. ἐν μολιβδίνῃ οὖν

---

9) ἔπεcθε   10) πολεμίοις   11) κατακυριεύcει   12) ἀλκιμωδέcτατα·
13) cημαίνει·   14) διέρριξεν   16) cod.: λέγει αὐτῷ· ταῦτα βαcιλεῦ, οὐκ
ἔξεcτι cυγκρῖναι τ. Ζ. κτλ.   16) τοῦτο   17) μετέcτην   18) διώκεινται
19) καῖναι   31. 1) διεκόλλυεν   2) ἐφεϊιν   3) ἰδὼc   4) ἀνακομίζοντας
5) δολοφωνίαc   6) ὑπερηφανείαc   7) χαλκόν·

πυξίδι⁹) βαλὼν τὸ φάρμακον ὁ Ἀντίπατρος καὶ περικαθάψας⁸)
ἄλλῃ πυξίδι⁹) cιδηρᾷ δέδωκεν τῷ ἰδίῳ υἱῷ καὶ ἀπέcτειλεν εἰc Βα-
βυλῶνα Ἰούλλῳ τῷ ἐπικέρνῃ¹⁰) Ἀλεξάνδρου τοῦ βαcιλέωc, cυλλα-
λήcαc αὐτῷ ὑπὲρ τῆc τοῦ φαρμάκου δεινότητοc καὶ θανατηφόρου
δυνάμεωc, ὅπωc ἐάν τι αὐτῷ ἐν τοῖc πολέμοιc ὑπὸ τῶν πολεμίων
cυμβῇ δεξάμενοc τέλοc λάβοι.¹¹) ἀφικόμενοc δὲ ὁ υἱὸc Ἀντιπά-
τρου εἰc Βαβυλῶνα cυνελάληcεν Ἰούλλῳ τῷ ἐπικέρνῃ Ἀλεξάνδρου
λάθρα περὶ τῆc τοῦ φαρμάκου δόcεωc.¹²) τοῦ Ἰούλλου οὖν ἐν
λύπῃ φερομένου πρὸc Ἀλέξανδρον, πρὸ ὀλίγων γὰρ ἡμερῶν
παραπεcόντοc Ἰούλλου Ἀλέξανδροc ῥάβδῳ κατὰ τῆc κεφαλῆc
Ἰούλλῳ δεδωκὼc ἐτραυμάτιcεν αὐτὸν δεινῶc, ὅθεν Ἰοῦλλοc ὀργι-
ζόμενοc Ἀλεξάνδρῳ ὑπήντηcε τῷ Ἀντιπάτρου υἱῷ πρὸc τὸ πα-
ρανόμημα.¹³) παρέλαβεν δὲ cὺν αὐτῷ Ἰοῦλλοc Μήδιόν τινα cυνη-
δικημένον¹⁴) αὐτῷ. καὶ διετάξαντο εἰc ἑαυτοὺc πῶc δώcουcι τῷ fol. 273ᵃ
Ἀλεξάνδρῳ τὸ φάρμακον πιεῖν. τοῦ δὲ Ἀλεξάνδρου ἀναπαυcα-
μένου ἐν μιᾷ τῶν ἡμερῶν ἀπὸ δείπνου μεγάλου, προcῆλθεν αὐτῷ
τῇ ἐπαύριον [τίc] Μήδιοc ἀξιῶν αὐτὸν εἰcελθεῖν ἐν τῇ οἰκίᾳ αὐτοῦ.
καὶ πειcθεὶc Ἀλέξανδροc τῇ τοῦ Μηδίου δεήcει ᾖξεν ἐπὶ τῷ
δείπνῳ αὐτοῦ. cυνανεκλίνθηcαν δὲ τῷ βαcιλεῖ Ἀλεξάνδρῳ τινέc.
τὸ δὲ μέλλον γίνεcθαι διὰ τοῦ φαρμάκου φόνιον¹⁵) ἐπιβούλευμα
Περδίκκαc¹⁶) μὲν καὶ Πτολεμαῖοc καὶ Ὅλκιοc καὶ Λυcίμαχοc καὶ
Εὐμένιοc καὶ Κάccανδροc¹⁷) οὐκ ᾔδειcαν¹⁸), οἱ δὲ ἄλλοι πάντεc οἱ
cυνανακείμενοι Ἀλεξάνδρῳ μετειλήφαcι τῆc παρανόμου πράξεωc
τοῦ φαρμάκου καὶ cυμπεφωνηκότεc ἦcαν τῷ Ἰούλλῳ οἰνοχόῳ τοῦ
βαcιλέωc Ἀλεξάνδρου, δεδωκότεc ὅρκουc ἀλλήλοιc· ἐπεθύμουν
γὰρ ἤδη πραγμάτων τοῦ Ἀλεξάνδρου. τοῦ δὲ Ἀλεξάνδρου cυνα-
νακλιθέντοc¹⁹) αὐτοῖc προcήνεγκεν αὐτῷ²⁰) Ἰοῦλλοc ποτήριον
ἄδολον· λόγου δὲ προcπεcόντοc διατριβῆc ἕνεκεν [τοῦ τόπου]
ἤδη διεληλυθότοc ἱκανοῦ χρόνου ἐπέδωκεν Ἰοῦλλοc²¹) ἕτερον
ποτήριον ἔχον τὸ φάρμακον. δεξάμενοc δὲ Ἀλέξανδροc cὺν τῇ fol. 273ᵇ
cυντυχίᾳ²²) καὶ πιὼν ἐξαίφνηc ἀνεβόηcεν ὡc τόξῳ πεπληγμένοc
διὰ τοῦ ἥπατοc. μικρὸν δὲ ἐπιcχὼν χρόνον (καὶ τὴν ὀδύνην
ἐγκαρτερήcαc ἀπῄει πρὸc ἑαυτόν), ἐντειλάμενοc τοῖc παροῦcι ἐπὶ
τὸν δεῖπνον μένειν.

CAP. 32.

Οἱ δὲ ἀγωνιάcαντεc διέλυcαν παραχρῆμα τὸ δεῖπνον, ἔξωθεν
δὲ ἀπεκαραδόκουν τὸ cυμβηcόμενον. ὁ δὲ Ἀλέξανδροc ἑαυτὸν
προϊέμενοc εἶπεν· ὦ Ῥωξάνη, μικρὸν ἐμοὶ χάριcαι cεαυτήν. καὶ
ὑπ' αὐτῆc κατεχόμενοc ἀπῆλθεν εἰc τὸ παλάτιον αὐτοῦ καὶ κατε-
κλίθη. ἡμέραc δὲ γενομένηc ἐκέλευcεν Περδίκκαν¹) καὶ Πτολεμαῖον
καὶ Λυcίμαχον εἰcελθεῖν πρὸc αὐτόν· εἶπε δὲ ἵνα ἄλλοc τιc μὴ

---

8) πυξίδη 9) περιθάλψαc 10) ἐπιβέρνῃ 11) λάβει 12) δώcεωc·
13) παρανόμηcθαι (?) 14) cυνδικημένον 15) φώνιον 16) περδικὰc
17) κάcανδροc· 18) εἰδήcαcαν· 19) cυνανακληθέντοc 20) αὐτῶν 21)
Ἰούλλουc 22) cυντιχία 32. 1) περδικάν

εἰcέλθη cὺν αὐτοῖc, ἄχρις ἂν διαθήcεται.²) ἐξαίφνηc δὲ ἐκ τῶν Μακεδόνων ἐγένετο βοὴ καὶ cυνδρομὴ πρὸc τὴν αὐλὴν τοῦ παλατίου Ἀλεξάνδρου ἐπὶ τὸ ἀνελεῖν τοὺc cωματοφύλακαc αὐτοῦ, εἰ μὴ δείξωcιν αὐτοῖc τὸν βαcιλέα. τοῦ δὲ Ἀλεξάνδρου πυνθανομένου περὶ τοῦ θορύβου προcῆλθεν αὐτῷ Περδίκκαc³) καὶ ἐδίδαξεν αὐτῷ τὸ λεγόμενον ὑπὸ τῶν Μακεδόνων. προcέταξε δὲ Ἀλέξανδροc τὴν κλίνην αὐτοῦ ἐπαρθῆναι εἰc ἕνα τόπον (ὑψηλόν), ὥcτε fol. 274ᵃ πᾶcαν τὴν δύναμιν τῶν cτρατευμάτων παραπορευομένουc ὁρᾶν αὐτόν, εἰcάγειν δὲ μόνουc Μακεδόναc⁴), καὶ δι᾽ ἑτέραc θύραc ἐξάγειν. ποιήcαντοc δὲ τοῦ Περδίκκα⁵) τὰ προcταχθέντα ὑπὸ Ἀλεξάνδρου τοῦ βαcιλέωc, εἰcεπορεύοντο οἱ Μακεδόνεc μόνοι καὶ ἐθεώρουν αὐτόν, καὶ οὐκ ἦν ὃc οὐκ ἐδάκρυεν τηλικοῦτον βαcιλέα Ἀλέξανδρον κατακείμενον κλίνη ἡμιθανῆ. ἀνὴρ δέ τιc ἐξ αὐτῶν, τῷ⁶) μὲν εἴδει⁷) οὐκ ἀπρεπήc, ἰδιώτηc δέ, ἐλθὼν πληcίον τῆc κλίνηc Ἀλεξάνδρου εἶπεν· ἐπ᾽ ἀγαθῷ μέν, Ἀλέξανδρε βαcιλεῦ, Φίλιπποc ὁ πατήρ cου ἦρξεν, ἐπ᾽ ἀγαθῷ⁸) δὲ⁸) καὶ cύ, βαcιλεῦ· cὺ μὲν προλαμβάνειc ἡμᾶc· καλὸν οὖν ἡμᾶc cὺν coὶ ἀποθανεῖν τῷ ποιήcαντι Μακεδονίαν πόλιν ἐλευθέραν. ὁ δὲ Ἀλέξανδροc δακρύcαc ἐξέτεινε τὴν δεξιὰν χεῖρα ἔμφαcιν ποιούμενοc παρακλήcεωc.

CAP. 33.

Καὶ κελεύcαc εἰcελθεῖν ὑπομνηματογράφον εἶπε περὶ Ῥωξάνηc τῆc γυναικὸc αὐτοῦ· ἐὰν γένηταί μοι ἐκ Ῥωξάνηc τῆc ἐμῆc γυναικὸc ἀρρενικόc, ἐκεῖνοc βαcιλευέτω Μακεδόcιν· ἐὰν δὲ θῆλυ γένηται, ἐλέcθωcαν ὃν ἂν βούλωνται¹) βαcιλέα. προcέταξε δὲ γράψαι (πρὸc) τὴν μητέρα αὐτοῦ οὕτωc·

[Ἐπιcτολὴ Ἀλεξάνδρου πρὸc Ὀλυμπιάδα τὴν μητέρα αὐτοῦ ἔχουcα (cod. ἔχων) οὕτωc²)·]

fol. 274ᵇ Βαcιλεὺc Ἀλέξανδροc τῇ γλυκυτάτῃ μοι μητρὶ χαίρειν. δεξαμένη μου ταύτην τὴν τελευταίαν γραφὴν ποίηcον ἄριcτον πολυτελῆ εἰc ἀντάμειψιν³) τῆc ἄνω προνοίαc τὸν τοιοῦτόν cοι παραcχούcηc⁴) υἱόν. πλὴν εἰ βούλει με θεραπεῦcαι, αὐτὴ δι᾽ ἑαυτῆc πορευθεῖcα cυνάγαγε πάνταc μικρούc τε καὶ μεγάλουc, πλουcίουc καὶ πένηταc ἐν τῷ ἀρίcτῳ, λέγουcα πρὸc αὐτούc· ἰδοὺ τὸ ἄριcτον ἡτοίμαcται· δεῦτε οὖν χυθέντεc⁵)· πλὴν μηδεὶc ἐξ ὑμῶν (ὃc) ἔχει θλίψιν ἢ νῦν ἢ ἔκπαλαι εἰcέλθοι, ὅτι οὐ θλίψεωc ἄριcτον ἐποίηcα, ἀλλὰ χαρᾶc. ἔρρωco μῆτερ.

Τοῦτο⁶) δὲ ποιήcαcα ἡ Ὀλυμπιάc, οὐδεὶc παρεγένετο⁸) ἐν τῷ ἀρίcτῳ οὔτε μικρὸc οὔτε μέγαc, οὐ πλούcιοc οὐ πένηc εὑρέθη δίχα θλίψεωc. εὐθὺc οὖν ἐπέγνω ἡ μήτηρ αὐτοῦ τὴν cοφίαν αὐτοῦ καὶ ὡc ὅτι¹⁰) ἐκ¹¹) τῶν ὄντων ἐξῆλθεν Ἀλέξανδροc, καὶ χάριν παρα-

---

μυθίας ἔγραψεν ταῦτα, ὡς ὅτι οὐ ξένον τι συνέβη τοῦτο[12]), ἀλλὰ (τὸ) τοῖς πᾶσι συμβὰν καὶ συμβαῖνον.[13])

Ταῦτα καὶ ἄλλα πολλὰ εἰπόντος τοῦ Ἀλεξάνδρου ἐγένετο περὶ τὸν ἀέρα ὁμίχλη καὶ ἐφάνη μέγας ἀστὴρ κατερχόμενος ἐκ τοῦ οὐρανοῦ ἐπὶ τὴν θάλασσαν καὶ σὺν αὐτῷ ἀετός, καὶ τὸ ἄγαλμα δὲ Βαβυλῶνος, ὃ ἐκάλουν Διός, ἐκινήθη. ὁ δὲ ἀστὴρ πάλιν ἀνῆλθεν εἰς τὸν οὐρανόν· (ἠκολούθησε δὲ αὐτῷ καὶ ὁ ἀετός. κρυβέντος δὲ τοῦ ἀστέρος εἰς τὸν οὐρανόν,) εὐθέως ἐκοιμήθη Ἀλέξανδρος τὸν fol. 275ª αἰώνιον ὕπνον.

Cap. 34.

Οἱ δὲ Πέρσαι ἐμάχοντο μετὰ τῶν Μακεδόνων βουλόμενοι τὸν Ἀλέξανδρον ἀνακομίςασθαι καὶ Μιθρὰν[1]) ἀναγορεῦσαι. οἱ δὲ Μακεδόνες ἀντεποιοῦντο βουλόμενοι ἀναλαβεῖν αὐτὸν εἰς Μακεδονίαν. λέγει αὐτοῖς Φίλιππος ὁ Πτολεμαῖος· ἔστι μαντεῖον τοῦ Βαβυλωνίου Διός· παρ᾽ αὐτῷ οὖν ληψόμεθα[2]) χρησμὸν (περὶ) τοῦ cώματος Ἀλεξάνδρου, ποῦ ἂν καταστήσωμεν αὐτό. ἐχρημάτισε δὲ αὐτοῖς ὁ τοῦ Διὸς χρησμὸς οὕτως· ἐγὼ φράςω τὰ συμφέροντα πᾶσιν· ἔστι πόλις ἐν Αἰγύπτῳ τοὔνομα Μέμφη, κἀκεῖ ἐνθρονίζειν τοῦτον. τοῦ δὲ χρησμοῦ δοθέντος οὐδεὶς οὐκέτι ἐλάλησεν, ἀλλὰ συνεχώρουν τῷ Πτολεμαίῳ βαδίζειν καὶ κομίζειν αὐτὸν ἐν μολιβδίνῃ λάρνακι ἐν Μέμφῃ τῇ πόλει ἐσμυρνισμένον. θέμενος δὲ αὐτὸν ὁ Πτολεμαῖος ἐπὶ ἁμάξης τὴν πορείαν ἐποιεῖτο ἀπὸ Βαβυλῶνος εἰς Αἴγυπτον. ἀκούςαντες δὲ οἱ Μεμφῖται ὑπήντησαν τῷ cώματι Ἀλεξάνδρου καὶ εἰσάγουσιν αὐτὸ[3]) ἐν Μέμφῃ. (εἶπεν δὲ ὁ ἀρχιπροφήτης[4]) τοῦ ἐν Μέμφῃ[5]) ἱεροῦ· ὧδε αὐτὸ[3]) μὴ καθιδρύσητε[6]), ἀλλὰ εἰς ἣν ἔκτισε πόλιν ἐν τῇ Ῥακώτιδι[7])· ὅπου γὰρ ἐὰν ᾖ τὸ fol. 275ᵇ cῶμα τοῦτο, ἀκαταστατεῖ ἡ πόλις ἐκείνη πολέμοις καὶ μάχαις ταραττομένη. εὐθέως οὖν ὁ Πτολεμαῖος ἄγει αὐτὸ[8]) ἐν Ἀλεξανδρείᾳ καὶ ποιεῖ τάφον ἐν τῷ ἱερῷ τῷ καλουμένῳ Cῶμα Ἀλεξάνδρου, κἀκεῖ τὸ λείψανον Ἀλεξάνδρου καθίδρυσεν.

Cap. 35.

Ἔζησε δὲ ὁ Ἀλέξανδρος ἔτη λβ´· ἐβίωσεν δὲ οὕτως· ἀπὸ κ´ ἐτῶν ἐβασίλευσεν, ἐπολέμησεν δὲ ἔτη δώδεκα, πολεμῶν δὲ ἐνίκησεν. ὑπέταξεν δὲ βαρβάρων ἔθνη κβ´, Ἑλλήνων φυλὰς[1]) ιδ´. ἔκτισε δὲ πόλεις δώδεκα ταύτας[2])· (Ἀλεξάνδρειαν τὴν κατ᾽ Αἴγυπτον,) Ἀλεξάνδρειαν τὴν πρὸς Ὁρπᾶς, Ἀλεξάνδρειαν τὴν (πρὸς) Κράτιστον (apud Granicum J. Val.), Ἀλεξάνδρειαν τὴν Cκυθίαν[3]), Ἀλεξάνδρειαν τὴν ἐπὶ Κρηπῖδος ποταμοῦ, Ἀλεξάνδρειαν τὴν ἐπὶ Τρωάδος, Ἀλεξάνδρειαν τὴν ἐπὶ Βαβυλῶνος, Ἀλεξάνδρειαν τὴν

---

12) τούτω (τούτῳ?)   13) συμβαίνων   **34.** 1) μη θρὰν   2) ληψώμεθα   3) αὐτῷ   4) ἀρχηπροφήτης   5) die eingeklammerten worte von jüngerer hand am unteren rande   6) καθηδρύςητε   7) ρακοντῖδι   8) αὐτῶ
35. 1) φυλλάς   2) αὗται·   3) cκυφίαν·

ἐπὶ Πέρςας⁴), 'Αλεξάνδρειαν τὴν ἐπὶ Βουκέφαλον⁵) ἵππον⁶), 'Αλεξάνδρειαν τὴν ἐπὶ Πῶρον⁷), 'Αλεξάνδρειαν τὴν ἐπὶ τὸν Τίγριν⁸) ποταμόν, 'Αλεξάνδρειαν τὴν ἐπὶ Μασσαγέτας⁹) καλουμένην.

Ἐγεννήθη μὲν ὁ 'Αλέξανδρος μηνὶ 'Ιαννουαρίῳ νεομηνίᾳ,
fol. 276ᵃ ἀνατολῆς οὔςης ἡλίου· ἐτελεύτηςε δὲ μηνὶ 'Απριλλίῳ νεομηνίᾳ δύςεως οὔςης ἡλίου. καὶ ἐκάλεςαν τὴν ἡμέραν τῆς τελευτῆς αὐτοῦ νεόμαγα (sic), διὰ τὸ τὸν 'Αλέξανδρον νέον τετελευτηκέναι. ἐτελεύτηςε δὲ 'Αλέξανδρος ἐν τῷ ϛερος´ ἔτει ¹⁰) τοῦ κόςμου, ἐν τῷ τέλει τῆς ριγ´ ὀλυμπιάδος· ἡ δὲ ὀλυμπιὰς ἔτη εἰςὶν δ´ — τῷ δὲ τετάρτῳ ἔτει¹⁰) τῆς βαςιλείας Ἄχαζ πρώτη ὀλυμπιὰς ἤρξατο —. ἀπὸ τῆς τελευτῆς 'Αλεξάνδρου ἕως τῆς τοῦ θεοῦ λόγου ἐκ παρθένου ςαρκώςεως ἔτη τριακόςια εἴκοςι τέςςαρα.

Ταῦτα ἐγὼ 'Αλέξανδρος ὁ τῶν Μακεδόνων βαςιλεὺς ὑπέταξα πλήθη ἐθνῶν πολλῶν· πρῶτον μὲν "Ἕλληνας, "Ἴβηρας· † ἀβάρους· ςκλάβους· μαύρους· μαυρεντιανούς· ὀνογούρους· τετραγούρους· τετρακάτους· μονοκεράπους· ςικίονας· κανζιώτας· κανζίτας· ῥυςπουρίτας· χαρουρίτας· ὀφιομάγους· ὀφιόποδας· ἐλεφαντινόποδας· ςκυμβριότας· ἐξαμάρους· λογγιβάρδους· λευεςεντιανούς· οὐριδάς· δερματιςίους· ἀβαςγούς· ἀρμενίους· ῥουςίους· ὄχλους· ςαρακηνούς· ςύρους· ἀλανοὺς· ἐβρεπάους· ἐβρεξάους· ἐξαχείρους· ἐξωςτίχους· λωρόποδας· ὑποφαλαγγίους· πρίςκους· λακούς·
fol. 276ᵇ πολύποδας· πατιςόφους· λέςαεις· ὀςτρυκοὺς· πανζήτας· δελεήμας· ςανδάλεις· καςάνδρεις· καςυνδρειώτας· αἰγιότας· αἰγιτίδους· ὑποβιώτας· ὑποβοτίους· ἰνδοὺς· ςινδιανοὺς· ςουρδανοὺς· μαρθολομαίους· αἰγυπτίους τοῖς κατοικοῦςι τοῖς ςκοτεινοῖς τόποις· ἑβραίους· θρυμνίτας· κούςκους· χαζάρους· βουλγάρους· χουβάβους· πέρςας· αἰθίοπας· καὶ ῥωμαίους τοὺς νικήτορας ςτρατιώτας· τοὺς δὲ λιποὺς χωρὶς πολέμου ὑπετάξαμεν· καὶ φόρους ἐτέλεςαν. †

_____

Fol. 204ᵇ ist die erzählung durch ein ganz ungehöriges stück unterbrochen. es heiszt dort nemlich cap. 30:

κἀκεῖθεν διαπερᾷ· καὶ παραγίνεται εἰς ἀφρικόν· οἱ δὲ τῶν ἀφρικῶν ςτρατηγοί· ὑπήντηςαν αὐτῷ· und nun folgt ohne absatz folgendes:

καὶ ἔδειξεν μίλια· ω̄· καὶ ἦλθεν ἐν τόπω λεγομένου ἀρεοῦ (corr. ἀραοῦ)· καὶ ὀδεύοντα· εἶδεν χώραν φαραοῦ· καὶ αὐταῦ (corr. αὐτὸς) ἐπέραςεν ἐν θαλάςςῃ μίλια. ρ̄ν̄. καὶ ὤδευςεν (dahinter corr. εἰς) χώραν λεγομένην καρταγένειαν· καὶ αὐτοῦ δὲ ἠκούςθη ἐν ὅλω τῷ τόπω· ἀποβαλέντος Ζία ἕως ἔμπυλος· μίλια περι τρεχομένου εριδιομετρῐ *) ἀναδρομῆς καρταγένειας· ἕως ἔμπηλος μίλια· ῡ̄ν̄· καὶ περιὼν προςεκύνηςαν ἅπαντες τὸ αὐτὸ μέρος· ἀπὸ ςύμπηλος ἕως χώρας ἀςκόνια. ἀφεντεύςας δὲ τὸν αὐτὼν ςύνορον.

_____

4) περίας (Περςίας?)	5) κεφνλῶν	6) ἵππων·	7) πώρων·	8) τήγριν	9) τὰ μεςάγγυςτα	10) ἔτη	*) εριδιομετρίας?

(fol. 205ᵃ) ἀπόβάλλεντος ἕως κόνια κρατούμενον τὸ σύνορον αὐτῶν, μίλια, β̄ ὀλόγυρα· ἀπὸ ποταμὸν τουρτούζες, ἕως ποταμ̄ πορόδους· καὶ ἀνερχόμενος αὐτόθι· ἐλθὼν ἐν τόπω ἄκρος λεγόμενον τζούμπη·
Καὶ αὐτοῦ ἀναχωριθεὶς· ἐπέρασων (corr. ἐπέρασεν) τῆ (corr. την) αὐτοῦ θάλασσα πέραν. μίλια· κ̄· εἰς χώραν λεγομένην σέτα· καὶ αὐτὸν ἐπροσεκύνησαν ἅπαντες· ἧσαν δὲ ἄνθρωποι μαῦροι βαρβαριώτες· καὶ αὐτὸν καὶ αὐτοῦ θες διεκίνησαν χώραν· σάφηναν ἄνα ἐ......μίλια. ū. καὶ αὐτοῦ κτῖσον πῦργον ἡμῶν ἐν τῷ παραθαλασσίω, ὑψηλὸν καὶ εὐκρεμνοτόν· καὶ πῦργον φοβερὸν· καὶ ἄνω ἔθεσον, βραχίων ἀρκόκαπρον· ἐγγράφως λεγομένου· ἕως αὐτοῦ ἄπελθε βασιλεῦ ἀλέξανδρε· darauf eine lücke von einigen zeilen und dann (s. buch I. cap. 30) καὶ ἱκετεύων ἀποστῆναι κτλ.

ÜBER DIE OXFORDER HANDSCHRIFTEN DES
PSEUDO-CALLISTHENES.

Von den übrigen hss. des Pseudo-Callisthenes war bisher sehr wenig bekannt. durch freundliche vermittelung des hrn. prof. Gildemeister in Bonn ist es jetzt möglich geworden, über die vier Oxforder (Zacher Pseudo-Callisthenes s. 19—23) ein urteil zu gewinnen. nemlich auf den wunsch des hrn. prof. Gildemeister hat hr. dr. Prym in Oxford sich der mühe unterzogen, aus den zum teil schwer lesbaren hss. einige abschnitte mitzuteilen. für diese genauen und wertvollen mitteilungen gebührt ihm der gröste dank aller, welche sich mit der Alexandersage beschäftigen. diese abschnitte folgen hier übersichtlich zusammengestellt mit beifügung des textes von C, zu dem die Oxforder hss. im allgemeinen stimmen. natürlich ist die schreibung der hss. genau beibehalten. an mehreren stellen war nur das vom gedruckten texte abweichende bemerkt, wobei wol abweichungen in betonung und interpunction nicht berücksichtigt sind, in diesem falle könnte also das hier gegebene in einigen kleinigkeiten von dem in den hss. befindlichen abweichen.

Im folgenden bezeichnet C den text der Pariser hs. nr. 113 suppl., 20 bezeichnet cod. Barocc. nr. 20 in Oxford, und 17 den cod. Barocc. nr. 17.

MÜLLER I c. 18 (p. 17).

C. Μιᾷ οὖν τῶν ἡμερῶν Ἀλέξανδρος μετὰ τῶν cυνηλικιωτῶν αὐτοῦ
20. Μιᾷ οὖν τῶν ἡμερῶν Ἀλέξανδρος μετὰ τῶν cυνηλικιωτῶν αὐτοῦ
17. ἐν μιᾷ οὖν τῶν ἡμερῶν   μετὰ τῶν   ἡλικιοτῶν αυτου

C. cυνὼν, λόγους ἐν λόγοιc προτείναντεc, εἰcφέρεται λόγος, ὡc ὅτε εἰc
20. cυνὼν, λόγους ἐν λόγων προτείναντεc, εἰcφέρεται λόγος, ὡc ὅτι ἐν
17. cυνὼν. λόγους ἐκ λόγων προτεινόντων εἰcφέρεται λόγος. ὡc ὅτι ἐν

C. Πίcαν ἁρματηλατοῦcιν οἱ δοκιμώτεροι τῶν βαcιλέων παῖδεc, καὶ
20. Ῥώμῃ ἁρματηλατοῦcιν οἱ δοκιμώτεροι τῶν βαcιλέων παῖδεc, καὶ
17. ῥώμῃ ἁρματηλᵃτοῦcιν οἱ εὐδοκιμώτεροι τῶν βαcιλέων παῖδεc. καὶ

C. τῷ νικήcαντι ἆθλα διδοῦcιν ἀπὸ τοῦ Ὀλυμπίου   Διός· ὃc
20. τῷ νικήcαντι ἆθλα διδοῦcιν ὑπὸ τοῦ καπετωλίου   Διός· ὃc
17. τῶ νικήcαντι ἆθλα δίδοται παρὰ τοῦ καπετωλλίου   Διός· ὁ

C. δ' ἂν ἡττηθείς, παρὰ τῶν νικηςάντων θανατοῦται. Ταῦτα ἀκού-
20. δ' ἂν ἡττηθείς, παρὰ τῶν νικηςάντων θανατοῦται. Ταῦτα ἀκού-
17. δὲ ἡττηθείς παρὰ τῶν νικηςάντων θανατοῦται. ταῦτα ἀκού-

C. ςας Ἀλέξανδρος ἔρχεται πρὸς Φίλιππον δρομαῖος, καὶ εὑρί-
20. ςας Ἀλέξανδρος ἔρχεται πρὸς Φίλιππον δρομαῖος,
17. ςας Ἀλέξανδρος, ἔρχεται πρὸς τὸν πρᾶ αὐτοῦ δρομαῖος

C. ςκει αὐτὸν εὐκαιροῦντα καὶ καταφιλήςας αὐτὸν εἶπε· Πάτερ,
20. καὶ καταφιλήςας αὐτὸν εἶπε· Πάτερ,
17. καὶ λέγει.

C. δέομαί ςου,
20. δέομαί ςου τὸ ἐν ἐμοὶ καταθύμιον πλήρωςον καὶ
17. δέομαί ςου ὦ δέςποτα. τῶ ἐν ἐμοὶ καταθύμιον πλήρωςον. καὶ

C. ἐπίτρεψόν μοι εἰς Πίςαν πλεῦςαι ἐπὶ
20. ἐπίτρεψόν μοι ἐν Ῥώμη ἀπελθεῖν
17. τὸ ἀρμόζων παραςχόμενος. ἀπόςτειλόν μοι ἐν ῥώμη

C. τὸν ἀγῶνα τῶν Ὀλυμπίων, ἐπειδὴ ἀγωνίςαςθαι βούλομαι. Ὁ δὲ Φί-
20. ἐπειδὴ ἀγωνίςαςθαι βούλομαι. Ὁ δὲ Φί-
17. ἀρματηλατῆςαι. ὁ δὲ Φί-

C. λιππος εἶπε πρὸς αὐτόν· Καὶ ποῖον ἄςκημα ἀςκήςας τούτους ἐπιθυμεῖς;
20. λιππος εἶπε πρὸς αὐτόν· Καὶ ποῖον ἄςκημα ἀςκήςας τοῦτο ἐπιθυμεῖς;
17. λιππος λέγει. ὦ βία ἀπὸ ςοῦ παῖ· οὔπω γάρ ςοι ὄγδοον

C. οὐ ςυγχωρῶ ςοι ταῦτα πρᾶξαι.
20. οὐ ςυγχωρῶ ςοι ταῦτα πρᾶξαι.
17. ἔτος διῆλθε καὶ ἀρματηλατῆςαι βούλει; οὐ ςυγχωρῶ ςε τοῦτο πρᾶξαι.

C. Ὁ δὲ Ἀλέξανδρος εἶπεν· Ἀρματηλατῆςαι
20. παῖς γὰρ ἐμοῦ τυγχάνεις. Ὁ δὲ Ἀλέξανδρος εἶπεν·
17. παῖς γὰρ ἡμῶν τυγχάνεις ὁ δὲ Ἀλέξανδρος φηςίν.

C. βούλομαι, καὶ εἰ τοῦτό μοι οὐ ςυγχωρεῖς, μετ' ὀλίγον ὄψη με
20. εἰ τοῦτό μοι οὐ ςυγχωρίςεις, μετ' ὀλίγον ὄψη με
17. εἰ τοῦτο οὐ ςυγχωρήςεις μετ' ὀλίγον ὄψει με

C. θανούμενον. Ὁ δὲ φηςί· Τέκνον,
20. θανατούμενον. Ὁ δὲ Φίλιππος πιςθεὶς ἔφη. ἐγὼ οὖν
17. τεθανατωμένον ἐπὶ τοῦτο πιςθεὶς ὁ Φίλιππος.

C. προνοήςομαί ςοι ἵππους ἐκ τῶν ἐμῶν ἱπποςταςίων ἐπιτηδείους·
20. προνοήςομαί ςοι ἵππους ἐκ τῶν ἐμῶν ὑποςτάςεων ἐπιτηδείους·
17. καταςκευάζει αὐτῶ ςκεῦος δοὺς καὶ πώλους ἑπτὰ οἵους ἐν πᾶςι

C. καὶ οὗτοι μὲν ἐπιμελήθςονται· ςὺ δὲ, τέκνον, γύμναζε ςεαυτὸν
20. καὶ οὗτοι μὲν ἐπιμελήθςονται· ςὺ δὲ, τέκνον, γύμναζε ςεαυτὸν
17. μακεδονία εὕρε κούφους τοῖς ποςί.

C. ἐπιμελέςτερον· ὁ γὰρ ἀγὼν ἐνδοξός ἐςτιν. Ὁ δὲ Ἀλέξανδρος εἶπε·
20. ἐπιμελέςτερον· ὁ γὰρ ἀγὼν ἐνδοξός ἐςτιν. Ὁ δὲ Ἀλέξανδρος εἶπε·
17.

C. Πάτερ, cù ἐπίτρεψόν μοι ἀπελθεῖν εἰc τὸν ἀγῶνα· ἔχω γὰρ
20. Πάτερ,· cù ἐπίτρεψόν μοι ἀπελθεῖν ἐν τῷ ἀγωνίῳ· ἔχω γὰρ
17.

C. ἵππους ἐκ νέαc ἡλικίαc, οὕc ἐμαυτῷ ἀνέθρεψα. Καταφιλήcαc
20. ἵππους ἐκ νέαc ἡλικίαc, οὕc ἐμαυτῷ ἀνέθρεψα· Καταφιλήcαc
17.

C. δὲ αὐτὸν Φίλιππος καὶ θαυμάcαc αὐτοῦ τὴν προθυμίαν φηcὶ
20. δὲ αὐτὸν Φίλιππος καὶ θαυμάcαc αὐτοῦ τὴν προθυμίαν
17.

C. πρὸc αὐτόν· Τέκνον, ὅπου βούλῃ, βάδιζε ὑγιαίνων. ¯ Καὶ
20.   καὶ
17.

C. ποιήcαc αὐτὸν cτολὴν, οἵαν ὁ Ἀλέξανδρος διωρίcατο· ὥcπερ τιc
20. ποιήcαc αὐτὸν cτολὴν, οἵαν ὁ Ἀλέξανδρος διωρίcατο· ὥcπερ τιc
17. ποιῇ καὶ̲ cτολὴν οἵαν Ἀλέξανδρος διώρίcατο.

C. θεάcαι τῷ ἡλίῳ ἀνατείλαντι, τοῦτο ἦν ἡ χρεία τῆc cτολῆc·
20. θεάcαι τῷ ἡλίῳ ἀνατείλαντι, τί τοῦτον ἦν ἡ χρεία τῆc cτολῆc·
17. ἡλίου δὲ ἦν ἀνατέλλοντος, ἡ χροΐα τῆc cτολῆc·

C. κατακοcμήcαc αὐτὴν μαργάρῳ καὶ λίθοιc τιμίοιc. Ἀπελθὼν δὲ ἐπὶ
20. κατακοcμήcαc αὐτὴν χρυcίῳ καὶ λίθοιc τιμίοιc,
17. κατακοcμήcαc αὐτὴν χρυcίω καὶ λιθοιc τιμίοιc.

C. τὸν λιμένα ἐκέλευcε ναῦν καινὴν κατασκευαcθῆναι καὶ τοὺc ἵπ-
20.   .
17.

C. πους ἅμα τοῖc ἅρμαcι ἐμβληθῆναι· καὶ cτρατιώταc παραλαβὼν
20.   λαβὼν μεθ᾽ ἑαυτοῦ cτρατιώταc,
17.   λαβὼν δὲ μεθ᾽ ἑαυτοῦ cτρατιώταc

C.   ἐπέβη ἅμα τῷ φίλῳ αὐτοῦ Ἡφαιcτίωνι, καὶ
20. καὶ ὑπηρεcίαν ἱκανὴν
17. καὶ ὑπηρεcίαν ἱκανὴν.

C. ἀποπλεύcαc παραγίνεται εἰc Πίcαν· Ἐξελθὼν δὲ καὶ λαβὼν ξένια
20.   κατῆλθεν ἐν Ῥώμῃ. ἐξελθὼν δὲ τῆc νυκτὸc
17.   κατῆλθεν ἐν ῥώμη. κατα δὲ τύχην. καιρὸν οἱ ἀρ-

C. πολλὰ ἐκέλευcε τοῖc πᾶcι τὴν τῶν ἵππων ἄμειψιν
20.   ἐκέλευcε τοῖc πεcὶν αὐτοῦ (?) τὴν τῶν ἵππων ἄληψιν
17. ματιλατοῦντες εἶχον. καὶ τὸ ὀλύμπιον ηὐτρεπίζετο. καὶ τρεῖc μὲν

C. γενέcθαι, καὶ αὐτὸc ἅμα τῷ Ἡφαιcτίωνι περιπατῶν ἐξ-
20. ποιεῖcθαι. καὶ αὐτὸc ἅμα τῷ φίλῳ αὐτοῦ Ὑφαιcτίωνι ἐπιπεριπατῶν ἐξ-
17. ηὐρίcκοντο. τέταρτος δὲ οὐκ ἦν. καὶ ἀθυμία περὶ τούτου τοῖc πο-

C. ἦλθεν
20. ἴει.
17. λίτες κατεῖχε. κήρυξ δὲ ἀνήρχετο κατέθος ἐπιβοῶν τὸν βουλόμενον

C. 20.
17. ἀγωνίcαcθαι. ὡc ἅτε εὐγενεῖ καὶ ἀνδρεῖον καὶ φίλον τοῦ Διόc. τοῦ

C. 20.
17. δὲ κήρυκοc βοῶντοc, 'Αλέξανδροc ἐπιcτὰc ᾔτει ἁρματηλατῆcαι. κυ-

C. 20.
17. κλυcάντων οὖν αὐτῶν πάντων. καὶ θαυμαζόντων τότε νέον τῆc

C. 20.
17. ἡλικίαc. καὶ τὸ θραcὺ καὶ αὐcτηρὸν τοῦ προcώπου. καὶ τὸ

C.   Ὑπήντηcεν
20.   καὶ ὑπήντηcεν
17. εὐγενὲc τοῦ μὴ διάματοc ἐξεπλήττοντο. καὶ ὡc ταῦτα οὕτωc εἶχεν,

C. αὐτοῖc Νικόλαοc ὁ υἱὸc 'Αρδέου βαcιλέωc 'Ακαρνάνων πλούτῳ καὶ
20. αὐτοὺc Νικόλαοc ὁ υἱὸc 'Αρδαίου βαcιλέωc 'Ακαρνάνων πλούτῳ καὶ
17. ἰδοῦ Νικόλαοc τίc υἱὸc   βαcιλέωc. ἐμπειρώτατοc ἐν τῶ ἁρ-

C. τύχῃ, δυcὶ θεοῖc φυλαττόμενοc, ἀνὴρ εὐμεγέθηc καὶ ἀλκιμώτατοc
20. τύχῃ, δυcὶ θεοῖc φυλαττόμενοc, ἀνὴρ εὐμεγέθηc καὶ ἀλκιμώτατοc
17. ματηλατεῖν.   ἀνὴρ εὐμεγέθ(ηc) καὶ ἀλὐκμῷ^{cτ}

C. λίαν καὶ τῇ τοῦ cώματοc δυνάμει πεποιθώc. καὶ προcελθὼν
20. λίαν καὶ τῇ τοῦ cώματοc δυνάμει πεποιθώc. καὶ προcελθὼν
17.

C. ἡcπάcατο τὸν 'Αλέξανδρον εἰπών· Χαίροιc, μειράκιον. Ὁ δέ·
20. ἡcπάcατο τὸν 'Αλέξανδρον εἰπών· Χαίροιc, μειράκιον. Ὁ δὲ 'Αλέ-
17.

C.   χαίροιc καὶ cὺ, ὅcτιc ἂν   εἴηc καὶ πόθεν τυγ-
20. Ξανδροc ἔφη. χαίροιc καὶ cὺ, ὃc δ' ἄν τιc εἴη. καὶ ὥc τιc τυγ-
17.

C. χάνοιc.   Ὁ δὲ Νικόλαοc εἶπε τῷ 'Αλεξάνδρῳ·   Ἐγώ εἰμι
20. χανιc.   ὁ δὲ Νικόλαοc εἶπε τῷ 'Αλεξάνδρῳ·   Ἐγώ εἰμι
17.

C. Νικόλαοc ὁ βαcιλεὺc 'Ακαρνάνων. Ὁ δὲ 'Αλέξανδροc εἶπε πρὸc
20. Νικόλαοc ὁ βαcιλεὺc 'Ακαρνάνων. Ὁ δὲ 'Αλέξανδροc ἔφη.
17.

C. αὐτόν· Μὴ οὕτω ταυριοῦ, Νικόλαε βαcιλεῦ, καὶ φρυάττου
20.   μὴ οὕτω. ἀβρία Νικόλαε βαcιλεῦ καὶ φρυάττου
17.

C. ὡc τὸ ἱκανὸν ἔχων τῆc αὔριον ζωῆc· τύχη γὰρ οὐχ ἕcτηκεν
20. ὡc τὸ ἱκανὸν ἔχων τῆc αὔριον ζωῆc· τύχη γὰρ οὐχ ἕcτηκεν
17.

C. ἐφ' ἑνὸc τόπου· ῥοπὴ δὲ τοὺc ἀλαζόναc κατευτελίζει. Ὁ δὲ
20. ἐφ' ἑνὸc τόπου· ῥοπὴ δὲ τοὺc ἀλαζόναc κατευτελίζει. Ὁ δὲ
17.

C. Νικόλαοc ἔφη· Λέγειc μὲν· ὀρθῶc, ὑπονοεῖc δὲ οὐχ οὕτωc·
20. Νικόλαοc ἔφη· Λέγειc μὲν ὀρθῶc, ὑπονοεῖc δὲ οὐχ οὕτωc·
17. Τῶ λίω ἐπιcτὰc ἔφη.

C.   τί   δὲ   παρετένου   ἐνταῦθα,   θεατὴς   ἢ   ἀγωνιςτής;   ἔμαθον
20. τί   δὲ   παρεγένου   ἐνταῦθα,   θεατὴς   ἢ   ἀγωνιςτής;   ἔμαθον
17. τί   ἐνταῦθα ἧκες παῖ.

C.   γὰρ ὅτι Φιλίππου εἶ τοῦ Μακεδόνος υἱός. 'Αλέξανδρος εἶπεν· Ἐγὼ
20. γὰρ ὅτι Φιλίππου εἶ τοῦ Μακεδόνος υἱός. 'Αλέξανδρος εἶπεν· Ἐγὼ
17.

C.   πάρειμι ἀγωνίςαςθαί ςοι τὸν ἱππαςτικὸν ἀγῶνα, μικρὸς ὢν τῇ ἡλικίᾳ.
20. πάρειμι ἀγωνίςαςθαί ςοι τὸν ἱππαςτικὸν ἀγῶνα, μικρὸς ὢν τῇ ἡλικίᾳ.
17.

C.   Νικόλαος εἶπε·   Μᾶλλον παλαιςτὴς ἢ παγκρατευτὴς ἢ ἱμαντομάχος
20. Νικόλαος.   μᾶλλον παλαιςτὴς ἢ παγκρατίων   ἢ ἱμαντομάχος
17.

C.   ἥκεις·   Ὁ δὲ 'Αλέξανδρος πάλιν ἔφη·   'Αρματηλατῆςαι βούλομαι.
20. οἴκας.   ὁ δὲ 'Αλέξανδρος πάλιν ἔφη·   'Αρματηλατῆςαι βούλομαι.
17.   ὁ δὲ   φηςὶν ἀρματηλατῆςαι βούλομαι.

C.   Ὑπερζέςας δὲ τῇ χολῇ Νικόλαος καὶ καταφρονήςας 'Αλεξάνδρου,
20. Ὑπερζέςας δὲ τῇ χολῇ Νικόλαος καὶ καταφρονήςας 'Αλεξάνδρου,
17. Ὁ δὲ   Νικόλαος,

C.   θεωρήςας τὸ νέον τῆς ἡλικίας αὐτοῦ, οὐ μαθὼν δὲ τὸ τῆς
20. θεωρήςας τὸ νέον τῆς ἡλικίας αὐτοῦ, οὐ μαθὼν   τὸ τῆς
17.

C.   ψυχῆς αὐτοῦ εὔθυμον ἐνέπτυςεν αὐτῷ εἰπὼν·   Μηδέν ςοι
20. ψυχῆς   ἔκχημα ἐνέπτυςεν αὐτῷ εἰπὼν.   μὴ   ςει
17.   πτύελον τούτω τῇ ὄψει ἐπαφείς,

C.   κακὸν γένοιτο.   Ὁρᾶτε εἰς τίνα ἐλήλυθε τὸ Πιςαῖον ςτάδιον.
20. καλῶς γένοιτο.   ὁρᾶτε εἰς τίνα ἐλήλυθε τὸ πιςςέον ςτάδιον.
17. ὑπεχώρηςεν.

C.   Ὁ δὲ 'Αλέξανδρος δεδιδαγμένος ἦν ὑπὸ τῆς φύςεως ἐγκρα-
20. ὁ δὲ 'Αλέξανδρος δεδιδαγμένος ἦν ὑπὸ τῆς φύςεως ἐγκρα-
17. ἐπὶ τοῦτο θυμομαχήςας ὁ 'Αλέξανδρος ἔφη.   ὅτι παῖς τυ-

C.   τεύεςθαι, ἀπομαξάμενος   τὸν ἐνυβριςίαλον,   καὶ   μειδιάςας
20. τεύεται.   ἀπομαξάμενος   τὸν ἐνύβρη ςιελόν.   καὶ   μειδιάςας
17. χάνω.   οἴδαςι παντες.   φανήςομαι ςοι ἐν τῶ ἁρματιλατῆςαι

C.   θανάςιμον   φηςίν·   Νικόλαε,   ἄρτι ςε   νικήςω·   μείζων
20. θανάςιμον   φηςίν·   Νικόλαε,   ἄρτι ςε   νικήςω·   μειζων
17. βούλουςθαι.   μείζων

C.   γὰρ "Αρεως καὶ Ἡρακλέους ςοι φανήςομαι, καὶ παρ' ἐμοῦ
20. γὰρ "Αρεως καὶ Ἡρακλέους ςοι φανήςομαι, καὶ παρ' ἐμοῦ
17.   ἀνέος καὶ ἱρακλέος.   καὶ παρ' ἐμοὶ

C.   τὸ ζῆν ἀπολέςεις, καὶ ἐν τῇ πατρίδι ςου 'Ακαρνάνων
20. τὸ ζῆν ἀπολέςεις, καὶ ἐν τῇ πατρίδι ςου 'Ακαρνάνων
17. τὸ ζῆν ἀπωλέςεις. ἐπιβοῶςιν ἐπὶ τούτοις οἱ λαοὶ 'Αλεξάνδρου. ἐκ

C. δόρατί cε λήψομαι. Καὶ ἀπέστησαν ἀπ᾽ ἀλλήλων διαμαχόμενοι.
20. δόρατί cε λήψομαι. καὶ ἀπέστησαν ἀπ᾽ ἀλλήλων διαμαχόμενοι.
17. Διὸς ὡς διϋπεριθμηκότες. καὶ δὴ τῶν ὄχλων ἐπιcυναχθέντων καὶ τῶν
17. δήμων θρηλουμένων. ἄγωνται πάντες ἐν τῷ ὀλυμπίῳ οἱ ἁρματιλατῆcαι
17. βουλόμενοι.

Barocc. 20 stimmt dann weiter mit cap. 19 der edition, nur ist zu
bemerken, dass statt Λάκων (pag. 19ᵇ lin. 1) Λαομέδων steht, wie in C.
Barocc. 17 fährt hinter dem oben angeführten (... ἁρματιλατῆcαι
βουλόμενοι) fort wie C nach λυποψηχηcάντων (Müller anm. 10). also:

C. Καὶ ἰδοῦ Νικόλαος τῇ οὐρανίῳ ἐζωcμένος ἐcθῆτι, καὶ cὺν
17. καὶ ἰδοὺ Νικόλαος τῇ οὐρανίῳ ἐζωcμενος αἰcθῆτι. καὶ ὁ cὺν

C. αὐτῷ Κύμων ὁ Κορίνθιος ἠκαcίᾳ καὶ αὐτὸc ἐζωcμένος, μετὰ δὲ
17. αὐτῶ Καλλιcθένηc. ἰκαcίω καὶ αὐτὸc ἐζωcμένος. μετὰ δὲ

C. τούτοις Λαομέδων ὁ Λύβιος ἦν τέταρτος.
17. τούτοις Λαομέδων καὶ Ἀλέξανδρος. Καὶ ὁ

C. καὶ με-
17. μὲν Λαομέδων ὀλύμπιος. ὁ δὲ Ἀλέξανδρος ἀνατέλλων. καὶ με-

C. γίcτου θρήλου γενομένου, οἱ τοῦ Ὀλυμπίου μέρους φυλῆται
17. γίcτου θρήλου γενομένου. οἱ τοῦ ὀλυμπίου μέρους φιλιται

C. πρὸς Λαομέδοντα ἐπεβόων· Τί τὴν ψυχὴν cυμπάcχεις,
17. πρὸς Λαομέδοντι ἐπεβόουν. τί τὴν Ψυχὴν cου ἀπὸ coῦ ποι-

C. ὦ Λαόμεδον, καὶ cὺν μειρακίῳ ἦλθες
17. ῆcαι ἠθέληcας, ὦ Λαομέδων. καὶ cυν μηρακίω ἐξῆλθες

C. μαχέcαcθαι;
17. μάχεcθαι Νικολάω καὶ Καλλιcθένει. ποίαν βοήθειαν ἐκ τούτων

C. μὴ κατάνευε ἁρματηλατῶν. Ὁ δὲ Λαο-
17. τοῦ μηρακιου ἐκδέχει. μὴ κατάνευε ἁρματηλατῆcαι. ὁ δὲ Λαο-

C. μέδων φηcὶ πρὸς αὐτούς· Ὑμεῖc οἱ τοῦ Ὀλυμπίου ἄπειτε
17. μέδων ἔφη πρὸς αὐτούς. ὑμεῖc οἱ τοῦ μέρους τοῦ ὀλυμπίου, ἄπητε

C. ἀπ᾽ ἐμοῦ· κἀγὼ παρὰ τοῦ μειρακίου ἐκδέχομαι στεφάνους
17. ἀπ᾽ ἐμοῦ· κἀγὼ παρὰ τοῦδε τοῦ μηρακίου, ἐκδέχομαι στεφάνους

C. ἐκ τοῦ μελχίου Διός. Ὁ δὲ Ἀλέξανδρος φηcὶ πρὸς αὐτόν·
17. ἐκ τοῦ μελχίου Διός.

C. Ναὶ, οὕτωc ἔχει· ἀπὸ γὰρ τοῦδε τοῦ ἀγῶνος καὶ ἡ τοῦ πατρὸς
17. ἀπὸ γὰρ τοῦδε τοῦ ἀγῶνος. καὶ ἡ τοῦ πατρὸς

C. πραγματεύεταί μοι βασιλεία. Καὶ ταῦτα εἰπὼν, καὶ κρατήcας
17. προμαντεύετέ με βασιλεία. ταῦτα δὲ εἰπὼν, κρατήcας

C. τῆς χειρὸς αὐτοῦ κατεφίληcεν αὐτὸν
17. Ἀλέξανδρος τῆς χειρὸς κατεφίληcε. καὶ πρὸς τὸν

C.   λέγων. Ἴδε   καὶ   νέος Ἰνόμαος. Μεταξὺ δὲ
17. δῆμον φηςἰν. Ἀλέξανδρος καὶ ὁ νέος Οἰνόμαος. μετᾶξὺ δὲ

C. αὐτῶν
17. τούτων τὸ ὀλύμπιον ηὐτρεπίζετο. οἱ ἵπποι ἐζεύνοντο. καὶ

C. ἑκαςτας τῷ ἰδίῳ περιεποιεῖτο σκεῦος, Ἀλέξανδρος ἔχων
17 ἑκαςτος τὸ ἴδιον περιεποιήτω ἑκαςτον. Ἀλέξανδρος δὲ ζεύνηςιν.

C.   δέκα ἵππους βαςιλίους
17. ἐν μὲν τῆ βιςςα (?) δύο ἵππους καλλίους. τοὺς δὲ ἀκροτήρας

C. δαγαλίους, δεξιὸν μὲν τὸν Βουκέφαλον, ἀριστερὸν δὲ τὸν πετάςιον.
17. δαγαλλίους, δεξιῶν μὲν τὸν βουκέφαλον. ἀριστερὸν δὲ

C. Καὶ ἑςτήκειςαν κατ' ἀξίαν, ὥςτε πάντας λέγειν ἐν τοῖς Ὀλυμ-
17. καὶ ἱςτήκηςαν κατατάξειν. ὥςτε πάντας λέγειν ἐν τοῖς ὀλυμ-

C. πίοις γεννηθῆναι τοὺς τοῦ Ἀλεξάνδρου ἵππους.
17. πίοις γεννηθῆναι τοὺς   Ἀλεξάνδρου ἵππους. τῶν δὲ

C.
17. βολίων ἀχθέντων. καὶ τοῦ ςυνήθους ἐπιτελεςθέντος λαχμοῦ.

C.
17. ἔλαχε τὸν οὐρανίον παραβῆναι· μετὰ τοῦτον ἀνατέλλοντα τὸν

C.   Παρειστήκειμα πάριος· ςυμ-
17. Ἀλέξανδρον. ἵςταντο οἱ (?) ὁρίζωντες. παριςτίκη Μαπάριος ςυμ-

C. παρῆςαν οἱ βλέποντες· οἱ ςπένδοντες ἐπεβόων Ζεὺς ἄνωθεν ἑώρα.
17. παρῆςαν οἱ βλέπωντες· οἱ ςπεύδοντες (?) ἐπεβόων. Ζεῦς ἄνωθεν ἑόρα.

C.   Ὁ δὲ ἱερεὺς τοῦ Διὸς ἀθλοθέτης ἐκάθητο. Ὁ
17. ἐν δὲ τῶ καπετωλίω ἀθλοθέτης ἐκάθευδεν. ὁ ἱερεὺς τοῦ Διὸς. ὁ

C. ὄχλος θεωρεῖν προςεπήγετο   ἰδεῖν   τὸ
17. ὄχλος θεωρεῖν ςυνεπείγετο. οὐχ' ὡς τὸ ὀλύμπιον βλέπειν. ἀλλ' ὡς τὸ

C. ἀποβηςόμενον.   καὶ ἦν ἰδεῖν μυριάριθμον ὄχλον ὀφθαλ-
17. ἀποβηςόμενον Ἀλεξάνδρω. καὶ ἦν ἰδεῖν μυριάνοῦ   ὄχλον ἔχωντα

C. μὸν ἕνα ἔχοντας, καὶ αὐτὸν πρὸς Ἀλέξανδρον. Μεταξὺ δὲ τούτου
17.   ἕνα ὀφθαλμὸν. καὶ αὐτὸν πρὸς Ἀλέξανδρον. μετᾶξὺ δὲ τούτων,

C. Ἀλέξανδρος τὴν ςημαςίαν ποιεῖται· καὶ   διὰ τῆς χειρὸς
17. Ἀλέξανδρος τὴν ςημαςίαν ποιεῖ. καὶ Μαπάριος διὰ τῆς χειρὸς,

C. τοῖς ὄχλοις ἐμήνυε. Οἱ δὲ ὄχλοι   εὐφήμουν·   καὶ
17. τοῖς ὄχλοις ἐμήνυςεν. οἱ δὲ ὄχλοι. ἰδοὺ ἡμεῖς ἐπεβόηςαν. καὶ

C. πολλοῖς ἔρις ςυνέπεςε·   ςιγῆ δὲ τοῖς πᾶςιν ἐξείςου
17. πολλοῖς αἵροις ςυνέπεςε καὶ κλύδων. ςυγῆ δὲ τοῖς πᾶςιν ἐξείςου

C. ἐγένετο.
17. ἐγένετο. ἀγὼν δὲ ἦν ὁ πλείων τῶν ἀγωνιζομένων. ὁ οὐράνιος δὲ

C.   Καὶ
17. ἄφνωτο ςυνήθη ποιήςας ςημεῖον. καὶ Μαπάριος τῶ ὄχλω κατα-

C.			ἰδοὺ					οἱ καγκελλίδες ἄφνω ἀνεῳ-
17. ·μυνησεν.	ἰδοὺ ἡμεῖς ἐπιβοησάντων, αἱ κάγκελοι ἄφνω ἀνεώ-

C.		χθησαν· τὸ θάμβος εἶχε τοῖς		πᾶσιν.		Ἐξῆλθον δὲ ἅμα
17. χθησαν.	τὸ θάμβος εἶχε τοὺς (?) πάντας.		ὡς γὰρ ἐξῆλθωσαν ἅμα

C. Νικόλαος καὶ Καλλισθένης μέσον			τὸν Ἀλέξανδρον ἔχοντες, ὧδε
17. Νικόλαος καὶ Καλλισθένης. μέσον δὲ τὸν Ἀλέξανδρον εἶχον,		ὧδε

C. κἀκεῖσε περισκοποῦντες τὸ πῶς αὐτὸν θανατώσουσιν. Ἤγετο δὲ
17. κακεῖσαι περισκοποῦντες το ποῦ αὐτὸν θανατώσουσιν. ἤγετο δὲ

C. Ἀλέξανδρος μέσον αὐτῶν, καθάπερ χειμαζομένη ναῦς. Καὶ ὁ μὲν
17.			μέσον αὐτῶν. καθάπερ χειμαζομένη ναῦς.

C. Καλλισθένης πλαγίως ἐκ δεξιῶν, ὄπισθεν δὲ αὐτοῦ ἦν Νικόλαος
17.

C. οὐχ οὕτως ἔχων τὸ νικῆσαι ὡς τὸ ἀναιρῆσαι τὸν Ἀλέξανδρον·
17.

C. ἦν γὰρ ὁ πατὴρ τοῦ Νικολάου ὑπὸ Φιλίππου ἐν τῷ πολέμῳ
17.

C. ἀναιρεθεὶς πότε. ὡς δὲ τὸν ἐπὶ σφενδῶνα κατέλαβον τόπον,
17.			ὡς δὲ τὸν ἐπισφενδόνα κατέλαβον καμπόν.

C. ἐνδίδωσι τὰς ἡνίας Ἀλέξανδρος· καὶ ὁ Βουκέφαλος περικλύει
17. ἐνδίδωσι τὰς ἡνοίας Ἀλέξανδρος. καὶ ὁ βουκέφαλος περικλείη

C. τοὺς ἵππους καὶ τὸν μὲν Καλλισθένην περιδραμὼν τῇ σφενδῶνι
17. τοὺς ἵππους. καὶ τὸν μὲν Καλλισθένην. περιδρᵃμὼν το σφενδόνιον

C. ἀπερρίψατο· τὸν δὲ Νικόλαον συνεχώρησε προαπελθεῖν αὐτόν· ὁ δὲ
17. ἀπερρίψατο.			Νικολάου

C. Νικόλαος ἀγνοῶν τὴν ἐνέδραν διέβη, ἔχων τὴν δόξαν τοῦ
17.

C. νικηθῆναι· καὶ λοιπὸν ἤλαυνε πρῶτος, μετὰ δὲ ταῦτα σκονδυλίζει
17.

C. ὁ δεξιὸς ἵππος τοῦ Νικολάου ὁ ἐπὶ τῷ πρώτῳ ἅρματι, καὶ
17.				·

C. συμπεσόντων τῶν ἵππων καταπίπτει ὁ Νικόλαος. Ὁ οὖν Ἀλέ-
17.					τῷ σκεύει

C. Εανδρος ἐπιβαίνει τῇ ὁρμῇ τῶν ἵππων ἑαυτοῦ, καὶ παρερχό-
17.	ἐπεύει.

C. μενος ἐπιλαμβάνεται τῷ δέοντι τῶν ὀπισθίων τοῦ Νικολάου·
17.

C. καὶ σὺν τῷ ἡνιόχῳ καὶ τοῖς ἵπποις τελευτᾷ ὁ Νικόλαος.
17. καὶ τοῦ πέρωνος αὐτὸν πατάξαντος τελευταῖ παραχρῆμα. οἱ δὲ

C.						Καὶ διαμένει λοιπὸν ὁ
17. ἵπποι αὐτοῦ διελύθησαν καὶ ἀπέθανον. καὶ μόνος Ἀλέξανδρος

C. Ἀλέξανδρος μονώτατος· καὶ γίνεται τῷ τελευτήσαντι ἡ παροιμία
17. τὸν ἀγῶνα διετέλει. Λαομέδων δὲ ἐκ τῶν ὄπιςθεν ἐρχόμενος

C. ἡ λέγουσα· ὃς ἄλλῳ κακὰ τεύχει ἑαυτῷ κακὸν ἔτευχεν,
17. ἐγκρατεῖς γίνεται Καλλιςθένη.   καὶ ὁρμηςε κατὰ Ἀλεξάνδρου.

C. ὡς παρ' Ἡςιόδῳ· Οἳ αὐτῷ κακὰ τεύχει ἀνὴρ ἄλλῳ κακὰ τεύχων.
17. ἐπιβοᾶτο νῦν ὁ δῆμος κάταπαῦςαι Λαομέδωντι.· Ἀλέξανδρος

C.
17. δὲ ὅμως ἐπὶ τούτοις θρασύνεται. καὶ τῷ Λαομέδοντι ἐπεξέρχεται.

C.
17. ὁ δὲ Λαομέδων φείξας τῶν ἵππων ἐγκρατὴς γίνεται. καὶ ἱκε-

C.
17. τηρίοις αὐτὸν διανεύετε ςχήμαςιν. ὁ δὲ οὐκ εἴχετο μέχρις ὁ τοῦ

C.
17. Διὸς ἱερεὺς ἀναςτὰς. δάφνην ἐξέπεμψε καθὼς ἔθος ἦν αὐτοῖς.

C.
17. καὶ μόλις πειςθείς Ἀλέξανδρος ςυγκεχώρηκε Λαομέδωντι. φιλο-

C.
17. νικίαι δὲ ἐπὶ τούτοις καὶ βοαὶ καὶ βρότος. νικητής δὲ

C.
17. Ἀλέξανδρος ἀναδείκνυται.   καὶ παρὰ πάντων εὐφημούμενος.

C.   ` Στεφανοῦται λοιπὸν ὁ Ἀλέξανδρος
17. καὶ ὑπὲρ πάντων θαυμαζόμενος. ςτεφανοῦται παρὰ τοῦ ἱερέως.

C. καὶ ἀναβαίνει τὸν νικητικὸν ἐςτεμμένος ςτέφανον. Καὶ λέγει αὐτῷ
17. καὶ χρικμὸν λαμβάνει ἐκ Διὸς. ὁ δὲ χρικμὸς οὗτος, ἤκωμου

C. ὁ τοῦ Διὸς μάντις· Ἀλέξανδρε, προμηνύει ςοι ὁ Ὀλύμπιος Ζεὺς
17. τὸν ἀγῶνα τελέςας Ἀλέξανδρε. ςτέμματα δὲ ἐμὰ ςυνέχων ἄνυε.

C. ταῦτα· θάρςει· ὥςπερ γὰρ Νικόλαον ἐνίκηςας, οὕτω πολλοὺς
17. ςυγένει μρς καὶ πρς τιμωρός. καὶ γεγονὼς ἄναςςε κόςμου.

C. νικήςεις ἐν πολέμοις. Ὁ δὲ Ἀλέξανδρος λαβὼν τὴν κληδόνα
17.   λαβὼν δὲ τὸν χριςμόν,

C. ταύτην, νικηφόρος ἀνεςτρέφετο πρὸς τὴν Μακεδονίαν μετὰ πλήθους
17.   ἐξέρχεται ῥώμης. καὶ ςυνέρχονται δῆμοι καὶ πᾶςα

C. λαοῦ,   καὶ ὁ Λαομέδων ὁ ςυναρματηλάτηςας αὐτῷ·
17. ἡ πόλις ςχεδὸν. καὶ   Λαομέδων ὁ ςὺν αὐτῶ ἁρματιλάτηςας.

C. οὐκ ἐβούλετο γὰρ καταλεῖψαι αὐτόν.
17. καὶ οὐκ ἠβούλετο   κατα λεῖψαι αὐτόν. νεανίςκος πάνυ χρηςτός

C.   Οἱ δὲ λαοὶ θαυμάζοντες ἐπὶ τῇ
17. καὶ θεῶν ἄξιος. πάλιν νοςτοῦςι δ' ὅμως θαυμάζοντες ἐπὶ τῇ

C. ςυνέςει καὶ τῇ ἀνδρείᾳ τοῦ Ἀλεξάνδρου ὕμνον αὐτῷ
17. ςυνέςει καὶ   ἀνδρεία   Ἀλεξάνδρου. ὕμνον αὐτῶ

C. πλέκουcιν ἔχοντα οὕτωc· Cτίχοι πρὸc εὐφημίαν Ἀλεξάνδρου·
17. πλέξαντεc τόνδε.

C. Αὔχη, Φίλιππε· τέρπου Μακεδονία. ὁ μὲν γεννήτηc ἐντυχὼν
17. Αὔχη, Φίλιππε· τέρπου, Μακεδωνία. ὁ μὲν γενέτηc εὐτυχὼν

C. Ἀλεξάνδρου, ἡ δὲ πατρὶc τυχοῦcα τοιούτου κάλλουc, αὐτὸν
17. Ἀλεξάνδρου, ἡ δὲ πατρὶc τυχοῦcα καλεῖcθαι τούτου, αὐτὸν

C. δ᾽ ὑπαντήcαντεc cτεφανώμενον, νικητὴν ἀήττητον γαοῦχον μέγαν·
17. δὲ ὑπαγυτίcαντεc(?)ἐcτεφανωμένον, νικητὴν ἀήττητον προῦχον μέγα.

C. ἀνατεῖλαc γάρ κατηγλάϊcε ῥώμην, καὶ πάντας ἡμαύρωcε λοιποὺc
17. ὡc ἀνατέλλων ἤθληcεν ἐν τῷ cταδίῳ. καὶ πάντας ἡμαύρωcε λοιποὺc

C. ἀcτέραc. Δέχου οὖν αὐτὸν, λαμπρὰ Μακεδονία, καὶ τοὺc ἐχθροὺc
17. ἀcτέραc. δέχει ὁ δ᾽ αὐτὸν, λαμπρὰ Μακεδονία, καὶ τοῖc ἐχθροῖc

C. ἀμῦναι ἐν τούτῳ δίδου· Ἀλέξανδροc γάρ ἐcτιν ὁ κοcμο-
17. ἄμηναν ἐν τούτῳ δίδου· Ἀλέξανδροc γάρ ἐcτιν ὁ κοcμο-

C. κράτωρ. Ταῦτα λέγοντεc, τὴν ὁδὸν περιείων δάφνην
17. κράτωρ. ταῦτα λέγωντεc τὴν πόλιν διήρχοντο. δάφναc

C. ἔχοντεc ἐν ταῖc χερcὶν ταῖc τούτων. Ἀλέξανδροc δὲ ἐλθὼν
17. ἔχοντεc ἐν χερcὶν, Ἀλέξανδροc δὲ τὴν ὁδοιπο-

C. εἰc Μακεδονίαν εὑρίcκει κτλ. (cap. 20).
17. ρίαν ἐποιεῖτο πρὸc Μακεδωνίαν.

Der *Barocc. 23*, der überhaupt nur aus 49 blättern besteht, hat
gleich hinter fol. 1 eine grosze lücke; fol. 2 enthält schon lib. II
cap. 14.

Im *cod. miscell.* (im folgenden durch *m.* bezeichnet), ist zwischen
fol. 6 und 7 eine lücke; denn fol. 6 enthält die verwandlung des
Nektanebos in eine schlange in gegenwart des Philipp (Müller I
cap. 10), während fol. 7 schon Alexander von Lysias beleidigt wird
(cap. 21), auch schlieszt fol. 6 mit dem abgebrochenen worte τρικλι
und fol. 7 beginnt mit καὶ εὐθὺc . .

Auszer obigem stücke hat br. dr. Prym aus den Oxforder hss. noch
mitgeteilt denjenigen teil von III 17, welcher in BCL erhalten ist; in
Bar. 17 fehlt dies stück. des zusammenhangs wegen hat er auch die
zunächst vorhergehenden zeilen hinzugefügt. zur vergleichung ist im
folgenden der text der hs. C (Müller s. 101) mit abgedruckt, so gut
sich derselbe nach Müllers angaben wiederherstellen liesz; an manchen
stellen muste B und die Leidener hs. zu rathe gezogen werden.

Barocc. 23 (fol. 25 vers.) ὁ δὲ Δαυ-	Barocc. 20(fol. 125v.) ὡc δὲ κύριοc
cod. misc. (fol. 74 vers.) ὁ δὲ Δαυ-	Barocc. 17 (fol. 85) ὡc δὲ κύριοc
BC. (Müller p. 101ᵇ) Ὁ δὲ Δάν-	C(Müll. s.99 anm. 11) Ὡc δὲ κύριοc ὁ
23. δάμηc γελάcαc λέγει.	20. Ἀλέξανδροc καὶ Ἰνδοῖc ἐγεγόνει.
misc. δάμηc γελάcαc ἔφη.	17. καὶ αὐτῶν ἐγεγόνει,
BC. δαμιc γελάcαc εἶπεν αὐτῷ·	C. Ἀλέξανδροc καὶ Ἰνδοῖc ἐγεγόνει,

23. ταῦτα ἡμῖν	ἄχρηστα εἰсι.		20. τὸ сκυθρωπὸν Μακεδόνων ῥαδίωс		
m. εἰс ἡμᾶς αὐτά	ἄχρηστα εἶναι.		17. τὸ сκυθρωπὸν Μακεδόνων		
BC Ταῦτα ἡμῖν	ἄχρηστά εἰсιν·		C. τὸ сκυθρωπὸν Μακεδόνων		

23. ἀλλ' ἵνα   μὴ δόΕωμεν | 20. ἐθεράπευсεν καὶ ἀμνήμων ἦν τῶν
m. ἀλλ' ἵνα   μὴ φανοῦμεν | 17. ἐθεράπευсεν καὶ ἀμνήμων ἦν τῶν
BC. ἀλλ' ἵνα οὖν   μὴ δόΕωμεν | C. ἐθεράπευсεν καὶ ἀμνήμων ἦν τῶν

23. ὑπερηφανεύεсθαι.   ληψόμεθα | 20. ἐναγῶν βουλευμάτων.
m. ὑπερηφανεύεсθαι.   λάβομεν | 17. ἐνάγχωс βουλευμάτων. ὡс δῆθεν
BC. ὑπερηφανεύεсθαι,   ληψόμεθα | C. ἐναγῶν βουλευμάτων.

23. τὸ ἔλαιον.   καὶ ποι- | 17. ἐνουτέθῃ. τόδε ἐπεῖπον αὐτοῖс
m. τὸ ἔλαιον ἀπὸ соῦ. καὶ ποι- | 17. τὸ δυстίχιον. ἐπὰν ἀνάγκη καὶ
BC. ἀπό соυ τὸ ἔλαιον. Καὶ ποι- | 17. βία καταλάβῃ. ἀπορηсαс ὅμωс

23. ἥсαс сωρὸν Εὐλων,   ἀνήψεν | 17. δὲ τῆс ζωῆс μέτρον. πολλῶν
m. ἥсαс сωρὸν Εὐλων,   ἀνήψεν | 17. δὲ τῆс ζωῆс μέτρον. πολλῶν
BC. ἥсαс сωρὸν Εὐλων,   ἐΕῆψεν | 20.   ὡс

23.   πῦρ   ἐΕέχεεν | 17. λόγων εὕρημα ὡстε μὴ θανεῖν. ὡс
m. εἰс αὐτὸ πῦρ. | C.   .   'Ωс
BC. εἰс αὐτὰ πῦρ, καὶ κατέχεεν | 20. δὲ τοῖс βαсιλείοιс Πώρου ὁ 'Αλέ-

23.   ἐπά- | 17. δὲ ἐν τοῖс βαсιλείοιс Πώρου
m. | C. δὲ τοῖс βαсιλείοιс Πώρου ὁ 'Αλέ-
BC. ἔμπροсθεν 'ΑλεΕάνδρου τὸ | 20. Εανδροс εἰсέδυ,

23. νω τοῦ πυρὸс τὸ ἔλαιον. | 17.   εἰсῆλθε,
m. | C. Εανδροс εἰсέδυ, τὰ τίμια πάντα τοῦ
BC. ἔλαιον εἰс τὸ πῦρ. | 20.   πᾶсα ·

23. | 17.   πᾶсα
m.   καὶ | C. παλατίου αὐτοῦ παρέλαβε, καὶ πᾶсα
B. (Müll. p. 120 cap. 17 anm.) καὶ| 20. ἡ ἀνατολὴ καὶ ἑαυτοὺс χῶραι

23. τούτου δὲ γενομένου ἀπέ- | 17. ἡ ἀνατολὴ καὶ αὐτῆс χῶραι
m. τούτου   γενομένου ὑπε- | C. ἡ ἀνατολὴ καὶ αἱ αὐτῆс χῶραι
B. τούτου   γενομένου ὑπε- | 20. δουλικῶс 'ΑλεΕάνδρῳ ὑπήκουсαν.

23. стρεψεν   'Αλέ- | 11. δουλικῶс   ὑπήκουсαν.
m. χώριсεν ἀπ' αὐτοῦ. ὁ δὲ 'Αλέ- | C. δουλικῶс 'ΑλεΕάνδρῳ ὑπέκειсαν.
B. χώρηсεν ἀπ' αὐτῶν   'Αλέ- | 20.

23. Εανδρος καὶ ἤρΕατο | 17. ἐκεῖсαι δὲ ἐνιαυсιαῖον διατρίψαс
m. Εανδρος ὑποстρέψαс εἰс | C. (Müll. p. 120 c. 17 anm.) Μετὰ δὲ
B. Εανδρος καὶ ὑποстρέψαс εἰс | 20.   ἔδοΕεν οὖν αὐτῷ τὸ

23. τῆс | 17. χρονον. καὶ κατὰ τῶν βορίων ἔδο-
m. τὴν κατὰ φύсιν | C. ταῦτα   ἔδοΕεν·   αὐτῷ τὸ
B. τὴν κατὰ φύсιν | 20. καταβόριον μέρος ὑπεΕελθεῖν.

| | 17. Εεν, ἀνατολῆс μερῶν ἐπεΕελθεῖν.
| | C. κατὰ βορρᾶν μέρος ὑπεΕελθεῖν.

| | 20. καὶ τὴν 17. πάсαс γάρ C. καὶ τὴν

23. ὁδοῦ τῆς φερούσης εἰς τὴν Πρασιακὴν πόλιν, ἥτις δοκεῖ μητρό-
m. ὁδόν, τὴν φέρουσαν εἰς τὴν Πρασιακὴν πόλιν, ἥτις δοκεῖ μητρό-
20. ὁδὸν τὴν φέρουσαν εἰς τὴν Πρασιακήν, ἥτις δοκεῖ μητρό-
C. ὁδὸν τὴν φέρουσαν εἰς τὴν Πρασιακὴν πόλιν, ἥτις δοκεῖ μητρό-
17. τὰς πόλεις αὐτῶν ἐπόρθη. καὶ οὐκ ἦν ὁ ἀντιμαχήσασθαι δυνάμενος

23. πολις εἶναι τῆς Ἰνδικῆς χώρας, ἔνθα Πορὸς ἦν βασιλεύων, καὶ πάντες
m. πολις εἶναι τῆς Ἰνδικῆς χώρας, ἔνθα Πορρὸς ἦν βασιλεύων, καὶ πάντες
20. πολις εἶναι τῆς Ἰνδικῆς χώρας, ἔνθα Πορὸς ἦν βασιλεύων, καὶ πάντες
C. πολὶς εἶναι τῆς Ἰνδικῆς χώρας, ἔνθα Πῶρος ἦν βασιλεὺς, πάντες
17. Ἀλεξάνδρῳ. καταλαμβάνει οὖν καὶ ἐν τοῖς μέρεσιν Ἀμαζονίδων.

23. οἱ τοῦ Πόρου ἀπεδέξαντο τὸν Ἀλέξανδρον.
m. οἱ τοῦ Πόρρου ἀπεδέξαντο τὸν Ἀλέξανδρον.
20. οἱ τοῦ Πόρου ἀπεδέξαντο τὸν Ἀλέξανδρον.
C. οἱ τοῦ Πώρου προσεδέξαντο τὸν Ἀλέξανδρον.
17. αὗται δὲ αἱ Ἀμάζοναι γυναῖκες ἦσαν παρθένοι etc. (schliesst sich
später an p. 138 der edit. (C; an).

23. φθάσαντες οὖν ἐν τῇ χώρᾳ	20.	καὶ πάντα κατὰ φύσιν
misc. φθάσαντες οὖν	C.	καὶ πάντα κατὰ φύσιν
23. εὗρον ἐκεῖ παλάτιον τερπνότα-	20.	διηκονομήσαντος καὶ τῶν
m. εὗρον παλάτιον τερπνὸν.	C.	διοικονομήσαντος καὶ τῶν
23. τον. καὶ εἰσῆλθεν ὁ Ἀλέ-	20.	Ἰνδῶν προθύμως συνελ-
m. εἰσῆλθεν οὖν ὁ Ἀλέ-	C.	Ἰνδῶν προθύμως συνελ-
23. Εανδρος μετὰ καὶ ἑτέρων ἀρχόν-	20.	θόντων, ἔλεγον τινῶν
m. Εανδρος μετὰ ἑτέρων ἀρχόν-	C.	θόντων, ἔλεγόν τινες ἐξ
23. των τριῶν. εἶδεν οὖν ἐκεῖ ἄνθρω-	20.	τῶν Ἀλεξάνδρων. μέγιστε
m. των τριῶν. εἶδεν οὖν ἐκεῖ ἄνθρω-	C.	αὐτῶν Ἀλεξάνδρῳ· Μέγιστε
23. πον κείμενον ἐν κλίνῃ χρυσῇ. καὶ	20.	βασιλεῦ, λήψη πόλεις θαυ-
m. πον ἐν κλίνῃ χρυσῇ. καὶ	C.	Βασιλεῦ, λήψη πόλεις θαυ-
23. ταύτην κεκοσμημένην σινδόσι	20.	μαστὰς καὶ βασιλείας καὶ
m. ταύτην κεκοσμημένην σινδόνας	C.	μαστὰς καὶ βασιλείας καὶ
23. χρυσοϋφάντοις. ἦν δὲ τὸ μὲν ςῶ-	20.	ὄρει. εἰς ἃ οὐδεὶς τῶν ζών-
m. χρυσοϋφάντους. εἶδε τὸ μὲν ςῶ-	C.	ὄρη, εἰς ἃ οὐδεὶς τῶν ζών-
23. μα αὐτοῦ μέγιστον σφόδρα καὶ	20.	των ἐπέβη ποτὲ βασιλεῦς.
m. μα αὐτοῦ μέγιστον σφόδρα καὶ	C.	των ἐπέβη ποτὲ βασιλεύς.
23. ὡραῖον πάνυ. τὸν δὲ πώγωνα καὶ	20.	τινὲς δὲ ἐκ τῶν πολιδρι-
m. ὡραῖον πάνυ. τὸν πώγωνα καὶ	C.	Τινὲς δὲ ἐκ τῶν πολιδρί-
23. τὴν τρίχαν ἔχων λευκήν, ἐπεριβέ-	20.	ων συνελθόντες ἔλεγον τῷ
m. τὰ μήλιον (?) λευκὰ. ἐφόριε	C.	ων ἐλθόντες ἔλεγον
23. βλητο δὲ στολὴν λευκὴν. βαμβίκι-	20.	Ἀλεξάνδρῳ
m. δὲ στολὴν λευκὴν. βαμβίκι-	C.	

23. νον. τοῦτον ἰδὼν Ἀλέξανδρος, προcεκύ-
m. νον. τοῦτον ἰδὼν Ἀλέξανδρος, προcεκύ-

23. νηcεν αὐτόν. ὁμοίως καὶ ὁ γέρων
m. νηcεν αὐτόν. ὁμοίως καὶ. ὁ γέρων

23. ἀντηcπάcατο αὐτόν. εἶτα λέγει πρὸc αὐτὸν
m. ἀντηcπάcατο αὐτόν. εἶτα λέγει πρὸc αὐτὸν

23.				βούλεcθε ἰδεῖν ἱερώτατα
m. Ἀλέξανδρε βαcιλεῦ, καὶ οἱ μετὰ coῦ! ἔχομέν coι τί δεῖξαι παρά-
20.				ἔχομέν coι τί δεῖξαι παρά-
C.		Βαcιλεῦ,	ἔχομέν coι δεῖξαί τι παρά-

23. δένδρα δύο.
m. δοξον ἀξίωμα
20. δοξον ἀξιόν coυ. ὁ δὲ Ἀλέξανδρος.		τί ὑμῖν ἔδοξεν.
C. δοξον ἀξίωμα. Ὁ δὲ Ἀλέξανδρος πρὸc αὐτούc·	Τί ὑμῖν ἔδοξε

23.
m.				δείξομεν γάρ coι τὰ φυτὰ ἐν ἀνθρωπίνω
20.		οἱ δὲ εἶπον δείξομεν	coι	φυτὰ	ἀνθρωπίνω
C. δεῖξαί μοι; Οἱ δὲ εἶπον· δείξομέν	coι	φυτὰ	ἀνθρωπίνῳ

23.
m. cτόματι λαλοῦντα. εἰcῆλθεν	οὖν ὁ Ἀλέξανδρος. ἔνθα ἦν ἱερὸν,
20. cτόματι λαλοῦντα. εἰcήνεγκαν οὖν τὸν Ἀλέξανδρον. ἔνθα ἦν ἱερὸν
C. cτόματι λαλοῦντα. Εἰcήνεγκαν οὖν	Ἀλέξανδρον, ἔνθα ἦν ἱερὸν

23.
m. ἥλιοc καὶ cελήνη. κατὰ δὲ αὐτὰ ἦν φρουρά. καὶ δύο δένδρα
20. τοῦ ἡλίου καὶ cελήνηc. κατὰ δὲ αὐτοὺc ἦν φρουρᾶ. καὶ δύο δένδρα
C. ἡλίου καὶ cελήνηc. κατὰ δὲ αὐτοὺc ἦν φρουρά καὶ δύο δένδρα

23.
m.				παρόμοια
20. παραπλήcια κυπαρίccηc. κύκλῳ δὲ ἦν αὐτοῖc δένδρα παρόμοια
C. παραπλήcια κυπαρίccοιc. Κύκλῳ δὲ ἦν	δένδρα παρόμοια

23.
m. τῇ	αἰγυπτίῳ καλουμένη μυριοβαλάνω.	ὁ καρπὸc αὐτῆc
20. τῆc ἐν Ἀιγύπτω καλουμένηc μυροβαλάνω	ὁ καρπὸc αὐτῶν
C. τῇ ἐν Αἰγύπτῳ	μυροβαλάνῳ, καὶ ὁ καρπὸc

23.
m.		προcαγορεύεται.	τὰ		δένδρα τὰ ἐν μέcω
20.		προcηγόρευον οὖν	αὐτῶ	δύο	δένδρα τὰ ἐν μέcω
C. ὁμοίωc.	Προcηγόρευον δὲ · τὰ	δύο	δένδρα τὰ ἐν μέcῳ

23.
m. τοῦ παραδείcου.	τὸ μὲν ἀρcενικόν,	ἀρcενικῶ λογιcμῷ.	ἤγουν
20. τοῦ παραδείcου.	τὸ μὲν ἀρρενικὸν	ἀρρενικῶ λογιcμῷ.
C. τοῦ παραδείcου	τὸ μὲν ἀρρενικὸν	ἀρρένων λογιcμῷ,		;

23
m. ὄνομα. τὸ δὲ θηλυκὸν, θηλυκῷ·
20. τὸ δὲ θηλυκὸν θηλυκῶ.
C. τὸ δὲ θήλειον θηλυκῷ λογιcμῷ.

καὶ τὸ μὲν ἔν,
ὄνομα.   ἦν
ὄνομα δὲ ἦν
Ὄνομα δὲ

23. ἥλιον προηγόρευον. τὸ δὲ ἕτερον   cελήνην.
m. τοῦ ἀρcενικοῦ, ἥλιοc. τοῦ δὲ θυλυκοῦ cελήνη. ἃ ἔλεγον τῇ
20; τοῦ ἀρρενικοῦ ἥλιοc. τοῦ δὲ θήλεωc cελήνη. ἃ ἔλεγον τῇ
C. τοῦ ἀρρενικοῦ ἦν ἥλιοc, τῆc δὲ θηλείαc cελήνη, ἃ ἐλάλουν τῇ

23.
m. ἰδίᾳ φωνῇ. μουθά· μαθοὐc. τούτοιc οὖν τοῖc δύο δέν-
20. ἰδίᾳ φωνῇ μουθεαμαθούc. τοῦτοιc δὲ τοῖc δύο δέν-
C. ἰδίᾳ φωνῇ. Τούτοιc δὲ

23.
m. ὄροιc, ἦcαν ἐνδεδυμένα δέρματα θηρίων. τῶ μὲν
20. ὄροιc, περιέβέβλητο δορὰ παντοίων θηρίων, τῶ μεν
C. περιβέβλητο δοραὶ παντοίων θηρίων, τῷ μὲν

23.
m. ἀρcενικῶ, ἀρcενικὰ δέρματα. τῶ δὲ θηλυκῶ, θηλυκὰ δέρματα.
20. ἄρρενι ἀρρένων, τῶ δὲ θηλυκῶ θηλυκῶν.
C. ἄρρενι ἀρρένων, τῷ δὲ θήλει θηλείων.

23.
m.
20. Παρ' αὐτοῖc δὲ cίδηροc οὐχ ὑπῆρχεν οὔτε χαλκὸc οὔτε
C. Παρ' αὐτοῖc δὲ cίδηροc οὐχ ὑπῆρχεν οὔτε χαλκὸc οὔτε

23.
m. τοῦ δὲ Ἀλεξάνδρου
20. κασcίτεροc, ἀλλ' οὔτε πηλὸc εἰc πλάcιν. τοῦ δὲ Ἀλεξάνδρου
C. κασcίτεροc, ἀλλ' οὐδὲ πηλὸc εἰc πλάcιν. Τοῦ δὲ Ἀλεξάνδρου

23.
m. ἐρωτήcαντοc. τίνων θηριων εἶναι τὰ δέρματα.
20. ἐρωτῶντοc τίνοc αἱ δοραὶ εἰcὶν αὐταυ ταυτα
C. ἐρωτῶντοc τίνοc εἰcὶν αἱ cκεποῦcαι

23.
m. εἶπεν ὁ γέρων. λεόντων εἰcί καὶ πάρδων τὰ
20. cκεπουcιν. οἱ δὲ εἶπον λεόντων εἶναι καὶ πάρδων
C. αὐτά, ἔφαcαν λεόντων καὶ παρδάλεων.

23. προλέγοντα ὑμῖν τὰ μέλλοντα
m. δέρματα. ὁποῖον ταῦτα τὰ δένδρα προλέγουcι τὰ μέλλοντα
20. περὶ δὲ τῶν δένδρων αἰτίαν ἐζήτει μαθεῖν ὁ Ἀλέξανδρος.
C. Περὶ δὲ τῶν δένδρων τὴν αἰτίαν ἐζήτει μαθεῖν ὁ Ἀλέξανδρος.

23. γενέcθαι ὑμῖν. Ὁ δὲ Ἀλέξανδρος ταῦτα ἀκούcαc λέγει πρὸc αὐτόν
m. γενέcθαι. Ταῦτα ἀκούcαc ὁ Ἀλέξανδρος λέγει πρὸc τὸν
20. C.

23.   εὔφρανάς με πᾶτερ. χάριν δὲ μᾶλλον ὁμολογοῦμεν coι
m. γέροντα   με πατερ. χάριν δὲ   ὁμολογῶ   coι
20.
C.
_____
23. περί τούτου. καὶ εἰ κελεύcειc ἴδωμεν αὐτά.   ˋ
m. περί τοῦτον. καὶ ἐὰν ὁρίcῃc εἰcίδωμεν, περὶ προρρήcεωc τινόc.
20.   .
C.   ι
_____
23.   ·   ὁ δὲ γέρων λέγει. εἰ μὴ καθήρεcθε
m. τί μέλει γενέcθαι, ἐν ἐμοί. ὁ δὲ γέρων.   ἐὰν οὐδὲν καθαριεύcηc
20.   .
C.
_____
23. ἀπὸ γυναικόc, οὐ δύναcθαι αὐτά ἰδεῖν. ὁ γὰρ τόπος, ἐν ᾧ ἵcταντεc
m. ἀπὸ γυναικόc, οὐ δυνάμεθα ·   ἰδεῖν. ὁ γὰρ τόπος, ὁποῦ ἵcταντεc
20.   ˙
C.
_____
23. θεοῦ ἐcτὶ κατοικητήριον. ὁ δὲ Ἀλέξανδρος λέγει. καθαροὶ ἐcμὲν
m. θεοῦ ἐcτὶ κατοικητήριον. ὁ δὲ Ἀλέξανδρος εἶπε.   καθαροὶ ἐcμὲν ᾧ
20.
C.
_____
23. τιμιώτατε. καὶ λέγει ὁ   γέρων
m. τιμιώτατε.   ὁ δὲ γέρων.   πρωῖαc γενομένηc ˉ ὅταν
20.   οἱ δὲ ἔφηcαν πρωῖαc γενομένηc ὅταν
C.   οἱ δὲ ἔφαcαν· πρωίαc γενομένηc, ὅταν
_____
23.
m. ὁ ἥλιος ἀνατέλλῃ, φωνὴ ἐκ τοῦ δένδρου γίνεται, καὶ ὅταν κατὰ
20. ὁ ἥλιος ἀνατέλλῃ, φωνὴ ἐκ τοῦ δένδρου γίνεται, καὶ ὅταν κατὰ
C. ὁ ἥλιος ἀνατείλῃ, φωνὴ ἐκ τοῦ δένδρού φέρεται καὶ ὅταν κατὰ
_____
23.
m. μέcον τοῦ οὐρανοῦ   γένοιται,   καὶ ὅταν μέλει δύνειν,
20. μέcον τοῦ οὐρανοῦ πάλιν γίνετε,   καὶ ὅταν μέλει δύνειν,
C. μέcον τοῦ οὐρανοῦ   γένηται,   καὶ ὅταν μέλλῃ δύνειν,
_____
23.
m. ὁμοίωc.   τὸ   αὐτὸ καὶ ἐπὶ τῆς cελήνηϛ γίνεται.
20. τοῦτο τρίτον. τὸ δ' αὐτὸ καὶ ἐπὶ τῆς cελήνηc γίνεται.
C. τοῦτο τρίτον. Τὸ δ' αὐτὸ καὶ ἐπὶ τῆς cελήνηc γίνεται._
_____
23.
m. μετὰ δὲ ταῦτα λέγει ὁ γέρων   τῶ Ἀλεάνδρω.
20. καὶ οἱ δοκοῦντεc ἱερεῖc εἶναι προcῆλθον τῶ Ἀλεάνδρῳ λέγοντεc.
C. Καὶ οἱ δοκοῦντεc ἱερεῖc εἶναι προcῆλθον τῷ Ἀλεξάνδρῳ λέγοντεc·
_____
23.
m. εἴcελθε καθαρῶc καὶ προcκύνηcον καὶ θέλεις λάβειν χρηcμόν.
20. εἴcελθε καθαρῶc καὶ προcκύνηcον καὶ   λήψη   χρηcμόν. οἱ
C. Εἴcελθε καθαρῶc καὶ προcκύνηcον καὶ   λήψῃ   χρηcμόν. οἱ

23.   ἐάcατε οὖν
m.   μετὰ
20. δὲ ἱερεῖc ἔλεγον.   Ἀλέξανδρε βαcιλεῦ cίδηρον
C. δὲ ἱερεῖc εἶπον αὐτῷ καὶ τοῦτο.   Ἀλέξανδρε βαcιλεῦ, cίδηρον

23. τὰ ὅπλα ὑμῶν,
m. ἅρματά cαc. μηδὲν cεβείτε εἰc τὸ ἱερόν. εἰ μὴ ἀφῆτε τὰ
20. οὐ καθήκει εἰcελθεῖν   εἰc τὸ ἱερόν. προcτάccει οὖν τὰ Εἴφη
C. οὐ καθήκει εἰcελθεῖν   εἰc τὸ ἱερόν. Προcτάccει οὖν τὰ Εἴφη

23. καὶ ἀκολουθήcατέ μοι. ἐν δὲ τῶ πορεύεcθαι αὐτοὺc
m. ἔξω. καὶ ἀκολουθήcατέ μοι. ἐν δὲ τῶ πορεύεcθαι αὐτὸν
20. ἔξω ἀποθέcθαι τοῦ περιβόλου.   cυνῆλθον δὲ τῷ Ἀλεξάνδρῳ
C. ἔξω ἀποθέcθαι τοῦ περιβόλου.   Cυνῆλθον οὖν τῷ Ἀλεξάνδρῳ.

23. ἔβλεπον διὰ τοῦ ὑέλου ·   καὶ ἰδοὺ πάντα
m. ἔβλεπον διὰ τοῦ ὑέλλου ἤγουν γυαλίου καὶ ἰδοὺ πάντα
20. ἄνδρεc - ἱκανοὶ καὶ κελεύει κατοπτεῦcαι τὸν τόπον κύκλῳ.
C. ἄνδρεc ἱκανοὶ καὶ κελεύει κατοπτεῦcαι τὸν τόπον κύκλῳ.

23. τὰ δένδρα ἐοίκαcι   δάφνεcι. τὸ δὲ δάκρύον αὐτῶν
m. τὰ δένδρα παρόμοια ὡc δάφνεcι. τὸ δὲ δάκρυον αὐτῶν
20. C.

23. ἦν βάλcαμοc. καὶ ἦν εὐῶδεc   πᾶν τὸ ἄλcοc ἐκεῖνο. καὶ
m. ἦν βάλcαμοc. καὶ ἦν εὔοcμον.   ὅλον τὸ ἄλcοc ἐκεῖνο. καὶ
20. C. ·

23.   εἶδον. καὶ ἰδοὺ μέcον τοῦ ἄλcου ἐκείνου.
m. πάλιν εἶδον. καὶ ἰδοὺ μέcον τοῦ ἄλcου ἐκείνου.
20. C.

23. ἱcτάμενα δένδρα   ὑψηλώτατα τοῖc λοιποῖc δενδράcι.
m. ἵcτατο δένδρον λίαν ὑψηλότερον τοῖc λοιποῖc δένδροιc.
20. C.

23. καὶ οὐκ · ἦν ἐν αὐτοῖc οὔτε καρπὸc οὔτε φύλλα. ὀcμὴν
m. καὶ οὐκ εἶχεν .   καρπὸν. οὔτε φύλλα. μελω-
20. C.

23.   δὲ εἶχον πάcηc εὐωδίαc. ἐπείδε τὴν κορυφὴν
m. δίαν (?) δὲ εἶχεν ὑπερ πάcαν εὐωδίαν. εἰc δὲ τὴν κορυφὴν
20. C.

23. τοῦ αὐτοῦ δένδρου ἵcτατο πετεινὸν ὡραιότατον. τὸ λε-
m. τοῦ δένδρου ἵcτατο πετεινὸν ὡραι ὅμορφον. τὸ λέ-
20. C.

23. γόμενον φοίνιξ. εἶχε γὰρ ἐν τῇ κεφαλῇ αὐτοῦ,
m. γόμενον φοίνιξ. εἶχε γὰρ εἰc τὴν κεφαλὴν αὐτοῦ,
20. C.

23. cτέφανον χρυcαυγίζοντα. ὥcτε λάμποντα   μακρόθεν,
m. cτέφανον χρυcαυγίζοντα. ὥcτε λάμπην ἀπὸ μακρόθεν,
20. C. ·

23. καὶ ἀκτινοβολεῖν, ὡς τὸν ἥλιον. τὰ δὲ μεταφρενα (?) αὐτοῦ
m. καὶ ἀκτινοβολεῖν, ὡς τὸν ἥλιον. ἡ δὲ ῥάχη   αὐτοῦ
20. C.

23. καὶ ὑπὸ τοῦ cτήθουc, τί δὴ καὶ λέγειν. ἦν γὰρ ὥcπερ
m. κατὰ ὑπὸ τοῦ cτήθουc, τί δεῖ καὶ λέγειν. ἦν γὰρ ὥcπερ
20. C.

23. χρυcοπράcινον. τὸ δὲ ὄπιcθεν ἦν κανίζων, ὥcπερ cάπφειρος
m. χρυcοπράcινον. τὸ δὲ ὄπιcθεν ἦν κακανίζων, ὥcπερ ζέφυρος
20 C.

23. τὸ δὲ   οὐραῖον   μέρος, ἦν ἀληθινὸν· ὡcεὶ φλόξ. ἰδὼν
m. τὸ δὲ τῆc οὐρᾶc αὐτοῦ μέροc, ἦν ἀληθῶc ὡc ἡ φλόξ. ἰδὼν
20. C.

23. δὲ τοῦτο ὁ Ἀλέξανδροc καὶ οἱ cὺν αὐτῷ, ἐξέcτηcαν τῇ
m. δὲ τοῦτο ὁ Ἀλέξανδροc καὶ οἱ cὺν αὐτῷ, ἐξέcτηcαν τῇ
20. C.

23. διανοία. ἐκ γὰρ τῆc ξένηc εὐωδίαc τοῦ δένδρου   καὶ
m. διανοία. ἀπὸ γὰρ τῆc ξένηc εὐωδίαc τοῦ δένδρου ἐκείνου καὶ
20. C.

23. τῆc παρηλλαγμένηc ὄψεωc τοῦ πετεινοῦ ἐκείνου οὐκ ἠβού-
m. τῆc παρηλλαγμένηc ὄψεωc τοῦ πετεινοῦ ἐκείνου οὐκ ἐβού-
20. C.

23. λετο ἀναχωρεῖν ὁ Ἀλέξανδροc. ὁ δὲ γέρων λέγει. ἀκμὴν Ἀλέ-
m. λετο ἀναχωρῆcαι ὁ Ἀλέξανδρόc. ὁ δὲ γέρων εἶπεν αὐτῷ. Ἀλέ-
20. C.

23. ξανδρε, οὐχ᾽ ἑώρακαc τὰ θαύματα.   διελθόντων οὖν ἡμῶν
m. ξανδρε, οὐχ᾽ ἑώρακαc ταῦτα. ὅταν. ἐδιαβέναμεν
20. C.

23. ἐκεῖνο τὸ ἄλcοc τὸ εὐῶδεc. εἶδον   λόπον ἔχοντα βαθμοὺc
m. τὸ ἄλccωc ἐκεῖνο τὸ εὐῷδεc. εἶδον οὖν λίθον ἔχοντα cκαλια·
20.

23. χιλίουc, δι᾽ οὗ οἱ βουλόμενοι ἄνῶι ἤρχοντο.
m. χίλια,· δι᾽ ὧν   ἀνήρχοντο   οἱ βουλόμενοι.
20. C.

23. ἦcαν δὲ αὐτοὶ ἐκ cαπφείρου λίθου.
m. ἦcαν δὲ·   ἐκ cαπφείρου λίθου. ὑπεράνω δὲ τοῦ τοιούτου
20. C.

23.   ἵcτατο ἱερὸν ὅλον ἐκ κρυcτάλλου λίθου. ἀνελθόντων
m. λίθου. ἵcτατο ἱερὸν ὅλον ἐκ κρυcτάλλου λίθου. ἀνελθόντων
20. C.

23. οὖν   διὰ τῶν βαθμίδων. εἰcῆλθον. ἔνδον τοῦ ἱεροῦ
m. οὖν καὶ ἡμῶν διὰ τῶν βαθμίδων. εἰcῆλθον ἔνδον τοῦ ἱεροῦ
20. C.

23. ἐκείνου. ἦν δὲ ὅλον ἄσκεπον. ὑετὸς δὲ, οὐδέποτε· εἰσήρχετο
m. ἐκείνου. ἦν δὲ ὅλον ἄσκεπον· ἀετὸς δὲ, οὐδέποτε. ἐπείγεν ἐν
20. C.

23. ἐκεῖ. ἵσταντο δὲ ἔνδον τοῦ ἱεροῦ ἐκείνου. δύο δένδρα
m. ἐκεῖ. ἵσταντο δὲ ἀπέςω τοῦ ἱεροῦ ἐκείνου. δύο δένδρα
20. C.

23. ὑψηλὰ καὶ ὡραιότατα. καὶ τὸ ἓν πρὸς τὸ ἕτερον ὑπέκυπτεν.
m. ὑπηλὰ καὶ ὡραιότατα. καὶ τὸ ἓν πρὸς τὸ ἕτερόν ὑπέκυπτεν.
20. C.

23. ὡς νομίζειν τοὺς ἀγνοοῦντας, ἔμψυχα εἶναι. ἦσαν δὲ
m. ὡς νομίζειν τοὺς ἀγνοοῦντας, ἔμψυχα εἶναι. εἶχον δὲ
20. C.

23. ἐνδεδυμένα ὡς δορὰν παρδάλεως. καὶ τὸ μὲν ἐν-
m. ὡς ἔνδυμα, παρδολέοντος δέρμα. καὶ τὸ μὲν
20. C.

23. ἐκαλεῖτο ἥλιος. τὸ δὲ ἕτερον σελήνη. εἶπε ὁ γέρων
m. ἐκαλεῖτο ἥλιος. τὸ δὲ ἕτερον σελήνη. εἶπε δὲ ὁ γέρων
20. C.

23. πρὸς Ἀλέξανδρον. πρόςχες ἄνω. καὶ περὶ ὧν βούλαιςει ἐρώ-
m. πρὸς Ἀλέξανδρον. πρόσχες ἄνω. καὶ περὶ ὧν βούλαισαι ἐρω-
20. C.

23. τηςε. καὶ ἐνθυμήθητι ἐν τῇ καρδίᾳ σου. φανε-
m. τήσαι. ἐνθυμήσον ἐν τῇ καρδίᾳ σου καὶ φανε-
20. C.

23. ρῶς δὲ μὴ εἴπῃς τοῦτο. λέγει δὲ ὁ Ἀλέξανδρος. ἐν ποία
m. ρῶς εἰπέ μοι τοῦτο. λέγει ὁ Ἀλέξανδρος. ἐν ποία
20. C.

23. δ᾽ ἀποκριθήσονταί μοι τὰ δένδρα.
m. διαλέκτω, ἤγουν γλῶσσα, θέλουν με ἀποκριθῆναι τὰ δένδρα.
20. C.

23. ὁ δὲ γέρων λέγει. τὸ μὲν ἓν δένδρον ὁ ἥλιος.
m. καὶ ἀποκριθεὶς ὁ γέρων εἶπε. τὸ μὲν δένδρον ὁ ἥλιος.
20. C.

23. ἄρχεται βαρικοι τῷ λόγω. ὃν δὲ τῷ τέλει, ἑλληνικῶς πληροῖ.
m. ἄρχεται ἰνδικῶς τῷ λόγω. ἐν δὲ τῷ τέλει, ἑλληνικῶς πληροῖ.
20. C.

23. τὸ δὲ ἕτερον δένδρον ἡ σελήνη. ἄρχεται μὲν ἑλληνικῶς.
m. τὸ δὲ δένδρον ἡ σελήνη. ἄρχεται μὲν ἑλληνικῶς.
20. C.

23. τέλος δὲ ἰνδικῶς. καὶ ἀνατέλοντος τοῦ ἡλίου λαλεῖ ὁ ἥλιος.
m. πληροῖ δὲ ἰνδικῶς. καὶ ἀνατέλοντος τοῦ ἡλίου λαλεῖ ὁ ἥλιος.
20. C.

53*

23. ἀνατελούςης δὲ τῆς ςελήνης λαλεῖ ἡ ςελήνη.   τὸ δένδρον.
m. ἀνατελούςης_ δὲ τῆς ςελήνης λαλεῖ ἡ ςελήνη.
20. C.

23. τότε προςελθὼν ὁ Ἀλέξανδρος ἡςπάςατο τὰ δένδρα. καὶ
m. προςκαλεῖται οὖν καὶ ἕνα ἐκ τῶν ςυνακολουθηςάντων αὐτῶ Ἰνδῶν.
20. προςκαλεῖται οὖν   ἐκ τῶν ςυνακολουθηςάντων αὐτῶ Ἰνδῶν.
C. Προςκαλεῖται οὖν   ἐκ τῶν ςυνακολουθηςάντων αὐτῷ Ἰνδῶν,

23. ἐν αὐτὰ εὐθυμηθείς. εἰ νικᾶν ἰςχύςω καὶ ὑποςτρέψω εἰς
m. ἵνα ἑρμενεύςῃ τῶν δένδρων τὴν φωνήν. ὀμνύει δὲ αὐτοῖς.
20. ἵνα ἑρμενείας τύχη παρ' αὐτῶν. ὀμνύει δὲ αὐτοὺς
C. ἵνα ἑρμηνείας τύχῃ παρ' αὐτῶν. Ὄμνυςι δὲ αὐτοῖς

23. Μακεδονίαν.
m. ὅτι ἐὰν δύνει ὁ ἥλιος καὶ φωνὴ μὴ ἀκουςθῇ χρηςμοῦ,
20. ὅτι ἐὰν δύνῃ ὁ ἥλιος καὶ φωνή μοι χρηςμοῦ μὴ ἀκουςθῇ,
C. ὅτι ἐὰν δύνῃ ὁ ἥλιος καὶ φωνή μοι χρηςμοῦ μὴ ἀκουςθῇ,

23.   εὐθὺς οὖν ἀνατέλλοντος τοῦ
m. Ζῶντας ὑμᾶς κατακαύςω.   ἅμα δὲ τῷ δῦναι τὸν
20. Ζῶντας ὑμᾶς ἐμπρήςω. ἐγένετο δὲ ἅμα τῶ δῦναι τὸν
C. Ζῶντας ὑμᾶς ἐμπρήςω.   ἅμα δὲ τῷ δῦναι τὸν

23. ἡλίου. ἀπεκρίθη τὸ δένδρον ὁ 'ἥλιος λέγων. Ἀλέξανδρε
m. ἥλιον φωνὴ ἀκούςθη Ἰνδικὴ ἀπὸ τοῦ ξύλου τοῦ δένδρου.
20. ἥλιον φωνὴ ἠνέχθη Ἰνδικὴ ἀπὸ τοῦ δένδρου.
C. ἥλιον φωνὴ ἠνέχθη Ἰνδικὴ ἐκ τοῦ δένδρου.

23. κακὰ ἐπερώτηςας κυριεύςεις μὲν τὴν οἰκουμένην.' Μακεδο-
m. οἱ δὲ ἐκεῖςε ὄντες Ἰνδοὶ μετ' αὐτοῦ φοβούμενοι οὐδὲν ἐπήγαν
20. οἱ δὲ   ςυνόντες αὐτῶ Ἰνδοὶ   φοβούμενοι οὐκ ἠθέ-
C. οἱ δὲ   ςυνόντες αὐτῷ Ἰνδοὶ   φοβούμενοι οὐκ ἠθε-

23. νίαν δὲ οὐκέτι ὑποςτρέψεις. τοῦτο γὰρ ἐπεφήνατο κατά
m. νὰ ἑρμηνεύςουν τὴν φωνήν. ὁ δὲ Ἀλέξανδρος ἧς λογιςμὸν
20. ληςαν μεθερμενεῦςαι. ςύννους δὲ γενόμενος
C. λον μεθερμηνεῦςαι. Σύννους δὲ γενόμενος ὁ

23.   ςου ἐςτάλην καὶ ταῦτα προςεφθέγ-
m. ἐλθόν, ἐπήρετο ἀπὸ τῶν Ἰνδῶν ἐκεῖνον κατὰ μόνας. τὸν Ἀλέ-
20. Ἀλέξανδρος. εἵλκυςεν αὐτοὺς κατὰ μόνας.
C. Ἀλέξανδρος εἵλκυςεν αὐτοὺς κατὰ μόνας,

23. Εατο τὸ οὐκέτι λαλῆςαι.
m. Εανδρον.
20.   καὶ πρὸς τὸ οὖς εἶπεν αὐτοῖς. μὴ ἀποκρύψατέ μοι ὃ ὁ
C. καὶ   εἶπεν αὐτοῖς· μὴ ἀποκρύψατέ μοι ὃ ὁ

23.
m.   καὶ εἴπετον εἰς τὸ ὠτίον.   Ἀλέξανδρε
20. χρηςμός μοι λελάληκεν. οἱ δὲ   εἶπον   Ἀλέξανδρε
C. χρηςμός μοι λελάληκεν. οἱ δὲ πρὸς τὸ οὖς εἶπον αὐτῷ· Ἀλέξανδρε,

23.
m. βασιλεῦ, ὁ χρηcμὸc λέγει. ὅτι γρήγορα θέλεις ἀποθάνῃ ἀπὸ τούc
20. βασιλεῦ, ἐν τάχει ἀπολέcθαι ἔχειc ἀπὸ τῶν
C.. ἐν τάχει ἔχειc ἀπολέcθαι ὑπὸ τῶν

23.
m. ἰνδῆc (?). οἱ πάντεc δὲ ἵcταντο καὶ ἐθαύμαζον. καὶ πάλιν ἠβουλήθη
20. Ἰνδῶν. ἐβουλήθη δὲ
C. ἰδίων (?). ἠβουλήθη δὲ πάλιν

23.
m. χρηcμοδοτηθῆναι. ὡc οὖν ἐπληροφορήθηκεν,
20. Ἀλέξανδροc πάλιν χρηcμοδοτηθῆναι ἀκούcαc δὲ
C. ὁ Ἀλέξανδροc χρηcμοδοτηθῆναι. ἀκούcαc δὲ

23.
m. το τί τὸν θέλει ἐλθεῖν. εἰcῆλθε πάλιν εἰc τὸ ἱερόν καὶ ἐδεή-
20. τὸ μέλλον, εἰcῆλθεν καὶ ἠ-
C. τὸ μέλλον εἰcῆλθεν καὶ ἠ-

23. ἑcπέραc δὲ
m. θηκεν ἵνα ἀξιωθεῖ νὰ προσκυνήσει τὴν μητέρα του τὴν
20. Εἴωcεν. ἵνα ἀcπάcητε τὴν ἑαυτοῦ μητέρα
C. Εἴωcεν εἰ (ἵνα?) ἀcπάcηται τὴν ἑαυτοῦ μητέρα

23. γενομένηc καὶ τῆc cελήνηc ἀνατελλούcηc. ἐλάληcε τὸ
m. Ὀλυμπιάδα. καὶ τῆc cελήνηc ἀνατελούcηc, φωνῇ τὸ
20. Ὀλυμπιάδα· καὶ δὴ τῆc cελήνηc ἀνατελούcηc. φωνῇ τὸ
C. Ὀλυμπιάδα. ἅμα δὲ τῷ τὴν cελήνην ἀνατεῖλαι, φωνὴν τὸ

23. δένδρον ἡ cελήνη οὕτωc
m. δεύτερων ἑλληνικῇ διαλέκτω.
20. δένδρον ἑλληνικῇ διαλέκτω.
C. δένδρον τὴν αὐτὴν ἐξήνεγκεν Ἑλληνικὴ διαλέκτῳ· Βασιλεῦ

23. Ἀλέξανδρε ἰδοὺ τά περί cου τέλος ἔχει.
m. Ἀλέξανδρε, ἐν τῇ Βαβιλῶνι ἔνι ἀπόθανῆν cε. καὶ ὑπὸ
20. Ἀλέξανδρε ἐν Βαβυλωνία δεῖ cε ἀποθανεῖν. καὶ ὑπὸ
C. Ἀλέξανδρε, ἐν Βαβυλῶνι δεῖ cε ἀποθανεῖν· ὑπὸ

23.
m. τῶν εἰνδῶν, θέλειc φονευθεῖ, διανὰ ὑπάγηc· εἰc τὴν
20. τῶν ἰδίων ἀναιρεθείcη. καὶ οὐ δυνήcῃ ἀνακομιcθεῖναι πρὸc Ὀ-
C. τῶν ἰδίων ἀναιρεθῇcῃ καὶ οὐ δυνήcῃ ἀνακομιcθῆναι πρὸc τὴν

23.
m. μητέρα cου τὴν Ὀλυμπίαδα νατὴν ἰδῇc. ὁδὲ Ἀλέξανδροc
20. λυμπιάδα τὴν cὴν μητέρα. τοῦ Ἀλεξάνδρου δὲ
C. μητέρα cου Ὀλυμπιάδα. τοῦ Ἀλεξάνδρου δὲ

23.
m. θαυμάcαc, ἠβουλήθη cτεφανῶcαι τά δένδρα. κάλλιcτα
20. θαυμάcαντοc ἠβουλήθη cτεφάνουc καλλίcτουc παραθεῖναι τοῖc
C. θαυμάcαντοc (?) ἐβουλήθη cτεφάνουc καλλίcτουc παραθεῖναι τοῖc

23.
m. τινά πράγματα. οἱ δὲ ἱεροῖς τοῦ ναοῦ ἐκείνου, εἶπον
20. δένδροις.   τῶν δὲ ἱερέων   λεγόντων.
C. δένδροις.   τῶν δὲ ἱερέων (?)   λεγόντων·

23.
m. τῶ 'Αλεξάνδρω. οὐδὲν τὸ ἔχεις εἰς ἐξουσίαν σου, να ποιήσῃς
20.   οὐκ   ἔξεστι   τοῦτο
C.   οὐκ   ἐξὸν (?)   τοῦτο

23.
m. τοῦτο. εἰ δὲ κάμνῃς τούτο βία, πήσετο. καὶ κάμε εἴτι
20. γενέσθαι. εἰ δὲ βιάζεις   πράξειν   δ
C. γενέσθαι· εἰ δὲ βιάζεις,   πρᾶξον   · δ

23.
m. βούλεσαι. τῶ βασιλεῖ γὰρ, πᾶς νόμος ἄγραφος. περίλυπος δὲ
20. βούλη.   Βασιλεὺς γὰρ πασῶν, νόμος ἄγραφος. περίλυπος δὲ
C. θέλεις (?)· βασιλεῖ γὰρ πᾶς νόμος ἄγραφος. περίλυπος δὲ

23.
m. γενόμενος ὁ 'Αλέξανδρος ἐπικώθηκεν ὅραν ὄρθρου. μετὰ τοῖς
20. γενόμενος 'Αλέξανδρος ἀναστὰς   ὄρθρου σὺν τοῖς
C.? γενόμενος (?) 'Αλέξανδρος ἀναστὰς   ὄρθρου σὺν τοῖς

23.
m. ἱεροῖς καὶ τοὺς φίλους αὐτοῦ καὶ τοὺς 'Ινδεῖς. καὶ
20. ἱερεῦσιν καὶ   φίλοις αὐτοῦ   τοῖς 'Ινδοῖς.
C.? ἱερεῦσι καὶ   φίλοις αὐτοῦ καὶ τοῖς 'Ινδοῖς

23.
m. πάλιν ἐσέβει εἰς τὸ ἱερόν.
20. πάλιν εἰς τὸ ἱερὸν εἰσῆλθεν καὶ προσευξάμενος, προσῆλθεν σὺν τῶ
C.? πάλιν εἰς τὸ ἱερὸν εἰσῆλθε καὶ προσευξάμενος προσῆλθε σὺν τῷ

23.
m. καὶ βαλῶν τὰς χεῖρας αὐτοῦ εἰς τὸ δένδρων ἐπηρώτησεν.
20. ἱερεῖ. καὶ ἐπιθεὶς τὴν χεῖρα αὐτοῦ τὸ δένδρον ἐπηρώτησεν.
C. ἱερεῖ, καὶ ἐπιθεὶς τὴν χεῖρα πρὸς τὸ δένδρον ἐπηρώτησεν,

23.
m. ἐὰν ἄρα ἀληθῶς ἤγγικε τὸ τέλος τῆς ζωῆς αὐτοῦ, τοῦτο
20. εἰ ἄρα   πεπλήρωνται αὐτοῦ τὰ   ἔτη. τοῦτο
C. εἰ ἄρα (?) πεπλήρωται αὐτοῦ τὰ τῆς ζωῆς ἔτη, τοῦτο

23.
m. βουλόμενος μαθήν. καὶ ἄμα τοῦ   ἀνα-
20. οὖν βουλόμενος μαθεῖν   ἄμα τοῦ γενέσθαι τὴν ἀνα-
C. βουλόμενος μαθεῖα. Ἄμα δὲ τῷ γενέσθαι τὴν ἀνα-

23.
m. τήλαι τὸν ἥλιον καὶ ἐλθήν   εἰς τὴν κεφαλὴν
20. τολὴν τοῦ ἡλίου. καὶ βάλλειν τὴν αὐγὴν εἰς τὴν κορυφὴν
C. τολὴν τοῦ ἡλίου καὶ βαλεῖν (?) τὴν αὐγὴν εἰς τὴν κορυφὴν

23.
m. τοῦ δένδρου. φωνὴ μεγάλη ἠκούσθη· λέγουςα.
20. τοῦ δένδρου. φωνὴ τίς ἐξῆλθει ὀξεῖα διαρρήδην λέγουςα.
C. τοῦ δένδρου, φωνὴ ἐξηύδει (?) διαρρήδην λέγουςα·

23. ὃν γὰρ οὐ προςδοκᾷς οὗτος ςε δελεάςῃ. πλὴν οὐκ. ἀπὸ
·m. Ἀλέξανδρε, ἐπληρώθηναν τὰ ἐτί cou. καὶ ὁ χρόνος τῆς ζωῆς
20. πεπλήρωνταί cou τὰ ἔτη τῆς ζωῆς
C. πεπλήρωνταί cou τὰ τῆς ζωῆς ἔτη,

---

23. Εἴφουc ὡς cὺ προςδοκᾷς τελευτήςῃ.
m. cou. καὶ ὡς cὺ πρόcδοκᾷς, οὐδὲν θέλεις ἀποθάνῃ ἀπὸ μαχέ-
20.
C.

---

23. ἀλλ᾽ ἐκ δηλητηρίου·
m. ρην. ἀλλὰ ἀπὸ φαρμάκιν. ἀλλὰ καὶ τὴν μητέρα cou οὐδὲν
20.
C. καὶ ἀνακομιcθῆναι οὐκ ἔχεις πρὸc

23.
m. θέλεις φθάςῃ να ἰδεῖc. ὡς καὶ προτότερον ἤκουcαc. μά-
20.
C. Ὀλυμπιάδα τὴν μητέρα cou, ἀλλ᾽ ἐν Βαβυλῶνι ἔχεις ἀπολέcθαι.

23.
m. λιcτα δὲ μετὰ ὀλίγων χρόνον καὶ ἡ μήτηρ cou καὶ ἡ
20.
C. Μετὰ δὲ ὀλίγον χρόνον καὶ ἡ μήτηρ cou καὶ ἡ

---

23. ἐν ὀλίγω
m. γυνή cou θέλουν φωνευθῇ. ἀπὸ τῶν Ἰνδῶν. ἐν ὀλίγω
20.
C. γυνή cou κακὴν κακῶc ἀπολοῦνται ὑπὸ τῶν ἰδίων (?).

---

23. δὲ καίρω κυριεύςῃc τῆς γῆς. ἐπὶ τοῦτο δὲ λέγει ὁ γέρων
m. δὲ, κυριεύςῃc τῆς γῆς. ἐπὶ τούτοιc δὲ, εἶπεν ὁ γέρων
20.
C.

---

23. τῶ Ἀλεξάγδρω. παῦcον ἀπὸ τοῦ νῦν τοῦ ἐπερωτᾶν. οὐκέτι
m. τῶ Ἀλεξάνδρω. παῦcαι τοῦ λοιποῦ ἐπερωτᾶν. οὐκέτι
20. καὶ περὶ τούτου μηκέτι (?) ἀξίου. οὐ
C. Καὶ περὶ τούτων μηκέτι ἀξίου. οὐ

---

23. γάρ cοι ἀποκριθήςονται. ἀλλ᾽ ὑπόςτρεψον εἰς τοὺς coὺς.
m. γάρ cε ἀπόκριθήςονται. ἀλλ᾽ ὑπόςτρεψον εἰς τὸν cτρατόν cou.
20. γὰρ ἀκούςῃς ἀλλό τι.
C. γὰρ ἀκούςῃ ἔτι πρὸς ἃ ἀξιοῖc.

---

23. φιλοτιμήςαc οὖν ὁ Ἀλέξανδρος τὸν γέροντα. ὑπεςτρεψε μετὰ
m. φιλοτιμήςαc οὖν ὁ Ἀλέξανδρος τὸν γέροντα. ὑπεςτρεψε μετὰ
20. ταῦτα ἀκούcαc, περίλυπος cφόδρα γέγονε. καὶ ἐξελθὼν ἐκεῖθεν,
C.? ταῦτα ἀκούcαc περίλυπος ἐγένετο, καὶ ἐξελθὼν ἐκεῖθεν

23. τοῦ Πτολομαίου, καὶ Πέρδικος. καὶ Ἀντιγόνου.

m.   Πτολομαίου, καὶ Πέρδικος. καὶ Ἀντιγόνου.

20. ἐκείνηcεν ἀναχωρῶν ἀπὸ τῆc Ἰνδικῆc.

C.? ἐκίνηcεν ἀναχωρῶν ἀπὸ τῆc Ἰνδικῆc.

Aus dem gegebenen ersieht man, dass die Oxforder hss. gar manches gemeinsam haben, was in den Pariser hss. und der Leidener sich nicht findet, z. b. lassen sie den Alexander nach Rom (statt nach Pisa) zum wettkampf ziehn, stimmen oft in auslassungen, zusätzen und abweichenden lesarten überein usw. was die einzelnen anlangt, so gehören Barocc. 20 und 17 ohne zweifel zur recension C', da beide erweiterungen bieten, die sich in hs. B und L nicht, wol aber in C finden. in dem letzten der mitgeteilten abschnitte (III 17) stimmt übrigens 20 am meisten, fast buchstäblich, mit L, nicht so genau mit C. schwierig ist die entscheidung über den Barocc. 23 und den cod. miscell. beide stehen einander sehr nahe, während sie von den bekannten hss. im allgemeinen ziemlich stark abweichen. nach einer bemerkung des hrn. dr. Prym sollen auch sie zur recens. C' gehören. aus dem mitgeteilten lässt sich ein urteil darüber nicht gewinnen, doch stimmen sie in diesem stück im einzelnen etwas mehr zu hs. B als zu C, besonders nach pag. 804. der Barocc. 23 weicht übrigens von den andern hss. noch bedeutend mehr ab als der cod. misc.